Sammlung Englischer Denkmäler in Kritischen Ausgaben

SAMMLUNG

ENGLISCHER DENKMÄLER

IN

KRITISCHEN AUSGABEN

FÜNFTER BAND:

FLORIS AND BLAUNCHEFLUR

HERAUSGEGEBEN

VON

EMIL HAUSKNECHT

BERLIN

WEIDMANNSCHE BUCHHANDLUNG

1885

LORIS AND BLAUNCHEFLUR

MITTELENGLISCHES GEDICHT
AUS DEM 13 JAHRHUNDERT

NEBST

LITTERARISCHER UNTERSUCHUNG UND EINEM ABRISS
ÜBER DIE VERBREITUNG DER SAGE IN DER
EUROPÄISCHEN LITTERATUR

HERAUSGEGEBEN

VON

EMIL HAUSKNECHT

BERLIN

WEIDMANNSCHE BUCHHANDLUNG

1885

WEIMAR · HOF BUCHDRUCKEREI

Vorwort.

— –

Infolge verschiedener umstände hat der druck dieses buches mehrfache unterbrechungen erfahren und hat sich die fertigstellung desselben uber gebühr verzögert. so waren bereits 6 bogen gedruckt, als H. Herzogs abhandlung uber 'die beiden sagenkreise von Flore und Blanscheflur' (in Bartschs Germania 29 [1884]. s. 137—228) erschien. Es liegt nicht in meiner absicht, noch einmal hier auf die frage nach dem verhältnis der verschiedenen gestaltungen der sage, noch auch auf die abweichungen der Herzogschen untersuchung von der in diesem buche vertretenen ansicht naher einzugehen. bietet Herzogs abhandlung auch mehrfach ergänzungen zu dem hier gesagten, so scheint es doch zweifelhaft, ob er, wenn er das Cantare, die studie Crescinis sowie den spanischen roman von vornherein für seine untersuchung hatte benutzen können, zu demselben resultate gekommen wäre.

Noch vor abschluss des druckes macht mich herr professor Zupitza auf eine mir bisher entgangene übersetzung des Fleckeschen gedichtes von Flore und Blanscheflur aufmerksam, die folgenden titel führt.

Blume und Weissblume, eine dichtung des drei-
zehnten jahrhunderts, übersetzt und erklärt von Joh.
Wehrle. Freiburg 1856 (8°. LXXXIV + 291 s.).

Da dieses buch meines wissens auch sonst ziemlich
unbekannt geblieben, und wie es scheint im buchhandel
nicht mehr zu haben ist, lasse ich hier einzelne mit-
teilungen über dasselbe folgen.

Um seine übersetzung für einen grösseren leserkreis tauglich
zu machen', hat der verfasser die sich ihm darbietenden sprachlichen
und sachlichen erläuterungen in form einer systematischen abhand-
lung der übersetzung vorangestellt. in dieser untersuchung spricht
er zunächst über dichter und text, sodann über die bildung und
bedeutung der sage nach ihren geschichtlichen und mythologischen
elementen. nach seiner meinung ist das deutsche gedicht Konrad
Flecks nicht aus dem französischen gedichte, sondern es sind beide,
das französische und das deutsche gedicht, aus einer gemeinsamen
quelle geflossen. die heimat der ursprünglichen dichtung wäre die
Provence. gegen Sommer (vorrede XXVII) sich wendend, bemerkt
Wehrle 'die wunderbauten, wundergärten, nie geschaute was-er-
leitungen, städte beleuchtende edelsteine — bedürfen keiner erklärung
aus dem bretonischen sagenkreise. der Cordover hof gab thatsäch-
liche veranlassungen und muster genug zu solchen wunderschilde-
rungen. schon 760 legte Abderrahman I (755—787) zu Sevilla
herrliche gärten an und erbaute einen stattlichen turm, und von
seinem nachfolger Hixem (788—795) heisst es, er erbaute die grosse
brücke von Cordova und hatte freude an seinen üppigen gärten und
an seinem harem. Abderrahamans II (822—852) baulust aber er-
heischte ungeheure geldsummen, er vollendete die prächtigen paläste
Mervan und Moghais 849, dann die zwei prunkhallen zur grossen
moschee. nichts zu sagen von andern moscheen und alkazaren. in
Cordova ... liess er die gassen pflastern, am ufer des Quadalquivir
(Eufrat, Fleck, v. 1114) die vorstadt Russafa und herrliche wunder-
gefüllte gärten anlegen, von den gebirgen reichlich trinkwasser in
bleiernen röhren hinleiten, die marktplätze mit schönen blumen
zieren .. Cordova soll damals in einem umfange von 4 stunden
60 paläste .. gezählt haben . in dem paläste des Amir Al-
Mumenin (diesen namen hatte sich Abderrahman selbst beigelegt)
zu Cordova, um welchen sich später Medina Azara bildete (man
vgl. v. 4167—4270), waren die gewölbe von 4300 marmornen säulen
getragen. die mit marmor eingelegten wände und der gleichfalls

marmorne fussboden waren in verschiedenfarbige felacher eingeteilt,
die decken waren (fast wörtliche übereinstimmung mit v 4187—4191)
in gold und azur gemalt, die balken von kostbaren holzarten, in
marmornen becken platscherten springbrunnen, und in einem dieser
becken, ganz aus jaspis, schwamm ein zu Byzanz verfertigter goldener
schwan umher, der auf dem haupte eine perle von ungeheurer
grosse, ein geschenk des kaisers Leo, trug."

Wehrle nimmt an (p XL), dass an derartige geschichtliche
thatsachen sich die behandlung der Flore- und Blanscheflursage in
vielfachen zugen anlehne. damit im zusammenhange steht, dass er
Montore, welches Novati in Oberitalien zu finden geglaubt hat (vgl
unten s. 225 anm zu v 66), 'zehen stunden südlich von Cordova'
in Andalusien sucht — die einleitung enthält ferner einen kurzen
abriss der mittelhochdeutschen epischen verskunst im anschluss an
Max Rieger. betreffs der übersetzung ist Wehrle 'streng bestrebt,
das versmass des originals widerzugeben', und bittet daher, die art,
wie er 'die mehrsilbigen hebungen und senkungen, die bisherigen
gesetze überschreitend, zu übertragen gewagt habe als einen versuch
billig und mild zu beurteilen'. als probe seiner übersetzung mag
hier diejenige stelle angefuhrt werden, die dem v 135 abgedruckten
französischen citat entspricht. darunter steht dieselbe stelle in der
bearbeitung der Sophie von Knorring (s v 11 anm 1).

> Eins tages nach gewohnter art,
> 6180 als eh von mir erzählet ward,
> war Claris aufgestanden,
> und ging schnell zuhanden.
> als sie tagtäglich pflag,
> hin wo Weissblume lag.
> 6185 und bat sie zu wachen.
> "Wir sollen uns, sprach sie, machen
> dahin, wo liegend harrt
> mein herr Gespiel, nicht wart'
> und komm mir alsbald nach."
> 6190 'Du ist's, sprach sie, nur so jach,
> wenn ich nicht jeweils vor dir bin.

> Sie naht dem holden lager einen morgen,
> und weckt aus süssem schlummer Blauscheflur,
> der sterne mattes licht ist schon verborgen,
> spricht sie: die sonn' erleuchtet schon die flur,
> drum komm, den dienst des herren zu versorgen,
> und jene sagt ich folge, geh' du nur

Ich komme sobaldig hin
als du; drum gehe dar'
Es auch ihr gedanke war,
6195 dass sie kame zu stund
Da kusst' sie ihres freundes mund
in dem zeitzufalle
so suss wohl zwanzig male,
dass sie in seinem arme entschlief,
6200 der da rings um sie lief
und druckt an Blumen enge
Wie Claris eilend drange,
Weissblume fahrt gemache
ihr herre schlafe oder wache
6205 kurz oder in lange,
wie es auch ergange,
sie ruht sanfte und warme
in lieben freundes arme.
Das hielt sie von der fahrte.
6210 Von lieb' ist scheiden harte
Claris wusste nichts mintte
und kam nach ihrer sitte
zu des herren bett alleine
"Mich wundert, was dies meine,
6215 sprach der admiral zu ihr,
warum ist Weissblume vor mir
heute nicht, wie andre tage?
Bei meiner huld, nun sage,
was dessen sie erwendet."

Schnell fing nun Claris hellen wassers strahl
in goldner schal' und eilt hinab zum saal.

Und Blanscheflur schaut an den jungen freund,
der schlummernd noch mit süssen traumen spielt
wie roth, spricht sie, dein lieber mund doch scheint,
die rose hatte Lunas schmerz gekühlt.
als an Endymions lager sie geweint,
o süsse lust, so süss noch nie gefühlt.
Dein kuss verscheucht so angst als jeden kummer;
sie kusst ihn traumend und versank in schlummer

Claris trat sanft zum stolzen ameral,
warum, fragt der, nahst du mir heut allein,
und weshalb ist nicht Blanscheflur im saal?

6220 'Da hat sie nicht vollendet
ihr gebet, die maide saget.
Alle nacht bis es taget,
liest sie ihren psalter.
dass euch gott zu euerm alter
6225 mit gnaden bringe,
und das ist ihr gedinge,
dass sie mit euch verbleibe,
seit ihr sie zum weibe
habt gelobet und erkorn.
6230 Darum lasst es ohne zorn,
dass sie heute her nicht kam;
denn ihr's die noth benahm,
wie ich's gesagt hiemit.'
"Der treue und der zarten sitt'
6235 muss sie geniessen dies jahr
hier bei mir, sprach er, ohn' gefahr,
denn das war wohlgethan
Das war stets recht mein plan,
dass ich ihr wohl thate.
6240 Sie deuchte mich so state
seit ich zum erstenmal sie sah.
Es geht unsanfte mir nah,
dass sie durch mich so leidet,
seit sie den schlaf vermeidet
6245 und bittet, dass ich musse leben
Ihr soll das erste sein vergeben."

.. ..

sein strenger blick erregt der armen pein.
sie zagt, und will doch in der bangen qual
zärtlich getreu der holden freundschaft sein,
Sprach drum: ihr aug' halt schlummer noch verschlossen,
weil im gebet die nacht ihr ist verflossen.

Ich horte sie mit lauter stimme lesen,
dank und gebet ward ihrem gott gebracht;
weil ihr sie habt zur königin erlesen,
so flehte sie fur euch zur himmelsmacht.
Ich bin erzurnt, so sprach der furst, gewesen,
doch weil die nacht'gen stunden sie durchwacht,
um dem gebet fur mich sich zu ergeben,
so will ich ihr den morgenschlaf vergeben.

Noch halten die liste,
damit sie sie geriste,
doch nur einen tag
6250 Dass es euch immer wundern mag
Dass wer ne gauchheit thut,
der doch darnach nicht ist in hut
vor selbem unverstande,
dass des ihn schon nicht mahnte!
6255 Das ofte gauchen widerfahrt
Weissblume ist kaum gewahrt,
dass ihrs nicht gester schlimm ging an,
gedachte sie nimmer dran,
da Claris fruh sie wachend pochte.
6260 Vor liebe sie nicht mochte
von liebe sich scheiden
Es erging den beiden
seit zu grossem ungemache,
sie sprach "gespiel, ich wache,
6265 du nicht brauchst meiner fristen.
Gleich will ich mich rusten,
dass ich dir nachgelange
Ich furchte, meinen herren blange,
dass wir nicht kommen sind zu ihm
6270 Nun gehe zur rohre und nimm
wasser nach gewohnheit;
unterdes bin ich bereit
und thue an mein gewand"

So half wohl Claris treuer liebe, schlau,
doch schutzt sie nur fur eine kurze frist,
wie Flor auch kaum mit der geliebten frau
errettet wurde durch der freundschaft list,
sprach er doch gleich des himmels reines blau
dein holdes aug, mein susses magdlein, ist,
und fleht zu ihm den himmelsstrahl zu lenken,
statt die gefahr mit weisheit zu bedenken

So kam's, dass Claris an dem andern tage
von neuem vor der freundin lager stand:
wacht Blanscheflur? ist ihre sanfte frage,
ja wohl, sprach die geh' nun, dass mein gewand
ich eilig erst um meine glieder schlage,
du nimmst die goldne schale kaum zur hand,

Mit dem worte zuhand
6275 ihren freund sie umfing.
und der schlaf sie gleich empfing
als ihr gestern auch geschah.
Claris sprach nun nochmals da,
ob sie bereit wäre,
6280 da sie von der röhre
mit dem wasser da ging tur.
Doch sie ging nicht zu der thür
und schaute nicht darin;
so eilte sie dahin
6285 zu des herren kemenaten.
Auch war sie berathen
schnelle im sinne,
da sie niemand darinne
hörte sprechen überall,
6290 dass sie vor dem admiral
Weiss-blume auch funde,
und dass sie in der stunde
nicht entschlafen mochte sein
Also war den allen drein
6295 ihr gelimpf gar benommen
Da Claris ohne sie war kommen

erreich' ich dich schon wieder auf dem gange,
so macht der zorn des amerals mir bange

nur einmal, spricht sie, will ich noch umschlingen
dich, süsses herz, verhüllt ist noch der stern,
des strahlen zauberisch mir zum herzen dringen,
bin ich von seinem lieben lichte fern,
welch bittres weh muss dann mein herz bezwingen,
doch dir so nah weicht jeder kummer gern,
Lass' holde ros' im kuss den duft mich saugen,
und in dem kuss deckt schlummer ihr die augen.

Die schöne Claris hat schon aufgefangen
das wasser, funkelnd in des goldes schein,
voll treue eilend hegt sie das verlangen,
dienend gefällig ihrem herrn zu sein,
und hofft die freundin sei ihr nachgegangen,
doch wie erschrak sie, und in welcher pein
ward ihr das herz in grosser angst beklommen,
als vor sein lager sie allein gekommen

zum bett, darin ihr herr lag,
als sie taglaglich pflag,
gleich zustund er sie fragte,
6400 ob's Weissblume missbehagte,
aufzustehen also fruh
Sie nicht wusste, was dazu
ausred' sie sollte sprechen,
und sie wollte doch nicht brechen
6405 ihr' treu und zuverlassigkeit
sie sprach: "ich war eh' bereit,
darum kam ich her vor ihr,
sie kommet balde nach mir,
da sie nicht kommen ist"
6410 Gleich zur stund ohne frist
sandte er seinen kammerherre
zu schauen, wo sie ware
oder was sie thate
"ihr kommen ist so spate
6415 Nun ich weiss, was es meine,
sie furchet mich nun kleine
und ist aus meinem zwange.
Sie bittet heute lange,
dass gott mich wohl bewahr
6420 Sie mochte einen psalter gar
heut' wohl haben abgelesen"

Entgegen rief der furst ihr schon die frage:
was Blanscheflur will jeden morgen thun?
warum den dienst sie zu versaumen wage,
um ohne furcht im sussen schlaf zu ruhn?
nicht weiss nun Klaris, was sie kluglich sage,
durch welch ein wort sie beide schirme nun.
gedrangt in angst spricht endlich sie. nach mir
kommt sie sogleich, ich wahnte sie schon hier

Der ameral rief zornig: viel zu spat
kommt sie herbei, liest fur mein heil zu lange,
da meinem wort sie trotzig widersteht.
ist ihr zu wenig fur mein zurnen bange;
ich will beend'gen psalter und gebet
Dem kammerer befahl er: im gesange
soll Blanscheflur nun langer nicht verweilen,
geh, und befiehl ihr, gleich herbei zu eilen.

Da wäre Claris gern gewesen
der stunden und der weilen
weit über hundert meilen,
6325 und sie vor furcht vollends erblich,
denn ihr vor angst entwich
muth, farbe und sinn.
der bote kam balde hin,
da die gelieben lagen
6330 umhalset als sie pflagen
und nahe sich umfangen;
sie hatten wang' an wangen,
mund gegen munde gekehret,
als es liebe zurechte lehret,
6335 der ihr beider herze pflag
Der bote sah es und erschrak,
da er Blume anblickte,
es nimmer ihm glückte
zu verstehen noch merken an.
6340 ob er Blume haben kann
für weib oder für mann,
da ihm nicht milch- noch kinnbart an
gleich einer jungen maide.
Durch das stund er im leide,
6345 denn er ungern sie erschreckte,
so er sie jähe weckte,
und hiess sie liegen stille
Der gedanke und der wille

Der diener naht dem lager, wo umfangen
die beiden kinder lieblich schlummernd lagen,
wo von den küssen, liebevoll empfangen,
die rothen lippen mund an mund noch sagen,
und wo gelehnt zusammen beider wangen,
die arme traulich um die brust geschlagen,
vereinigt schwebt ihr athem in der luft,
von ros'gen lippen süsser blumenduft.

Der bote sah erstaunt die schönen bluten,
doch wusst' er nicht, ob Flore weib ob mann;
da seine lippen purpurroth erglühten,
da noch zu jung sein kinn nicht bart gewann,
und zarte farben seine wang' umbluhten,
sah' er ihn leicht für eine jungfrau an.

> ihm aus erbarmung sagte,
> ... jedoch eilte er und sagte
>   Er sprach Herr ich sage euch wunder
>   u s w

> und wagt' es nicht zwei engel zu erwecken,
> aus süssem schlaf sie rufend aufzuschrecken

> Er eilte hin, dem emeral zu sagen,
> welch schönes wunder erst sein blick gefunden,
>   u s w

Inwieweit der versuch, aus den oft weit auseinander-
gehenden lesarten der handschriften einen kritischen text
herzustellen, gelungen ist, mögen andere beurteilen. bot
auch die vergleichung mit dem französischen original
zahlreiche handhaben zu richtiger lösung der aufgabe, so
zeigten andrerseits einzelne stellen ganz besondere
schwierigkeiten, und so muss es fraglich bleiben, ob
doch an allen punkten das richtige getroffen ist. in
betracht kommen hier besonders stellen wie 876 (wo
durch streichung von *pe* der vers weniger schwerfällig
erscheinen würde), 513—514 (s. d. anm.), 781—783 (wo
das nicht aufgenommene *wip pe* der hdss. *C* und *A* be-
denken verursacht), 903—904 (vgl s. 143, 144), 226 (die
bedeutung von *targep*), 978—981.

Auf s 189 muss es in der fussnote 717—936 (statt
926) heissen, und auf s 5[1]) ist durch versehen die disser-
tation von H. Brunner 'Über Aucassin und Nicolete',
Halle 1880, unerwähnt geblieben. irrig ist, wie ich seit-
dem in Oxford erfahren habe, die angabe auf s. 19, dass

die deutsch-judische bearbeitung sich auf der Bodlejana
befinde. wie mir herr Dr. Steinschneider mitzuteilen
die gute hatte, hat er dieses buch selbst nirgends ge-
sehen und durfte dasselbe wohl als verschollen zu be-
trachten sein.

Was den abdruck des nur von der hs. *T* uberlieferten
teiles des gedichtes (vgl. s. 107) angeht, so sind ganz
gewohnliche abkurzungen der hs. wie *neuer, parle.
sir, wiþ, þat, pray, graunted, grace, blauncheflour. þere,
þou, woman* u. s. w. meist ohne weitere angabe aufgelöst
worden. nicht berucksichtigt sind ferner die den konso-
nanten *k, g* im auslaut manchmal angehangten strichelchen.
ebenfalls mit einem (den letzten grundstrich unten mit
einer geringen wendung nach links weiterfuhrenden) strich
erscheinen auslautend oft *m* und *n,* z. B *men* 1 *children* 2.
hem 3, u. s. w. hiervon deutlich geschieden sind *m* und *n* mit
nach oben. uber den buchstaben zuruckgefuhrter schleife.
die beispielsweise in folgenden fallen stehen *son* 10, 36,
soon 23, 89, *don* 12. *goon* 19 . þan 20. *goon* 31, *parchemyn* 31.
þeron : *stoon* 171, *yn* (mit schnörkel) : *him* (ohne schnorkel)
527, *hym* (mit schnorkel) 678. *smeten . zeten* 291. *hauyn*
385, 386, *feloun . doun* 658. þyn : *wyn* 417, *scantlon :
mason* 655. *room : garyson* 206, *byggan : anoon* 872. und
sehr oft sonst. — zu merken ist ferner. dass auslauten-
des -*ll* regelmassig, auslautendes -*h* zuweilen durch-
strichen ist.

Es bleibt mir noch die angenehme pflicht. aller derer
zu gedenken, die mir bei der abfassung dieses buches
mit rat und that hilfreich zur seite gestanden haben.
herrn professor Tobler verdanke ich einige litterarische
nachweise uber den spanischen prosaroman. derselbe

**

war so liebenswürdig mir eine zeitlang einen in seinem
besitz befindlichen druck des italienischen Cantare zu
überlassen herrn Gaston Paris bin ich wie vielfach
anderweitig (vgl. Anglia VII. 161) auch für einige winke
eines teiles dieser arbeit (s. s 26, 25) zu hohem danke
verpflichtet die bibliographischen angaben über Miss
Bailey's Ghost (s 11) hat mein freund Arthur Napier
geliefert. auskunft über die czechische bearbeitung ver-
danke ich den bemühungen der herren Louis Léger
in Paris. W. R Morfill in Oxford, Jarník. Gebauer,
und Patera in Prag bei der korrektur der seiten 15—19
war herr professor Bruckner hierselbst so liebenswürdig
mich zu unterstützen. des anteils, den die herren
Kölbing. Brandl, Gropp. Wenzl an dieser arbeit
haben. ist bereits s 97, 98 und 15 erwähnung gethan.

Allen diesen herren, sowie der Miss L. Toulmin
Smith in Highgate (vgl. s 98) und sr gnaden dem
herzog von Sutherland (vgl. s. 98), vor allem aber
herrn professor Zupitza für seine stets bereite freundliche
unterstützung spreche ich meinen innigsten dank aus

Berlin. den 15. marz 1885.

Emil Hausknecht.

Inhalt.

Seite

Vorwort VII

**Erster teil. Die verbreitung der sage von Flore und
Blancheflor ausserhalb Englands.**

Einleitung 1

I. Die französischen bearbeitungen 4

II. Flore und Blancheflor im provenzalischen 8

III. Flore und Blancheflor in Deutschland

    a) in gebundener rede 9

    b) die deutschen volksbücher, die czechische und die
    jüdisch-deutsche bearbeitung 13

IV. Die skandinavischen bearbeitungen 20

V. Die italienischen bearbeitungen 21

    Das Cantare di Fiorio e Biancifiore 21

    Der Filocolo des Boccaccio . . . 25

    L'Amore di Florio von L. Dolce 35

    Der Filocolo ins französische übersetzt . . . 37

    Die englische übersetzung des Filocolo 38

    Die deutsche bearbeitung des Filocolo 39

    La Leggenda della Reina Rosana 39

VI. Die griechische fassung 41

VII. Die sage von Flore und Blancheflor in Spanien . 50

    Der prosaroman Flores y Blancaflor 51

    Vincents übersetzung 52

    Die erzählung der Madame L. G. D. R. 53

    Die Tressansche bearbeitung 55

    Die ausgabe der bibliothèque bleue 56

VIII. Flore und Blancheflor im portugiesischen 57

Seite

Zweiter teil. Das englische gedicht

  I Einleitung   89

 II Die überlieferung des englischen gedichtes.

     Die handschriften   91

     Das handschriftenverhältnis 98

III Die sprache des gedichtes   108

     a) Lautlehre

          1 Vocale 109

          2 Consonanten 118

     b) Flexionslehre

          1 Substantiva 122

          2 Adjectiva   123

          3 Pronomina . . . . , . 123

          4 Verba 124

     c) Die mundart des gedichtes 128

     d) Die zeit der abfassung 130

     e) Die schreibung des textes 130

 IV Metrik

     1 Der reim 131

     2 Der vers 133

  V. Verhältnis des englischen gedichtes zu dem französischen original 134

 VI. Inhaltsangabe des englischen gedichtes 147

VII. Text 157

VIII. Anmerkungen 223

 IX. Namenverzeichnis 252

Einleitung.

Flore, der rosenrote, des heidnischen königs von Hispanien sohn, und Blancheflor, die lilienweisse, einer in sklaverei geratenen edlen christin schöne tochter, werden zusammen erzogen. die liebe, die die kinder vereint, lodert zu immer mächtigerem feuer auf in ihren herzen und droht mit unzerreissbaren banden den jungling an die jungfrau zu fesseln. den ungleichen bund zu verhindern, schickt der könig seinen sohn in die fremde. an des fursten von Montorio hofe soll Flore sich ausbilden zu seinem königlichen berufe, in den dortigen freuden und zerstreuungen soll er die liebe zu Blancheflor vergessen. vergebens suchen der furst mit unterhaltenden spielen und jagden, mit vorstellungen, vergebens der hofmeister mit seinen unterweisungen, vergebens schöne frauen mit verfuhrerischen kunsten auf den treuen sinn des liebentbrannten junglings einzuwirken. unwiderstehlich zieht es ihn zurück nach der heimat, unaufhörlich sehnt er sich zurück nach der geliebten. und als ihm die ruckkehr gestattet ist, findet er Blancheflor nicht mehr. verkauft hat sie der könig, sie die christensklavin an unbekannte kauffahrer. unsäglich ist Flores schmerz, unerschütterlich sein entschluss. er zieht hinaus in die weite ferne über das grosse meer die geliebte zu finden. die liebe geleitet ihn auf die rechte fährte, hin nach dem egyptischen Babylon. dort in dem

turme weilt sie, die schonste der frauen, bestimmt des
sultans weib zu werden. stark bewacht ist der zutritt
zu dem turme, todesstrafe trifft jeden, der sich ihm nur
zu nahen versucht. die liebe achtet keines gebots, kennt
keine gefahr, ubersteigt alle hindernisse. unter roten
rosen versteckt in einem korbe in rotem kleide gelangt
Flore zu ihr; er halt das geliebte madchen in seinen
armen, er halt sie in susser, seliger umarmung. der
sultan uberrascht die liebenden. den tod sollen sie
sterben, den tod durchs feuer. ein talisman, den Flores
mutter ihm mitgegeben, bewahrt seine kraft, ein ring,
der vor feuer schutzt, vor wassersnot, vor jeder gefahr.
Flore will der geliebten den ring uberlassen, die aber
weist ihn zurück. ihr streit ruhrt des sultans herz. er
erfahrt Flores namen, erkennt in ihm einen verwandten,
vermahlt ihn mit Blancheflor. heiratet selbst ihre be-
gleiterin. Flore und Blancheflor fahren zuruck in die
heimat, Flore wird christ. sie leben glücklich als konig
und konigin. so endet in grosser freud' der liebenden
langes leid.[1])

Um die mitte des zwolften[2]) jahrhunderts tritt uns
diese liebliche erzählung zum ersten male auf franzosi-
schem boden entgegen. grossartig war ihr erfolg im
abendlande. in französischer, d. h. in der sprache ab-
gefasst, die die eigentliche vermittlerin und verbreiterin
dichterischer stoffe im mittelalter gewesen, geht sie gar
bald in den besitz der ubrigen, an der geistigen bewegung
teilnehmenden volker uber, zuerst nach Deutschland, dann
nach Italien, nach dem skandinavischen norden, nach
England. reiche bluten und zweige treibt sie in Deutsch-
land, und von ihrem duftenden hauche angezogen, suchen
die Czechen sie in ihre litteratur zu verpflanzen. üppig

---

[1]) Vgl. L. Uhland, zwei gespielen, Germania (1857), II 227.

[2]) Das zwolfte jahrhundert ist die eigentliche zeit der liebes-
lieder und liebesromane in der weltlitteratur. s. W Scherer, gesch
der deutschen litteratur, Berlin 1883, S. 143.

sprosst sie auf Italiens boden; und von ihren dortigen
ausläufern, dem griechischen und dem spanischen, ist
der letztere bestimmt. die bereits im verwelken begriffene,
stark gestutzt und mit manch neumodischem pfropfreis
ausgestattet, unter französischem deckblatt zu neuer,
aber duft- und farbloser entfaltung zu treiben.

Es war kein einheimisches, es ist ein fremdländisches
gewächs, das so weelig wucherte in französischer erde.
die sage von Flore und Blancheflor stammt aus dem
Orient,[1]) und zeigt manigfaltige byzantinische beeinflus-
sung. unbekannt ist der weg, auf dem sie von Griechen-
land aus in das Abendland vorgedrungen. der alles
aufrüttelnden, so manche fremdartigen bestandteile ver-
mischenden bewegung der kreuzzüge wird auch wohl
diese romantische dichtung, in der christlich-ritterliche
anschauungen mit orientalischen und spätgriechischen
zügen zu unlöslicher vereinigung verschmolzen sind, ihr
eindringen und ihre entwicklung verdanken.[2]) ob hier
die Provenzalen, deren rege beteiligung an den kreuz-
zügen bekannt ist, die vermittler gewesen sind, oder ob,
wie so oft bei den orientalisch-byzantinischen, in die
romanische welt übergegangenen stoffen, eine lateinische
quelle dem französischen dichter die aneignung ermög-
lichte, darüber können wir nur vermutungen haben. an
eine directe herübernahme aus einem griechischen origi-
nale ist hier nicht zu denken.[3])

Ein eigentümlicher reiz liegt ausgebreitet über die
liebliche erzählung und hat dieser naiven, märchenhaften

---

[1]) Walter Scott, Miscellaneous Prose Works, Edinburgh 1834.
vol. VI. (Essay on Romance), s. 175 — A. W. v. Schlegel, vorrede zu
der Knorringschen dichtung (s s. 11), XXVII

[2]) Erwin Rohde, der griechische roman und seine vorlaufer,
Leipzig 1876, s. 537 — vgl auch Cholevius, geschichte der deutschen
poesie nach ihren antiken elementen, I, 154

[3]) Es ist verloren ebenso wie das griechische original des Apol-
lonius von Tyrus verloren ist.

schilderung von der alles uberwaltigenden macht der liebe
einen zauber verlehen, den ein halbes jahrtausend kaum
zu bannen, kaum zu zerstoren vermocht hat. seit sechs-
hundert jahren hat die geschichte dieses beruhmten liebes-
paares die horer des Abendlandes entzuckt, noch heute
findet sie leser.

Manche zuge allerdings enthält sie, wie die meisten
der aus Griechenland eingefuhrten romane, die unserem
modernen gefuhl anstossig erscheinen, die im mittelalter
selbst schon einzelne ruger fanden. der niederlandisch-
spanische gelehrte Joh. L. Vives, des Erasmus berühmter
schuler und erzieher Mariens der katholischen, sucht in
seiner an Katharina von Aragon, um derenwillen er seiner
professur in Oxford entsetzt wurde, gerichteten abhand-
lung De Christiana Foemina [1]) die geschichte von Florius
und Albusflos als das werk leichtfertig sittenloser ver-
fasser zu brandmarken. kein wunder daher, wenn etwas
spater, im j. 1621, ein um das seelenheil seiner gläubigen
besorgter kirchenhirt, der bischof von Antwerpen, das
lesen dieser anstossigen geschichte verbietet, sie auf den
index setzt. [1])

I.

Die französischen bearbeitungen.

In Frankreich ist also zuerst von allen romanischen
landern die sage von Flore und Blancheflor dichterisch
behandelt worden, etwa ums jahr 1160 oder kurz zuvor.
zweifellos sicher ist, dass um 1170 bereits ein solcher
franzosischer roman einer deutschen — der niederrhei-
nischen — bearbeitung als vorlage gedient hat. die

---

[1]) 1523, vgl. Edélestand du Meril, Floire et Blancheflor, Paris
(Bibliothèque Elzévirienne), 1856, seite xlv, anmerkung, s. CLVIII
—CLIX, hier weiter unten abschnitt V und Sommer, s. XVI.

dichtung (die mit der von Aucassin und Nicolette [1]) mehr-
fache ähnlichkeit [2]) zeigt) fand auf der fremden erde
leichten eingang, ward bald allgemein beliebt wie so
oft bei anderen gedichten suchten die jongleurs auch
diesem ausländischen erzeugnis einen heimischen an-
strich zu geben, der sage ein nationales gepräge aufzu-
drücken, indem sie sie künstlich mit den in einheimischen
epen gefeierten grossen namen in verbindung setzen. [3])
Blancheflor erscheint als die mutter Berthens mit dem
grossen fusse, der gemahlin Pipins, des vaters Karls des
grossen. die erwähnung dieser verwandtschaft findet sich
wider in den meisten nachahmungen; sie war auch in
Spanien bekannt. [4])

Die sage ist in französischer sprache mehrfach be-
handelt worden. wir besitzen zwei verschiedene epische
fassungen und zwei — episoden aus der liebesgeschichte
Flores und Blancheflorens berührende — lieder. nach-
dem schon längst mehrere der aus dem französischen
hervorgegangenen bearbeitungen gelehrte herausgeber
und erklärer gefunden hatten, wurde das eine der fran-
zösischen epischen gedichte zuerst im j. 1844 von Im-
manuel Bekker in Berlin veröffentlicht. [5]) vorher hatten
schon der baron von Reiffenberg [6]) und Paulin Paris [7])

---

[1]) s. George Saintsbury, A Short History of French Literature,
Oxford 1882, p. 96, und Histoire litter. de la France XVI, 179,
XIX, 748.

[2]) und mit der sage von der guten frau (Sommer, XXXII)

[3]) G Paris, Histoire poet. de Charlemagne, Paris 1865, s 128, 4.

[4]) die aus dem spanischen hervorgegangenen französischen über-
setzungen und umarbeitungen s. unten abschnitt VII.

[5]) Flore und Blanceflor, altfranzösischer roman, nach der Uhland-
schen abschrift der Pariser handschrift n. 6987 herausgegeben von
Immanuel Bekker. Berlin (Reimer) 1844. in 8°.

[6]) Chronique rimée de Philippe Mousket, publiee par Le Baron
de Reiffenberg, Bruxelles 1836, I, CCXLIX—CCLIV.

[7]) P Paris, Li romans de Berte aus grans pies. Paris 1832, p 192.

kurze auszuge daraus mitgeteilt. 1856 erschien dann die
ausgabe von Du Méril, welche die beiden französischen
gedichte, und zwar mit benutzung aller bekannten hand-
schriften enthält. von dem ersten gedichte besitzen wir
drei hss., die sämmtlich auf der Pariser nationalbibliothek
aufbewahrt werden (A = fonds franç. 375 (früher 6987);
B = fr. 1117, früher 7531⁵; C = fr. 12562, früher Supplém.
fr. 540⁴). eine vierte, jetzt ebenfalls auf der Pariser
nationalbibliothek befindliche hs. (D = fr. 19152, früher
Fonds de St-Germain fr., no. 1239) enthält eine von dem
ersten gedichte ganz verschiedene fassung.[1])

In seiner ausführlichen einleitung hat Du Méril das
verhältnis der beiden fassungen besprochen und in dem
ersten gedichte eine für ein gewählteres publikum be-
stimmte redaktion, in dem zweiten eine für die ergötzung
der grossen, ungebildeten massen berechnete bearbeitung
erkennen wollen. er nennt das erste gedicht die 'version
aristocratique', das zweite die 'version populaire'. im fol-
genden wird die erste dieser beiden versionen stets als
'I. gestaltung' die zweite als 'II. gestaltung' bezeichnet
werden. die I. gestaltung hat 2974, die II. 3450 verse.[2])

Keine der beiden versionen ist die ursprüngliche,
keine ist aus der andern hervorgegangen. am nächsten
noch steht dem ursprünglichem gedichte die I. gestaltung.
einzelne zuge, die der ursprünglichen fassung eigen waren,
finden sich in der einen version kaum angedeutet, manch-
mal ganz übergangen, während sie in der anderen aus-
führlich erzählt, zuweilen mit weitläufigem beiwerk, mit
fremden zusätzen entwickelt sind. auf das vorhanden-
sein einer älteren, ursprünglichen gestaltung deuten nicht
bloss innere anzeichen, die eine eingehende vergleichung
beider gedichte erkennen lässt: dafur sprechen besonders
auch die mehrfachen nachahmungen in den fremden

---

[1]) Die genaue beschreibung der hss. s. bei Du Méril, s. CCV ff.
[2]) 3470 bei Du Méril, aber von seite 134 ab hat Du Méril durch
versehen (344 statt 324) sich immer um 20 verse geirrt.

sprachen, die, obwohl der einen der beiden gestaltungen
ganz nahe verwandt, manchmal doch plotzlich zuge bieten,
die sich nur in der andern finden. 'nur mit hilfe samt-
licher bearbeitungen der sage', sagt ein in solchen fragen
erfahrener kritiker,[1] 'durfte es moglich sein, die ur-
sprungliche gestalt des französischen gedichtes einiger-
massen genau festzustellen, was namentlich auch fur die
asthetische wurdigung desselben von bedeutung ware.
durch sorgfältige berucksichtigung derselben erst wurde
ein urteil gewonnen werden uber das verhaltnis der
beiden französischen redaktionen zu einander; es würde
sich vor allem herausstellen, dass die kurzere, welche
den ursprünglicheren text enthält [die I. gestaltung] dem
original gegenuber eine menge von kurzungen erfahren
hat, wo die vorlagen der verschiedenen ubertragungen
noch das vollständigere boten.'

Uber den verfasser der franzosischen gedichte ist
nichts bekannt.[2]

Von den beiden lyrischen gedichten ist das erste,
eine 'chanson de toile', eine wehmutige romanze, ein
ruhrendes klagelied, das den herzzerreissenden schmerz
Flores malt, als ihm nach seiner ruckkehr von Montorio
vorgeredet wird, Blancheflor sei tot. bemerkenswert
sind die gekreuzten reime in den 8 zeiligen aus 8 silbern
bestehenden strophen.[3]

---

[1] E. Kolbing, Germania (1875) XX, 227, der dabei gleichzeitig
eine eingehende vergleichung der beiden gedichte, sowie eine unter-
suchung uber die alteste gestalt der dichtung in aussicht stellt.

[2] Fleck nennt Ruprecht von Orbent als verfasser seiner vorlage,
doch ist der name Orbent sicher verderbt siehe Sommer, Flore
und Blanschefl, s. X.

[3] Abgedruckt nach der Pariser hs. Bibl Nation, Fr. 20050 (fruher
St-Germain fr. 1989), fol 40 v° und fol 83, von Paulin Paris,
Li romans de Berte aus grans pies. Paris 1832, s 192, wiederholt in
seinem Romancéro François (Paris 1833, 8°), s 61 ff. vgl. ferner
Brakelmann in Herrigs archiv XLII, 48—9, und Le Roux de Lincy,
Recueil de chants historiques français Paris 1841. I, 133—143.

Das zweite gedicht, ein wachterhed, ist eine kunstliche, strophische dichtung mit uberhaupt nur drei verschiedenen reimendungen 'die schone aussert, sie wurde dem freund aus einem sussen hebesliede von Blancheflor singen, wenn sie nicht verrat furchtete'.[1]

II.
Flore und Blancheflor im Provenzalischen.

Unter den provenzalischen trobadors ist die sage von Flore und Blancheflor fruhzeitig bekannt und beliebt gewesen, wie die zahlreichen in ihren werken begegnenden anspielungen auf diese erzählung bezeugen.[2] in der Flamenca[3] wird sogar lo romanz de Blancaflor als eines der bucher genannt, die zur beliebtesten unterhaltungslekture einer edelfrau gerechnet wurden. C. Fauriel,[4] der eifrige anwalt seiner provenzalischen heimat, und neuerdings K. Bartsch[5] haben hieraus auf die existenz eines provenzalischen romanes von Floris und Blancaflor schliessen zu müssen geglaubt, letzterer besonders deshalb, weil die grafin Beatrix von Dia (vor 1173) auf den stoff schon zu einer zeit anspiele, die über die erhaltenen bearbeitungen in französischer sprache um mehrere jahrzehnte hinaufreiche. wie aber oben bereits angedeutet ist, muss das vorhandensein eines französischen romanes

---

[1]) Uhland, zwei gespielen, Germania II 227 — vgl. auch George Saintsbury, French Lyrics, London 1882, p. 8 und p. 1.

[2]) 15 solcher stellen hat Ad. Buch-Hirschfeld gesammelt in seiner abhandlung· uber die den provenzalischen troubadours des XII. und XIII. jahrhunderts bekannten epischen stoffe Halle a./S. 1878. s 30—34 — vgl. Sommer, s. VII.

[3]) Nach P. Meyer, Introd. XXI, zwischen 1220—1250 entstanden.

[4]) Chants populaires de la Grece moderne, Paris 1824, I, XVIII. — Histoire de la Poésie provençale, Paris 1846, III 459—461

[5]) Grundriss zur geschichte der provenzalischen litteratur. Elberfeld 1872, s 20 anm. 24.

mindestens im 3. viertel des 12. jahrhunderts als aus-
gemachte tatsache angesehen werden, da um 1170 be-
reits der niederrheinischen bearbeitung ein solcher vor-
gelegen hat. dieser französische roman — der wahr-
scheinlich der ursprünglichen fassung, aus der die beiden
französischen gestaltungen hervorgegangen sind, noch
recht nahe stand — kann also sehr gut auch der gräfin
von Dia und den anderen trobadors bekannt gewesen
sein. im übrigen bedarf ja die grosse vertrautheit der
trobadors mit den nordfranzösischen erzählenden dich-
tungen keines besonderen nachweises. 'als litteratur-
geschichtlich notwendige folgerung kann es demnach
nicht betrachtet werden, dass ein provenzalischer roman
von Floris und Blancaflor existiert haben musse'.[1])

III.

Flore und Blancheflor in Deutschland.

a. In gebundener rede.

In Deutschland ist die sage von Flore und Blanche-
flor frühzeitig gekannt und behandelt worden.

Um das jahr 1170 übersetzte ein unbekannter dichter
am Niederrhein, 'und zwar in einem dem niederländischen
benachbarten distrikte', das französische gedicht ins
deutsche. von dem gedichte, das etwa 3700 verse um-
fasst haben mag, besitzen wir nur 16 verschiedene bruch-
stücke, die sogenannten Trierer fragmente,[2]) im ganzen
368 verse. nach der meinung des herausgebers ist diese
niederrheinische bearbeitung von Floyris und Blanschi-
flûr eine freie nachbildung der I. gestaltung des fran-

---

[1]) Ausführliches hierüber sowie über die namensformen Flore,
Floris, Floyris; Blancaflor, Blancheflor, Blantsefluor u. s. w. s. bei
Birch-Hirschfeld s. 33, 34. 91.

[2]) Herausgegeben von Steinmeyer in Haupts zeitschr. XXI,
307—331. — vgl. dazu K. Bartsch in der Germania, XXVI, 64—65.

zosischen gedichtes. vielleicht aber hat dem verfasser
eine nicht mehr erhaltene, ältere version vorgelegen
die im gegensatz zum Franzosischen und zu Flecks
dichtung alle reflexionen vermeidende darstellung ist
knapp und gedrängt. dieses niederrheinische gedicht,
meint Steinmeyer, wird Ulrich von Gutenburg gekannt
und im sinne gehabt haben, wenn er in seinem leiche
auf die sage anspielt [1])

daz Flôris muost durch Planschiflûr
sô grôzen kumber lîden,
dazu was em michel wunder niet,
wan si grôz ungereite schiet.
als ez der alte heiden riet,
si wart vil verre uber mer gesant,
dêr muost in mangin fromdiu lant.
dâ ers in eine turne rant
von guoten listen wol behuot,
dâ wâgt er leben unde guot:
des gwan er sît vil hôhen muot.

Dem anfange des 13. jahrhunderts [2]) gehört das
mittelhochdeutsche gedicht Flore und Blanscheflur
von Konrad Fleck an.[3]) der dichter hat dasselbe, ohne
kenntnis von der niederrheinischen fassung zu haben,
einer französischen vorlage nachgebildet, die auf eine dem
französischen originale noch näher stehende bearbeitung
hinweist, als es die uns jetzt erhaltene I. version ist.[4])

---

[1]) K Lachmann und M Haupt, des minnesangs fruhling, Leipzig
1857, s. 74, 22—33.

[2]) Nach Fr. Pfeiffer (freie forschung, Wien 1867, s. 159) 'vor
dem jahre 1211 verfasst'. doch vgl. dazu Stemmeyers bemerkungen
bei Haupt XXI, 319

[3]) Vgl. Du Meril, s. XXVIII—XLI. — 8006 verse

[4]) Eingehend behandelt das verhältnis der Fleckischen [sowie
auch der niederdeutschen und niederlandischen] dichtung zu den
franzosischen fassungen und die verdienste Flecks bei seiner dich-
tung H. Sundmacher, die altfranz und die mhd bearbeitung der
sage von Flore und Blanscheflur Göttingen (dissertation) 1872.

'Fleck nahm' sagt der herausgeber[1] 'den eindruck des originals lebendig in sich auf und componierte mit hinzufugung eigener gedanken ein neues bild, das an jenes erste zwar deutlich erinnert, doch uber ihm steht, weil es die schönheiten desselben reiner hervortreten lasst und schonheiten enthalt, die jenem fehlen'.

Etwas junger als die mittelhochdeutsche bearbeitung ist das mittelniederlandische gedicht von Floris ende Blancefloer.[2] der dichter, Dideric van Assenede, sagt selbst, dass er den stoff dem Welschen entlehnt habe. seine vorlage war, wie die des mhd. dichters, eine reinere redaktion der I. gestaltung des franzosischen gedichtes.[3] 'auf den ruhm des freien nachschaffens kann Dideric nicht wie Fleck anspruch machen, da er meist zug fur zug das original widergibt; doch hat nachst Fleck sich kein dichter mit solcher liebe in den geist der sage und den ton des franzosischen gedichtes hineingelebt und ihm so viele gluckliche zuge abgelauscht, wie Dideric.'[4]

Aus Diderics gedicht ist das im sechzehnten jahrhundert viel gelesene niederlandische volksbuch hervor-

[1] Flore und Blanscheflur, eine erzahlung von Konrad Fleck, herausgegeben von Emil Sommer. Quedlinburg und Leipzig 1846 — vorher war das gedicht schon im zweiten bande von Mullers sammlung deutscher gedichte des 12., 13 und 14. jahrh. gedruckt worden, s. Sommer, s. XXXVI. — Die Flecksche bearbeitung liegt der folgenden dichtung zu grunde Flore und Blancheflur ein episches gedicht in 12 gesangen von Sophie von Knorring, geb Tieck herausgegeben und mit einer vorrede begleitet von A W v. Schlegel. Berlin 1822 12°

[2] Floris ende Blancefloer door Dideric van Assenede. mit einleitung, anmerkung und glossar hgbn von A H Hoffmann von Fallersleben, Breslau 1836 [pars III der Horae Belgicae] — Floris ende Blancefloer, met inleiding en aanteekeningen door Dr. H. E Moltzer [Bibliotheek van Middelnederlandsche Letterkunde], Groningen 1879 — 3983 verse

[3] Vgl. Sundmacher s 20 und Moltzers einleitung p II.

[4] Sommer, s XV.

gegangen [1]) uber eine neue volksbuchartige behandlung
der sage von Thijm [2]) — von der 1873 eine zweite auf-
lage erschienen ist — aussert sich Gaston Paris (Histoire
poétique de Charlemagne. s 116) '*lure moitié savant,
moitié poétique où M. Alberdingk Thijm a essayé, souvent
avec bonheur, de rendre une forme vivante et une nouvelle
jeunesse aux vieux contes qui avaient tant charmé, et ensuite
tant scandalisé[3]) ses aieux'.*

Aus der ersten halfte des 14. jahrhunders stammt
— nach Sommer, s. XVI — das n i e d e r d e u t s c h e ge-
dicht Van Flosse un Blankflosse.[4]) ebenso wenig, wie sonst
gewohnlich in der mnd. dichtung an ein einwirken des
hochdeutschen zu denken ist,[5]) ist bei diesem gedichte
eine beeinflussung durch die hochdeutsche bearbeitung
Flecks anzunehmen. das mittelniederdeutsche gedicht
geht auf eine französische quelle zurück, ebenfalls (wie
bei Fleck und Dietrich) eine reinere, dem original naher
stehende redaktion der I. gestaltung, doch soll eine
episode, die erzahlung von dem selbstmordversuch Flores
in der lowengrube auf eine einwirkung der II. gestaltung

---

[1]) Sommer, s. XVI — Du Meril, s xliv—xlv — ausfuhrlicheres
uber die volksbucher und sonstige bearbeitungen in Moltzers in-
leiding I, 4 5, II, 1.

[2]) Karolingsche verhalen. Carel en Elegast, de vier Heems-
kinderen, Willem van Oranje, Floris en Blanceflor. in nieuwer
form overgebracht door J A. Alberdingk Thijn 2. uitgabe 8.
(XI 231 s) Amsterdam 1873 (Langenhuysen).

[3]) s. oben s. 4

[4]) Abgedruckt in P. J Bruns, romantische und andere gedichte
in altplattdeutscher sprache Berlin und Stettin 1798 (s 217—288) —
neue ausgabe von Stephan Watzoldt, Flos unde Blanflos. Bremen 1880
[Band III der vom verein fur niederdeutsche sprachforschung heraus-
gegebenen niederdeutschen denkmaler].

[5]) Vgl W Seelmanns einleitung zu Gerhard von Minden.
Bremen 1878

hindeuten.[1]) das gedicht bleibt weit hinter dem — sehr
gekürzten — originale zurück.[2])

b. Die deutschen volksbucher, die czechische
und die jüdisch-deutsche bearbeitung.

Unter den deutschen volksbuchern über Flore und
Blancheflor sind zwei arten zu unterscheiden, zuerst die
aus dem Filocolo, dann die aus der Fleckischen dichtung
hervorgegangenen bearbeitungen

Zur ersten gruppe, nach deren erzählung auch Hans
Sachs die sage dramatisiert hat (ein comedi mit funff-
tzehen personen, Florio des konigs son aufs Hispania.
mit der schon Bianceffora, und hat sieben actus)[3]) ge-
hort das 1499 zu Metz erschienene volksbuch. 'ein gar
schone newe histori der hochen lieb des kuniglichen
fursten Florio· vnnd von seyner lieben Bianceffora. euch
grosse frewd davon bekommen soll. auch dobey ver-
nemen wert· wie gross gefallen die lieb hat. mit schonen
figuren'. — 1500 erschien ebenfalls zu Metz ein neudruck
dieses buches. aus dem titel des Strassburger (1530)
druckes ('ein schone history uſs französischer sprach
in tütsch gebracht und sagt von herre Florio des
küniglichen fursten vnnd Bianceffora ein dochter des
römers Lelio genant. wie grosse liebin die zwei zu-
sammen hetten kurtzwelig vnnd nutzlich zulesen vnnd zu
fil erfarnissen') könnte man schliessen, dass dem ver-

---

[1]) Sundmacher, S 9, 21

[2]) Eine neuhd. ubersetzung eines teiles des mndd. gedichtes
(v. 945—1070 bei Watzoldt) von Busching findet sich im Morgenblatt
fur gebildete stände, no 71, Mittwoch, den 23 Marz 1808, s. 281 bis
283 — über eine anspielung auf das niederdeutsche gedicht siehe
Sommer, XVII. — das nd gedicht hat 1534 verse.

[3]) Hans Sachs herausgegeben von Adalbert von Keller achter
band. (bd. CXXI der bibliothek des litterarischen vereins in Stutt-
gart.) Tubingen 1871. s 300—339. — das verhaltnis der Sachsi-
schen dichtung zu diesem volksbuche hatten schon richtig erkannt:
Fr. H. v. d Hagen und Joh. G. Busching, litterarischer grundriss
zur geschichte der deutschen Poesie, Berlin 1812, s. 162.

fasser des volksbuches die Sevinsche übersetzung des
Filocolo vorgelegen habe, doch stimmen die namens-
formen meist mit dem Italienischen überein — jüngeren
datums und in der darstellung etwas, aber unbedeutend,
verkurzt ist das 'zu Franckfurt am Mayn durch Weigand
Han in der Schnurgassen zum Krug' gedruckte buch mit
folgendem titel 'von Florio und Bianceffora. ein gantz
kurtzweilige history was diese beide liebhabende personen
für solche gefahr bestanden ehe sie zur volstreckung
ihrer angefangener lieb kommen seind nicht mit wenigem
nutz was aufs solcher lieb zuschopffen und wie sich für
vielem vnfall zu bewahren sey zulesen in druck auffs
new verfertiget.'[1]

Auf Konrad Flecks gedichte beruht ein anderes
volksbuch, von dem sich ein abdruck — wohl in etwas
remerer gestalt[2] — in der Simrockschen sammlung[3] findet.

'Aus dem deutschen ging das czechische volksbuch
hervor'. diese bisher mehrfach widerholte, nirgends
begrundete behauptung Grässes[4] wird die folgende
untersuchung als richtig erweisen. zwei ausgaben dieser
czechischen bearbeitung sind bekannt, eine vom j. 1519

---

[1] Andere (mir nicht zu gesicht gekommene drucke) fuhrt
J Ch. Brunet, Manuel du Libr., I, 1012—1014, an

[2] Vgl. A Koberstein, gesch. d. deutsch nationallit II⁵. 177, 2. —
die von Du Meril, lxv, a 1, angefuhrte ausgabe ('die wahrhaftige
geschichte von Flos und Blankflos, Philadelphia, John Weik, gedruckt
in diesem jahre', 18º) kenne ich ebensowenig wie die übrigen alten
drucke dieser gestaltung.

[3] Die deutschen volksbucher, gesammelt und in ihrer ursprüng-
lichen echtheit wiederhergestellt von Karl Simrock. Frankfurt a M.
1847, VI. 279—321. — der Simrockischen ausgabe nacherzahlt ist:
'Flos und Blankflos eine anmuthige und ruhrende historie. mit
schonen figuren aufs neu ans Licht gestellt für alt und jung von
Ottmar F. H. Schonhuth. Reutlingen, druck und verlag von Fleisch-
hauer und Spohn. o j. (? 1865) 8º (48 seiten).' — (auf seite 3
'unglucklicher' konig statt 'unglaubiger'). — uber das epische ge-
dicht in octaven der baronin von Knorring s. o. s 11

[4] Lehrbuch einer allgemeineren litterärgeschichte II. III 276.

mit holzschnitten, eine andere ohne holzschnitte vom
j. 1600, beide in Prag gedruckt. der titel des ersten
dieser drucke lautet.[1] Welmi pickna nowa Kronika
aneb Historia Wo welike milosti Kniežete a Kraale Floria
z Hispanij a geho milec pânie Biantzeforze Wam znij
welike potiessenie przigde Yakż srozumiete kterak welike
zalijbenij Milost maa s vtiessenymi ffigurami. [eine sehr
schöne neue chronik oder geschichte von der grossen
liebe des fürsten und königs Floria von Hispanien und
seiner geliebten frau Biantzefora Euch ein grosses ver-
gnugen daraus hervorgehen wird wenn ihr erkennt welch
grosses gefallen die liebe hat mit lieblichen Figuren.]

Dass der czechischen ubersetzung nicht der italie-
nische roman Boccaccios, sondern die deutsche bearbei-
tung des Filocolo, d. h. ein deutsches volksbuch vorge-
legen hat, beweist unzweifelhaft folgende stelle.[2] die
worte aus dem Filocolo. 'Io sono guidatore et maestro
delle celestiali armi, rispose Marte' lauten im Metzer
druck von 1499. 'denn der got antwurdt ich bin am
fewrer vn maister der himelischen wappen | sprach
marte', — guidatore ist also richtig mit 'fuhrer' ubersetzt.
in dem Metzer drucke von 1500 findet sich fur 'fewrer'
der druckfehler 'frewer', und in einem andern von Aman-
dus Farckal gedruckten buche[3] steht dafür 'fewer'.

---

[1] Vgl. Časopis českého museum 1852, p 79 — J. Jungmann,
Historie Literatury České. Prag 1849, p 66 no. 98 — Pypin und
Spasovič, Istorija slavjanskich literatur II, 835.

[2] All meine kenntnis des czechischen volksbuches verdanke ich
der liebenswürdigen brieflichen mitteilung des herrn Jos Wenzl, pro-
fessors an der k. k. czech. oberrealschule in Prag. herr Wenzl hat, da
ihm eine ausgabe des deutschen volksbuches nicht zu gebote stand,
die czechische bearbeitung eingehend mit dem Filocolo verglichen
und alle abweichungen notiert — herr W. hat auch einen aufsatz
über die czechische bearbeitung veröffentlicht in dem jahresbericht
der czech. oberrealsch. zu Prag: Vyroční zpráva čes. král. české
vyšší realky Pražské za školní rok 1883, s 14—19.

[3] Buchzeichen der Berliner königl bibliothek: Yu 1359.

diese selbe lesart des letzten druckes hat auch dem
czechischen übersetzer vorgelegen, er gibt die stelle
folgendermassen wider, 'ta jsem oheň [= feuer] a mistr
nebeského rytířstva, řečený Mars.'

Auch sonst noch zeigt das czechische buch häufig
abweichungen von dem italienischen Filocolo, und gleich-
zeitig übereinstimmung mit dem deutschen volksbuche.
nur einige beispiele zur veranschaulichung sollen hier
angeführt werden

Der höchste gott, *Giove (Gioue)* im Italienischen ge-
nannt, heisst im czechischen, wie im deutschen, stets
Gione oder *Gion*. — für *Giulia Topatia* hat das czechische
Julia z Patry, das deutsche volksbuch *Jullia de Patra*. —
die stadt *Siviglia* lautet im czechischen wie im deutschen
Sibilla. — statt *Feramonte* des italienischen textes bieten
die deutsche wie die czechische übertragung überein-
stimmend *Feremonto*. — auf dem platze *la Braa*[1]) soll
nach dem Filocolo die hinrichtung der Biancifiore voll-
zogen werden; die deutsche und die czechische bearbei-
tung lesen dafür übereinstimmend *Baya*. — *Tu desti più
volte luce a Licaone* übersetzt das deutsche volksbuch
mit 'Wie offt hastu dem Liecht Aluchaon geben';
czechisch *Kterak jsi ty častokrát blesk Aluchaonovi
dáual.* — *La figlia di Latona*, deutsch *Lacona* tochter;
czechisch. *dcera Lakonova* u. s. w.

Zu weiterer anschaulicher vergleichung der czechi-
schen übersetzung mit dem deutschen volksbuche, und
des deutschen buches mit dem Filocolo stehen hier
einige parallelstellen.

Die vorrede beginnt folgendermassen.

Italienisch *Adunque, o giovani, i quali avete la
vela della barca vaga mente dirizzata a'venti che muovono
dalle dorate penne ventilanti del giovane figliuolo di Citerea,
negli amorosi pelaghi dimoranti, disidio di pervenire a porto*

---

[1]) Vgl. F. Novati, Giorn. di Filol. rom III (1880), 64

di salute con istudioso passo, io per la sua inestimabile potenza vi prego che divotamente prestiate alquanto alla presente opera lo intelletto . . .

Deutsch (fehlt in einzelnen drucken): 'meine edelen vnnd lieben besten jungen herren vnd freund die den segel des schiffs ihres begirigen gemuths in den wind gerichtet haben und ihr die da in der tieff in der brinnenden lieb freundlich wohnend also eilendts begeren seid die porten mit heyl zunemen ich euch freundlich bitte mit fleiss vnserm gegenwertigen werck die oren ewer vernunfft zuuerleihen'.

Czechisch: 'My urozeni udatni a opatsni mladí muži, kteříž jsme vesla k lodi naší žádostivé mysli v vietr obrátili, a vy, kteřížto v hlubokosti hořicci milosti přebýváte, s chvátáním žádostivi buďte a přítomné štěsti přijměte, vás za to přátelsky s pilnosti prosíme, že tuto novú kroniku a přítomný skutek k vašemu rozumu a ušima připustite etc.' [wir hochgeborenen, tapferen und weisen junglinge, die wir die ruder unseres begierigen gemutes nach dem winde gerichtet haben, und ihr, die ihr in der tiefe der brennenden liebe wohnet, seid aufmerksam mit hast und nehmet das gegenwartige glück auf, darum bitten wir euch freundschaftlich mit eifer, dass ihr diese neue chronik und die gegenwartige begebenheit zu euerem sinne und ohre zulasset.]

Dann folgt die eigentliche erzahlung, welche mit dem sturze der engel beginnt.

Italienisch *Quell' eccelso e inestimabile prencipe sommo Giove, il quale degno de' celestiali regni possoditore tiene la imperial corona e scettro, per la sua ineffabile provvidenza avendo a sè fatti cari fratelli e compagni a possedere il suo regno, e' conosceo l'iniquo volere di Pluto, il quale più grazioso e maggiore degli altri aveva creato, che già pensava di volere il dominio maggiore che a lui non si convenia . .*

Deutsch (nicht in allen drucken, z. b nicht in dem Frankfurter). '*Der ewig und hochwendig herre got des obersten reyches ein wirdiger besitzer ein fursichtiger regierer der hymelischen kron Im viel liebe engelisch geyst vnd bruder Sein reych mit in niessen ernelt zũ besunder vnter ihnen Lucifer mit mer wndũ vñ schon dann die andern begabet des er zuhant in hochffahrt fyel zũ sich seynem schoffer gleychen meinet.'*

Czechisch *Všemohúcí vysoce zelebný pán buoh najvyššiho královstvie duostojný a opatrný správec nebeské koruny sobě jest vyvolil množstvie angeluov milých duchuo a bratřï, své věčné slávy aby jim užiti dal, mezi nimiž Lucifera poctivosti a krású nad jiné obdařil, z tohož on ihned v pýchu paall a sebe domnieval rovna býti svému stvořiteli* [der allmächtige erhabene gott, der ehrwurdige und weise beherscher des höchsten reiches der himmlischen krone, erwählte sich eine menge von engeln, lieben geistern und brüdern, um sie seinen ewigen ruhm geniessen zu lassen; unter diesen versah er den Lucifer mit ansehen und schonheit, in folge dessen verfiel er in hochmut und glaubte seinem schopfer gleich zu sein].

Der Schluss lautet

Italienisch s. s. 38.

Deutsch. *'des Hillario der wirdig priestr mit in zoch. der so bald mtt gen rom bekam. anchub alls der aller materie vernomen, gesechen vnd erricht was des jungen konigs sach zu kryechischer zungen zeschreyben'.*

Czechisch· *Duostojný kňaž Hilarus s nimi vyjel, ale ne ihned do Řima s nimi jel, ale potom tam přijev, počal tuto knihu tak jakž vyslyšal, vidal a rozumiel mladého kniežete věcem v řecký spisovati jazyk.* [der ehrwürdige priester Hilarius reiste mit ihnen ab, aber er fuhr nicht sogleich mit ihnen nach Rom; als er aber später hinkam, begann er dieses buch, wie er die geschichte des jungen fürsten hörte, sah und verstand, in griechischer sprache zu schreiben.]

Das colophon am ende des deutschen buches (Metz 1499) lautet: *'hie end sich das buch der hochen*

*lieb des koniglichen fursten Florio vn seiner lieben
Bianceffora. gedruckt zu Metzs in der freyen loblichen
statt Caspar Hochffeder. am Montag nach Batholomei. do
man zellt nach Cristi vnssers lieben herren geburt. tausent
vierhundert vnd im neun vnd neuntzigsten iar.'*

Im czechischen buche. '*Skonává se kniha o
vysoké milosti knížete a krále Floria a o jeho přemilé
Biancefoře, v slavném městě Praze, v český jasyk přeložená,
tištěna skaze Jana Šmerhovského, tutéž úředníka váhy
kořenné, léta od narození syna Božího tisícího pětistého
devatenáctého due šestého mesíce listopadu*' [es endet das
buch von der hohen liebe des fürsten und königs Florio
und seiner allerliebsten Biancefora, in der ruhmlichen
stadt Prag in die czechische sprache übersetzt, gedruckt
von Johann Šmerhovský, beamten der gewürzwage([?])
daselbst, i. j. nach der geburt des sohnes gottes 1519
am 6. tage des monats November].

Eine jüdisch-deutsche bearbeitung erwähnt Hanslick,
geschichte und beschreibung der Prager universitäts-
bibliothek, Prag 1851, 8°, s. 571. dieselbe führt den
titel: 'ein schini historie vun Fleri Blankifleri'. o. o.
(?Prag), o. j. 8° (LIII, 2, 11). — 'ein curiosum,' sagt
Hanslick, 'sofern nämlich ein roman in jüdisch-deutschem
costum uberhaupt etwas ganz curioses ist, und wohl nicht
gar sehr häufig vorkommt. die geschichte fängt so an.
'*es war ein king aus China, derselbig hut ein grauss krieg
gehalten*' u s. w. und schliesst '*was aber die geschehn is,
auch was dem torhiter vun sultan geschehen is, das kan
man nicht beschreibn, weilen mir nicht dabei sein gewesn*'.
sie ist in hebraischen buchstaben aufgezeichnet[1]) und
vielleicht identisch mit dem von Jo. Christoph. Wolf
(Bibliotheca Hebraea, Hamburgi et Lipsiae 1715, 1,

---

[1]) Sie befindet sich jetzt in der Bodleiana in Oxford, no. 175
der Oppenheimschen buchersammlung, vgl Serapeum, zeitschrift fur
bibliothekwissenschaft, hgbn. von Dr R. Naumann. Leipzig 1848,
p. 384.

p. 1320 'De scriptis Hebraeorum anonymis' no 288) er-
wahnten hebraischen drucke

'בלבנבב hebschaft von Floris und בבקבלב i. e. Flancfler,
i. e. historia amorum Floris &c.' Offenbach 474. C.1714 8.

IV.
Die skandinavischen bearbeitungen.

Ebenfalls auf eine französische quelle gehen die
skandinavischen bearbeitungen[1]) zurück. doch scheint
sich dieselbe noch mehr, als dies bei den vorlagen der
verschiedenen deutschen fassungen der fall ist, von den
(beiden) uns bekannten französischen versionen zu ent-
fernen. endgiltig festgestellt ist allerdings das verhaltnis
der skandinavischen bearbeitungen zu der französischen
quelle noch nicht.[2]) auch die in eingehender unter-
suchung über das verhältnis der skandinavischen versionen
unter einander aufgestellte behauptung,[3]) dass das schwe-
dische gedicht Flores och Blanzeflor[4]) auf die fassung
in altnorwegischen versen zurückgehe, in welche die
ältere altnorwegische prosa-Saga af Flóres ok Blankiflúr[5])
ubertragen sei, ist neuerdings wieder in frage gestellt
worden.[6]) das danische gedicht, Eventyret om Flores

---

[1]) Sommer, s. XVIII—XX. — Du Meril, xlvi—lvii (falschlich
lxvii bezeichnet).

[2]) E. Kölbing in Bartschs Germania XX, 227 (1875)

[3]) G Storm, Om Eufemia viserne (Nord Tidskrift for Filologi
og Paedagogik, N. R. I. 23—42).

[4]) Abgedruckt von G. Klemming in der Samlingar utgifna
af Svenska Fornskrift-Sallskapet Stockholm 1844 I

[5]) Annaler for Nordisk Oldkyndighed og Historie, udgivne af
det Kongelige Nordiske Oldskrift-Selskab. Kjøbenhavn 1850 — wegen
der bibliographie s. s. 3—5, 112—121, 362—363.

[6]) R. Geete. Om Eufemia visorna. Stockholm 1875 doch
ist der verfasser nicht recht bestimmt in seinen ausserungen

og Blantzeflores, ist mehrfach gedruckt worden.[1]) — eine umarbeitung des von Tressan herausgegebenen französischen romanes [2]) besorgte H. Wetterstedt Floris och Bianca Fiore. Saga på vers. Imitation. Sthm. 1826.

'Alle bisher erwähnten bearbeitungen zeigten dieselbe gestalt der sage, nur bald in glänzenderem, bald in schlichterem gewande.' grössere abweichungen von der französischen quelle zeigt die italienische (oder italo-graeco-hispanische) gruppe.

V.
Die italienischen bearbeitungen.

In Italien ist die sage von Flore und Blancheflor mehrfach bearbeitet worden als hauptbearbeitungen sind das von einem volkstümlichen dichter in ottave rime bearbeitete Cantare und der von Boccaccio in prosa verfasste Filocolo zu nennen.

Das Cantare di Fiorio e Biancifiore, das zuweilen auch unter dem titel Inamoramento (oder Amore, oder Storia) di F e. B. angeführt wird, ist eine im volkstone gehaltene in ottave rime abgefasste dichtung, deren verfasser unbekannt ist. dasselbe ist in mehrfachen drucken und 7 hss. erhalten, die zum teil recht bedeutend von einander abweichen.[3]) das gedicht

---

[1]) Vgl. C. J. Brandt, Romantisk Digtning fra Middelalderen. Kjobenhavn 1869. I, 285—356 II, 289—341. III, 316—324 derselbe Brandt hat das gedicht auch in modernisierter gestalt herausgegeben· Ældre Danske Digtere. Kjobenhavn 1861 (Tredie hefte, 5—87)

[2]) s weiter unten, abschnitt VII, und Kleinmming, s XXX

[3]) Vincenzo Crescini — in seinen Due Studi riguardanti Opere Minori del Boccaccio. Il Cantare di Fiorio e Biancifiore ed il Filocolo. La Lucia dell' Amorosa Visione. Padova 1882 — führt nur 4 hss. an. ihnen sind noch hinzuzufügen 2 auf der Pariser nationalbibliothek (fonds italien 1069 und 1095) befindliche, und eine dritte im

enthalt 131 stanzen (odei mehr, die ausgaben und hss. varnieren).

Der inhalt ist kurz folgender

Ein ritter in Rom in alten zeiten hatte ein schönes, reiches weib, aber keinen sohn der heilige Jakob erhort ihre bitte, und ihn gelubde zu erfullen, ziehen sie aus zu dem apostel von Galizien der konig Felice aus Spanien, dei unglaubige sariazene, lauert ihnen auf mit tausend rittern und beim anbrechenden morgen-grauen erblickt ei von einem beige aus die auf dei strasse heran-ziehenden christlichen pilgrime, erschlagt alle getauften und den ritter selbst die christin aus dem lateinischen lande schenkt er der konigin, die bewundert ihre schonheit und halt sie wert. sie erfahrt von ihr all ihr leid, und eines moigens gebaren beide, die konigin einen sohn, eine tochtei die christin Topatia, so heisst die christin, stiibt bei der geburt, Manne (Migliore?), die konigin, nimmt sich ihres kindes an: Fiorio und Biancifiore

besitze des Lord Ashburnham (collection Libii), die ich nur aus dem kataloge kenne: Ashbm Libii 1473: Stoiia di Florio e Blanci-fioie. einen andern alten diuck beschieibt Eschenburg, Denkmalei altdeutscher dichtung, seite 214 . . '(ein gedicht), welches ich unter mehreien italianischen balladen und iomanzen meinei sammlung altei einzelnei stucke diesei ait finde, die ich aus der herzoglich Wolfenbuttelschen bibliothek voi mir habe es ist, gleich den meisten ubiigen, ohne angabe des jahrs und orts, abei wenigstens schon gleich zu anfang des sechszehnten jahihundeits gediuckt, und hat ubei dei eisten seite bloss die aufschrift: Florio e Bianza Fioie chiamata. das ganze betiagt nui sechs quartblattei engen diucks in gespaltenen columnen die stanzen sind achtzeilig, und der anfang, in einei sechszeiligen, ist folgendeimassen·

Donne e Signoii vi voglio pregaie
Chel mio dicto sia ben scoltato
Che io vi volio dir e contare
Or me intenda chiuncha e inamorato
Come nasci florio e bianza fiore
Insembla ciesero con grande amoie'

Das exemplar der Pariser arsenalbibliothek, welches Tho. Fr. Dibdin (A Bibliogiaphical, Antiquaiian and Pictuiesque Tour in France and Geimany London 1821, II, 331) und Biunet (II, 1300) ausführlich beschreiben, tragt die nummei B. L 4860 A 4º. (Blatt 56—63.) ein abdruck dieses diuckes mit den varianten dei beiden Pariser hss. steht in Heirig's Aichiv, LXXI (1884).

weiden zusammen erzogen. der konig will, dass sein sohn lesen
lerne, der aber weigert sich, es ohne Biancifiore zu tun, so
lernen die beiden zusammen   bald kennen sie den psalter und
lesen in dem buche der liebe. gar bald auch erseufzet vor liebe
Fiorio, wenn er Biancifiore ansieht. Felice will seinen sohn zu
seinem verwandten schicken, dem herzoge von Montorio, Fiorio
aber mochte sich eher in stücke hauen lassen als dahinziehen
ohne Biancifiore. der konig verspricht ihm das mädchen nach-
kommen zu lassen, sobald die erkrankte konigin genesen   beim
abschied gibt weinend Biancifiore ihm einen ring, dessen schoner
saphir sich farbe, sobald ihm gefahr drohe   mit grossem jagd-
gefolge zieht Fiorio ab, durch einen boten benachrichtigt, reitet
der herzog ihm in feierlichem aufzuge entgegen   trauernd und
nachdenklich erscheint Fiorio bei dem festschmause. — Felice
beredet sich mit dem seneschall, der schickt, während der ganze
hof zu tische sitzt, eine vergiftete henne (gallina) hinein, und lasst
sagen, sie kame von Biancifiore. ein hund, dem davon ein stuck
vorgeworfen wird, verendet auf der stelle   das parlament ver-
urteilt Biancifiore zum feuertode. schon steht sie gefesselt am
brandpfahl, als Fiorio, der im schlafe auffahrend an der farbe
des saphirs die gefahr erkennt, bewaffnet die menge durchbricht,
den seneschall im zweikampfe besiegt und die geliebte befreit,
ihre unschuld dartut und sie 'um Fiorios willen' der obhut des
konigs empfiehlt   nach Montorio zuruckgekehrt, ist Fiorio wider
nachdenklich um Biancifiore   zwei schone madchen schickt der
herzog, ihn mit ihren reizen und kunsten zu berucken   Fiorio
kummert sich nicht um ihre schonheit   da sendet der herzog
(el ducha) zum konige Felice, er mochte Biancifiore senden, denn
der sohn verzehre sich ganz in liebesgram. der konig will
Biancifiore kopfen lassen, die konigin uberredet ihn, sie zu ver-
kaufen. er schickt zwei ritter zu dem hafen, wo kaufleute ange-
langt sind   schon geputzt wird Biancifiore ihnen vorgefuhrt.
tausend taler und lowen und adler und jagdfalken und hunde
geben sie dem konige fur das schone madchen, und einen gol-
denen becher, auf dem die geschichte von Troja abgebildet ist
der konig lasst ein grabmal errichten und das gerucht verbreiten,
Biancifiore sei darin bestattet. als Fiorio heimgekehrt die trauer-
kunde erfährt, will er sich toten vor schmerz am grabe der ge-
liebten, die konigin entwindet ihm das messer und sagt ihm,
dass Biancifiore lebe   Fiorio will ausziehen, das schone geschopf
zu suchen uber land und meere. einen ring gibt ihm die mutter,
dessen juwel die kraft hat, den trager zu behuten in feuers- und
kampfesnot. mit reichen schatzen und vielen rittern und baronen

zieht Fiorio aus in der herberge sagt ihm die wirtin. 'herr, ihr
ähnelt Bianciflore' neulich abends sei die dagewesen, habe viel
geschluchzt und getrauert bei tische wirft Fiorio mit dem messer
einen becher um, dass er zerbricht, er ersetzt ihn durch einen
silbernen am andern tage erfahren sie in einer andern herberge
durch den wirt Bilisanti, dass die kaufleute vor kurzem erst mit
Bianciflore da durchgezogen seien. sie ziehen weiter nach Egypten,
und von Alexandrien ohne verzug nach Babylon dort hören sie
in der herberge des Dario, dass die kaufleute die schöne Bianci-
flore dem admiral verkauft hatten, und dass sie jetzt mit hundert
andern jungfrauen in dem turme gehalten wurde, den zwei-
tausend mann bewachten in dem turme sei ein garten, und
neben einer quelle ein baum mit immer blühenden blumen
schreitet ein mädchen darunter, so fällt ihr eine blume zu, falls
sie noch rein ist; ist sie aber von einem manne berührt, so trübe
sich das wasser. der kastellan sei sehr grimmig, aber spiele gern
schach. Fiorio reitet zu dem turme und sagt zu dem kastellan:
er sei von jenseits des meeres gekommen, um dieses schöne
kastell sich anzusehen für seinen herrn, der ein ähnliches bauen
wolle, und ein jagdsperber sei ihm dahinein geflogen, und er wolle
mit ihm schach spielen sie spielen, Fiorio gewinnt, gibt aber
seinen gewinnst und noch mehr dazu dem kastellan zurück. am
andere tage zum mittagessen geladen, schenkt Fiorio dem kastellan
einen mit besanten gefüllten goldenen becher, mehr noch werde
er ihm geben, wenn er ihm dienen wolle. der kastellan ergibt
sich ihm, und hält, als Fiorio ihm sein verlangen Bianciflore zu
sehen kund gibt, sein versprechen nächsten sonntag sei das
fest der pascha rosata. da wurden dem admiral blumen geschickt,
von denen er die meisten seinen frauen überlasse da könne
Fiorio unter den blumen versteckt mit hinaufgeschafft werden.
in einem korbe unter rosen gelangt Fiorio in den turm, als
Gloritia, eines der mädchen, dem korbe sich nahert, denkt Fiorio,
es sei Bianciflore und steckt den kopf heraus; auf das angst-
geschrei des mädchens fliegen die anderen herzu, Gloritia aber,
schnell gefasst, erwidert ein vogel sei ihr aus dem korbe an die
brust geflogen zu Bianciflore eilt sie darauf vor freuden weinend
liegen sich beide geliebte in den armen. in Bianciflorens kammer
genossen da Fiorio und Bianciflore ihre liebe. — der admiral
lässt nach Bianciflore schicken, Gloritia erklärt, sie sei unpässlich,
da will der sultan sie selbst sehen und findet Fiorio bei dem
mädchen. ergrimmt greift er zum schwerte, hält sich jedoch
noch zurück: auf den vorschlag eines ritters in der beratung der
barone soll das liebespaar verbrannt werden. nackt, gefesselt am

scheiterhaufen beklagt Biancifiore ihres geliebten schicksal, Fiorio halt ihr den ring hin, und indem sie ihn beide umfassen, vermag das feuer ihnen nicht zu schaden. staunen und mitleid ergreift die umstehenden, auf eines ritters bitte fragt der admiral nach dem namen und der geschichte Fiorios, und erfahrt, dass er der sohn sei des Felice, seines verwandten Fiorio heiratet Biancifiore, und uber das meer gelangt er nach dem schonen Toscana, von da nach Spanien, lasst sich mit seinem ganzen hofe taufen in dem romisch-katholischen glauben, und wird zum kaiser von Rom gewahlt und lebte hundert jahre mit Biancifiore.

Der Filocolo[1] — '*nel quale si racconta un piacevole amore di Florio e di Biancofiore*' — ist das erste werk, welches der junge Boccaccio (1313—1375) in italienischer prosa verfasste. er schrieb es — in den jahren 1338—1341

---

[1] Vgl. darüber Fr Schlegel, charakteristiken und kritiken, Königsberg 1801, II. 327 ff, — Eschenburg, denkmaler altdeutscher dichtkunst, p. 212; — M Landau, Giovanni Boccaccio, sein leben und seine werke, Stuttgart 1877, und vor allem Gustav Korting, Boccaccios leben und werke Leipzig 1880 letzterem vortrefflichen werke haben wir im folgenden manches entlehnt — der wahre titel des romanes ist Filocolo (in alten drucken Philocolo, vgl Giornale di Filologia Romanza III [1880] 58), wie Gaspary in Grobers zeitschrift für romanische philologie III. 395 nachgewiesen hat. als Florio von der heimat abzieht, um die in die fremde verkaufte Biancifiore zu suchen, beschliesst er aus furcht, sein name mochte, da sein liebesverhaltnis auch im auslande weit bekannt sei, storende aufmerksamkeit erregen und das widerfinden der geliebten erschweren, sich einen andern namen beizulegen und nennt sich '*Filocolo*' d. h. liebesmuhe, 'muhe der lieb' — '*Filocolo*', fuhrt Boccaccio aus, '*è da due greci nomi composto. da philos e da cholos, philos in greco tanto viene a dire in nostra lingua quanto amore, e cholos in greco similmente tanto in nostra lingua resulta quanto fatica onde congiunto insieme, si può dire trasponendo le parti. Fatica d'Amore*' — Boccaccio, der gern mit seinen griechischen kenntnissen prunkt, hat hier wider gezeigt, dass er kein griechisch versteht. denn Filocolo kann nie die ihm von Boccaccio untergelegte bedeutung haben. diesen irrtum haben die herausgeber des romanes gar bald gemerkt und haben demselben, freilich ohne erfolg, durch anderung des titels in Filocopo (Philopono, Philocomo) abzuhelfen gesucht — (Eschenburg, denkmaler p. 212 denkt an Filocalo 'freund der schonheit'!)

ungefahr — zu Neapel, auf antrieb seiner von ihm so
oft unter dem namen Fiammetta verherlichten geliebten[1]).
am ostersonnabend 1338 sah er auf einem ausfluge nach
der San Lorenzokirche in Neapel zum ersten male die
schöne Neapolitanerin, die mit ihrem wahren namen
Maria heisst sie war eine tochter der grafin von Aquino
und des konigs Robert von Neapel, und seit sieben oder
acht jahren mit einem edelmanne aus Neapel vermahlt.
als er dann bei der einige tage spater stattfindenden
zweiten begegnung gelegenheit fand zum ersten male
mit der schon von ihm geliebten dame zu sprechen, da
erhielt er, so erzahlt er uns am eingange des Filocolo,
von der schönen Fiammetta den auftrag, ein kleines
buch zu schreiben uber die schicksale des sagenhaften
liebespaares Florio und Biancifiore, dessen ruhm noch
von keinem (italienischen kunst-[2]) dichter gefeiert worden,
sondern den fabelhaften erzählungen unwissender
uberlassen geblieben sei.[3] mehrere jahre nahm die aus-
fuhrung des von der geliebten erteilten auftrages in an-
spruch, doch statt des bestellten *piccolo libretto*, hat des
dichters schöpferische phantasie die sage zu einem mehrere
bande umfassenden — recht langweiligen[4]) — romane
ausgesponnen, in welchem die durch die uberlieferung
gebotene einfache erzahlung durch zahlreich eingestreute
episoden erweitert und zum teil vollig umgestaltet er-

---

[1]) Uber das verhaltnis Boccaccios zu Fiammetta vgl u. a. auch
den artikel in der Rivista Europea, Vol XXX, fasc. IV, Roma 1883.
p. 1181 sq.

[2]) Der ausdruck 'kunstdichter' ist von Gaston Paris

[3]) 'certo grande inmria riceve la memoria degli amorosi gio-
vani .. a non essere con debita ricordanza la loro fama esaltata
da' versi di alcun poeta, ma lasciata solamente ne' fabulosi parlari
degli ignoranti.'

[4]) 'Dieser roman . ist in bezug auf den umfang das starkste
von Boccaccios werken nach dem Decameron, in bezug auf inhalt
und form aber das schwächste' Landau p 43 u. 53.

scheint, so dass wir nur noch die rohesten umrisse der
ursprunglichen sage widererkennen. 'alle gotter und
göttinnen des klassischen altertums greifen ein in das
schicksal der liebenden, und mit verzauberungen und
entzauberungen, mit vielem rhetorischen und allegorischen
prunk wird die sage zum uberladenen liebesromane aus-
gesponnen, in welchem ihre ursprüngliche naivetat voll-
standig aufgegeben und damit nicht bloss ein zufalliger
reiz der dichtung, sondern der kern der sage zerstort ist.'[1])

Uber die Boccaccios Filocolo zu grunde liegenden
quellen und uber das verhältnis desselben zu dem volks-
tumlichen Cantare gehen die ansichten der litterarhisto-
riker sehr auseinander. während Tasso[2]) (in seinem
Discurso sulla poesia heroica, II, 47) und neuerdings
Bartoli ('I precursori del Boccaccio' Firenze 1876 und
Rivista Europea, Anno 1879, p. 470) die ansicht aus-
sprechen, dass das Cantare 'non è altre che il Filocolo
messo in versi da qualche poeta per essere recitato al
volgo', haben andere gelehrte, u. a. auch Du Méril
(p. lxxiij) sich dahin ausgesprochen, dass beide bearbei-
tungen von einander unabhängig sind. in seiner schrift
'Il Filocopo del Boccaccio', Firenze 1879, hat Zumbini
nachzuweisen gesucht, dass das Cantare älter sei als der
Filocolo. dieselbe ansicht, die Gaspary in dem Giornale
di Filologia romanza IV zu widerlegen bemuht ist,
verficht auch Crescini in seiner oben genannten schrift.

Den beweis fur seine behauptung, dass das Cantare
älter sei als der Filocolo, findet Crescini in einzelnen
anspielungen in den werken Boccaccios auf das gedicht

---

[1]) Sommer, a a. o p XX — eine ausfuhrliche inhaltsangabe
des Filocolo findet sich bei Korting, a a o, pp. 164—194, auf die
wir hiermit verweisen

[2]) Tasso (Discurso sulla poesie heroica II 47) gebraucht den
ausdruck . . . di Florio, e di Biancofiore, di cui nella nostra lingua
poeto il Boccaccio — womit er doch auch wohl den prosaroman
Filocolo hat bezeichnen konnen.

uber Flore und Bl., und in dem alter einer der hss mit
recht erblickt Crescini in der am eingange des romanes
uber die veranlassung desselben der Fiammetta in den
mund gelegten ausserung eine anspielung auf eine schon
vor abfassung des Filocolo in Italien — in volkstümlicher
form[1]) — vorhandene erzahlung der sage von Flore und
Blancheflor. eine weitere anspielung auf das Cantare
findet sich in Boccaccios Labirinto d'Amore, das auch
den titel 'Il Corbaccio' d. h. 'die geissel'[2]) fuhrt. in
dieser um 1355 verfassten, bissige ausfälle gegen die
frauen enthaltenden satire[3]) spricht Boccaccio von einer
witwe, die bei all ihrer scheinheiligkeit eine vollendete
heuchlerin und gemeine person ist. zur kirche gehe sie,
nicht um dort ihre andacht zu verrichten, sondern um
die aufmerksamkeit flatterhafter gimpel auf sich zu ziehen
und um eroberungen zu machen. zu hause bei sich
seien ihre gebete und paternoster nichts anderes als die
'canzone latine' und die französischen ritterromane, deren
lekture sie mit wahrer gier fröhne und deren schlupfrige
stellen sie mit dem genusse eines competenten sach-
kenners verschlinge; 'ne' *quali ella legge . . la canzone
di . . Florio e di Biancofiore*' und ähnliche sachen.

Kann nun mit dieser von Boccaccio im Corbaccio
angeführten *canzone* di Fl. e di B. unser *cantare* gemeint
sein? ganz gewiss. der ausdruck *canzone* widerstrebt
dieser auslegung durchaus nicht, da — wie Crescini an
vielfachen beispielen uberzeugend dartut — die aus-
drucke *canzone* (eigentlich eine lyrische dichtung von
meist funf bis sieben strophen) und *cantare* (eigentlich
ein längeres gedicht in ottaven) fortwährend verwechselt
werden. dass übrigens 'lateinisch' von den italienischen

---

[1]) Vgl auch Koiting, s 497 ff.

[2]) 'Die Karbatsche', vgl Schuchardt in Lemckes jahrbuch fur
rom. u. engl littei., Leipzig 1871, XII, 114 [Gaston Paris]. — anders
Koiting, s. 208.

[3]) Vgl Koiting, s. 208—237

schriftstellern jener zeit haufig gleichbedeutend mit
'italienisch' gebraucht wird, ist ebenfalls bekannt. — ver-
dient nun aber unser Cantare wirklich den vorwurf der
schlupfrigkeit, den ihm der Corbaccio zu machen scheint'?
unter den etwas extravaganten abenteuern der beiden
liebenden finden sich allerdings zwei etwas schlupfriger
art, derentwegen strenge moralprediger auch die erzah-
lung von Flore und Blancheflor als eine von frommen
christen zu vermeidende lekture gebrandmarkt haben.[1]
es sind dies die verfuhrungsscene Florios durch die
schonen madchen in Montorio,[2] und die scene im bett
im turme zu babylon, wo die liebenden nach langer

---

[1] S oben s 4. allerdings war das mittelalter ziemlich un-
geniert in der darstellung anstossiger begebenheiten vgl auch
Landau, a. a. o. s. 134 ff

[2] Lo ducha due donzelle fece trovare,
Che eran piu belle chello persico fiorito,
E ciascheuna era pucella da mandare.
El duca fece alloro questo partito,
Quella de voy chello farra reallegrare
Fiorio li darano per marito
    Ciaschuna disse 'Io li darto tal conforto,
    Farollo resuscitar se fosse morto'.
Elle donzelle col bel viso rosato
Andoro nel palazo precioso,
E trovono Fiorio solo nato
E lachrimando star pensoso,
E l'una disse 'Nullo inamorato
Non direbbe stai si doglioso
    Anzi direbbe ridere e solazare
    De per nostro amore levati a danzare'
Ciascuna li mostrava el suo bel petto
Colle bianche e preciose mamelle,
Dicendo 'Fiorio, or prendi diletto,
Da noi che siamo si belle damicelle'.
E Fiorio non se curava di lor detto,
La mano tenea puro alle mascelle,
    E non le voleva intendere ne vedere
    In altre parte sende ando assedere.

trennung und lange zurückgehaltener leidenschaft sich
den freuden der liebe hingeben — wenn nun auch die
anspielung im Corbaccio sich auf unser Cantare bezieht,
so konnte man immer noch meinen, dass das gedicht,
auf welches in dem um 1355 verfassten Corbaccio an-
gespielt ist, eine art umarbeitung, refacimento, des um
1340 entstandenen Filocolo sei. die unzulässigkeit dieser
auffassung haben Zumbini und Korting bereits nachge-
wiesen. ist es einerseits unwahrscheinlich, dass der
Filocolo in den ersten funfzehn jahren seines entstehens
populär genug gewesen ist, um eine volkstümliche dich-
tung zu veranlassen, so ist andererseits nicht annehmbar,
dass Boccaccio eine aus seinem eigenen werke hervor-
gegangene dichtung als eine leichtfertige und schlüpfrige
lekture bezeichnet.

Aber nicht nur diese anspielungen in Boccaccios
werken weisen mit hoher wahrscheinlichkeit darauf hin,
dass das Cantare bereits vor der abfassung des Filocolo
bestanden habe, das alter einer Florentiner hs. des ge-
dichtes macht diese wahrscheinlichkeit zur gewissheit.
'.. il nostro poemetto si contiene in un codice magliabechiano
del secolo XIV. Pochi fogli innanzi ad esso, e della mano
che lo scrisse, occorre, in testa a una serie di appunti mer-
cantili, la data: MCCCXLIII a' dì XV d'aghosto'.[1]
da nun diese hs. mehrfache verderbnisse zeigt, so ist es
klar, dass sie nur eine abschrift — und wohl nicht eine
direkte, sondern durch mehrere zwischenstufen hindurch-
gegangene — eines weiter hinaufreichenden originales
ist, das Crescini in das erste viertel des 14. jahrhun-
derts setzt.

Eine nähere vergleichung des Cantare mit dem Filo-
colo ergibt nun, dass an einzelnen stellen die darstellung
des ersteren von der im Boccaccioschen romane gegebenen
erzählung abweicht und zu einem der französischen ge-

---

[1] Crescini, p 14.

dichte stimmt. Gaspary, immer von dem gedanken aus-
gehend, dass das Cantare aus dem Filocolo geflossen
sei, hat aus diesem umstand den schluss ziehen wollen,
dass ausser dem Filocolo der dichter des Cantare als
nebenquelle die französischen gedichte benutzt habe, aus
welchen er gelegentlich geschöpft habe weit entfernt,
dieser ansicht beizupflichten, glauben wir in diesem
punkte nur eine neue bestätigung der soeben vorge-
tragenen ansicht von der unabhängigkeit des Cantare von
dem Filocolo erblicken zu müssen. bei der lekture des
Boccaccioschen romanes erkennt man auf den ersten blick,
dass man es mit einem — mehr oder minder — kunst-
lerisch durchgebildeten und in verfeinertem geschmacke
gehaltenen litterarischen produkte zu tun hat, das aller-
dings auch manchen fehler aufweist. nur allzu oft be-
gegnet man darin einem schwülstig breiten wortgeklingel
und dem übel angebrachten krame mythologischer ge-
lehrsamkeit; während dem Cantare alle kritiker einstim-
mig den geist und das gepräge einer wahrhaft volks-
tümlichen dichtung zuerkennen. die übereinstimmungen
des Cantare mit den französischen gedichten sind mehr
als blosse ähnlichkeiten im einzelnen überall finden wir
in beiden denselben einfachen geist volkstümlicher dar-
stellung, überall bemerken wir in beiden eine grosse
ähnlichkeit der charaktere. wenn das Cantare an den
stellen, wo es sich von dem künstlichen bau des Filocolo
entfernt, die einfachheit und natürlichkeit der französi-
schen darstellung bietet, wird man da behaupten wollen,
dass der verfasser desselben absichtlich da das überladene
gefüge des Boccaccioschen romanes aufgegeben habe, um
— wider überlegterweise — aus dem französischen ge-
dichte einen schlichteren zug an dessen stelle zu setzen '
eine solche annahme ist nicht zulässig; denn wir haben
es nicht mit einem litterarisch gebildeten verfasser im
Cantare zu tun, der zwischen mehreren lesarten seine
auswahl zu treffen versteht

Wenn nun andererseits Cantare und Filocolo an
einigen stellen übereinstimmend eine von den französi-
schen gedichten abweichende lesart bieten, so scheint uns
die ansicht Crescinis, nach welcher der unbekannte ver-
fasser des italienischen gedichtes und Boccaccio für seinen
roman beide in einer gemeinsamen quelle geschöpft
hätten, wohl annehmbar. dass diese quelle eine italie-
nische bearbeitung gewesen ist, darauf deuten die zahl-
reichen übereinstimmungen im ausdruck hin, die sich
im Filocolo und im Cantare finden.[1]) an den stellen,
an welchen der Filocolo sich von der darstellung des
Cantare entfernt, ist die änderung eine nicht von dem
verfasser des Cantare, sondern eine von Boccaccio be-
absichtigte. sagt doch Gaspary selbst — freilich in
einem ganz anderen zusammenhange — dass es für
Boccaccio unmöglich ist, sich knechtisch an seine vor-
lage zu halten: seine geistige unabhängigkeit ist zu gross,
als dass er nicht änderungen machen musste.

Nach einer äusserung Crescinis,[2]) ist Rajna geneigt,
diese gemeinsame quelle des Cantare und des Filocolo
in einem franco-italienischen gedichte zu suchen. in der
tat hat diese vermutung nichts unwahrscheinliches. das
ende des 13. und der anfang des 14. jahrhunderts ist
gerade die zeit, in der jene eigentümliche litteratur sich
bildete, die dann mit dem ende des ersten viertels des
14. jahrhunderts in das rein italienische umgesetzt wurde.
dieser ansicht, der wir gerne den vorzug geben vor
der von Körting[3]) und Zumbini[4]) aufgestellten, welche
in vermeintlichen griechischen quellen die vorlage des
Filocolo suchen, widerspricht der umstand keineswegs,
dass an einzelnen stellen Cantare und Filocolo abweichen

---

[1]) Den von Crescini auf seite 33—35 seiner abhandlung ange-
führten beispielen lassen sich noch mehrere hinzufügen.

[2]) p. 36.

[3]) a a o p. 498. 505.

[4]) 'Il Filocopo del Boccaccio'. Firenze 1879, p 23 ff.

von der erzahlung der franzosischen gedichte. es ist vielmehr gerade die von den italienischen umdichtern beliebte weise, bei der bearbeitung der französischen gedichte einzelne änderungen vorzunehmen, wahrend die skandinavischen bearbeiter z. b. sich meist treu an ihre vorlage halten.

Wenn nun das Cantare alter ist als der Filocolo so könnte man, da beide häufig auffallende ähnlichkeit im ausdrucke zeigen, zu der annahme geneigt sein, der Filocolo sei aus dem Cantare, d. h. aus dem Cantare, so wie es uns vorliegt oder bei einer kritisch hergestellten ausgabe vorliegen würde, geflossen. dieser annahme würde nicht im wege stehen die von Boccaccio am eingange seines romanes der Fiammetta in den mund gelegte äusserung, dass es schmachvoll sei, dass noch kein 'poeta' diese liebliche sage des viel geprüften liebespaares behandelt habe. 'poeta' in jener zeit, in der litteratur der halbgebildeten früh-renaissance, bezeichnet nichts anders als einen mit dem geiste des altertums bekannten, in antiker bildung emporgewachsenen kunstdichter, und als ein solcher konnte doch der verfasser des schlichten, volkstumlichen Cantare unmöglich gelten. doch widerstreitet dieser vermutung die tatsache, dass an einzelnen — allerdings nur ganz wenigen — stellen der Filocolo ausfuhrlicher ist als das Cantare und dabei doch nicht von der uberlieferung abweicht.

So kann zum beispiel die eingehende beschreibung des turmes im Filocolo nicht aus der knappen schilderung des Cantare hervorgegangen sein, da sie einzelne zuge und ausdrucke enthält, die mit der im franzosischen gedichte (I, 1600 ff) gegebenen darstellung auffallende übereinstimmung zeigen. haben auch sonst ausfuhrliche schilderungen bei Boccaccio durchaus nichts auffalliges, so kann doch hier die bis auf gleichheit der ausdrucke gehende ähnlichkeit zwischen Filocolo und dem franzosischen gedicht nicht zufällig sein. Boccaccio hat die-

selbe jener älteren ausfuhrlicheren form des Cantare
entlehnt, aus dem Cantare und Filocolo gemeinschaftlich
geschöpft haben.

Ubereinstimmung mit dem französischen (II 1284,
p. 163) zeigt der Filocolo [1]) auch in betreff eines zuges
in dem zweikampf Flores mit dem seneschall wie im
französischen wird auch im Filocolo erzahlt, dass der
seneschall schliesslich in das für Blancheflor bereitete
feuer geworfen wird. im Cantare wird dies nicht er-
erwähnt

Demnach kann der Filocolo aus dem Cantare — so
wie es uns vorliegt — nicht geflossen sein, sondern beide
bearbeitungen, Cantare und Filocolo, gehen auf eine ältere
gemeinsame quelle zuruck. diese italienische [2]) -- oder
franco-italienische — bearbeitung, die zwar wesentliche
verschiedenheiten von dem Cantare in seiner jetzigen
gestaltung kaum hatte, muss in manchen punkten doch
noch ausfuhrlicher und vollstandiger gewesen und an
einzelnen stellen der französischen überlieferung noch
näher gestanden haben als das Cantare. für diese etwas
ausfuhrlichere gestaltung des Cantare sprechen auch
einzelne stellen der ebenfalls aus dem Cantare her-
vorgegangenen, oder ihm doch ganz nahe verwandten
spanischen [3]) und griechischen [4]) bearbeitung.

Einen recht unglucklichen versuch, den Boccaccio-
schen roman in oktaven umzudichten, hat der als dichter,

---

[1]) cf. unten abschnitt VII.

[2]) Eine italienische vorlage für den Filocolo nimmt auch F Novati
an in seinem aufsatze Sulla Composizione del Filocolo [Giorn. di
Filol. rom. III (1880), 64]: '... diviene impossibile non ammettere
che il Boccaccio abia tenuto dinanzi, scrivendo il suo romanzo, una
redazione della legenda ... italiana d'origine'

[3]) cf unten abschnitt VII.

[4]) cf. p 41

geschichts- und vielschreiber bekannte Ludovico Dolce
(1508—1566) gemacht. nur die ersten neun gesänge
dieses unter dem titel 'L'Amore di Florio e di Bianco-
fiore' im jahre 1532 gedruckten, dem venezianischen
edelmann Filippo Contarini gewidmeten gedichtes sind
erschienen.[1] dieses gedicht des jugendlichen Dolce hat
dessen als gelehrter und kritiker berühmter zeitgenosse
Hieronymus Ruscelli († 1566) einer recht scharfen und
abfälligen kritik unterzogen. in den 'Tre Discorsi di
Girolamo Ruscelli à M. Lodovico Dolce' Venetia 1553,
heisst es auf seite 79 '*io non enterò al allegarui quei
gratiosi canti del uostro Sacripante . . . . ma dirò solamente
due ò tre cosette del uostro Florio e Biancofiore. Il quale
seconde che uoi stesso confessate nella epistola dedicatoria
à quel charissimo gentil' huomo, non fu fatto e publicato
in fretta. Ma dite, che hauendolo fatto, quando i furori
amorosi poteuano in voi, lo teneste fin che doppo molt' anni
fossero raffreddati Et allora finalmente riueduto e tutto
racconcio, e posto in anese da Caualiere, lo mandaste fuori
in stampa. In quello adunque, lasciando che chi n'ha
uoglia possa ueder come stia dal capo a'piedi nella lingua,
nello stile, ed in ogn'altro suo ornamento, basterà à me
come per saggio, ò per mostra di tutto il resto, d'allegarui
poche coselle, le quali per essere in fin del uerso, non si
potranno scusare con la scorrettione delle stampe.*

> *Forsi che 'l Sol fuggi di pietà TOCO*
> *Veder la crudelta, che fu in quel LOCO.* Et

---

[1] S Apostolo Zeno (1668—1750) [in der Biblioteca dell' eloquenza
italiana di Monsignore Giusto Fontanini . . . con le annotazioni del
Signore Apostolo Zeno. ausgabe von Parma 1804 Bd II, seite 179]
Vgl. auch. Mazzucchelli, Scrittori d'Italia, Brescia 1762, Vol. V.
p. 1355 — Giovan Mario Crescimbeni, L'Istoria della Volgar Poesia,
Roma 1714, p 349. — Mémoires pour servir a l'histoire des Hommes
illustres dans la Republique des Lettres Par le R P Nicéron
(Barnabite), Paris 1735, t XXXII, p. 15. — Opuscoli di autori siciliani,
Palermo 1738, t. XX, p. 238—241.

Però ch'essendo gravida, et usata
Ne gli aggi, e in le delitie de' palazzi
Potrebbe nel camino alcuna fiata
Riceuer molti anzi souerchi IMPAZZI
El che à la creatura ancor non nata El
(Essendo lesi di Fortuna i lazzi).

   Diuino aspetto mai non piacque tanto
   (Sasselo Amor, c'hor mio Signor COGNOSSO)
   Quanto à questi occhi sei piaciuta. e quanto
   Di dentro al cor, che piu dir mio non posso El
Et diceua fanciul ben fosti sciocco
À consentir di quel che non uoleui,
Come hor potrò partirmi dal mio FOCCO
Dolce, e trouar rimedio che mi leui
Da gli aspri miei martir, ch' à poco à POCCO
Faran li giorni miei miseri, e breui. El

   Di sopra uesta, e d'un uestir BIZARRO
   Lo fer accio non fosser discoperti
   Cred' io; che stranamente s'ADORNARO.

Die von Zeno und Mazzucchetti angegebene ausgabe
des Dolceschen gedichtes fuhrt Brunet, Manuel du Libraire,
II, 791, an mit dem zusatz 'Vend. 8 sh. Pinelli' ge-
meint ist der bekannte bibliophile Maffeo Pinelli (1736
bis 1785). 'Il avait réuni une fort belle bibliothèque..
qui fut vendue en 1790 à l'encan par le libraire Robson
de Londres.'[1] in dem von Morelli angefertigten kataloge
der Pinellischen buchersammlung findet sich unter nummer
1937[2] die angabe: Dolce, Lodovico, L'Amore di Florio
e di Biancafiore. Venezia, per Bernardino de Vitali,
1532 in 4°. ob nun dieses nach London verkaufte

---

[1] Nouv. Biogr. Générale depuis les Temps les plus reculés
jusqu'a nos jours Publiee par MM. Firmin-Didot Frères Sous la
Direction de M. Le Dr. Hœfer.

[2] Don Jacopo Morelli, La Libreria del Signor Maffeo Pinelli,
(Venedig 1787) t IV, p. 283

exemplar noch irgend wo existiert, oder ob sonst noch
exemplare dieses gedichtes vorhanden sind, ist mir un-
bekannt, und ist auch in anbetracht der gänzlichen wert-
losigkeit dieses stümperhaften machwerks von gar keiner
bedeutung.

Der Filocolo des Boccaccio ist ins französische und
ins englische übersetzt worden.

Von der französischen von Adrien Sevin[1]) besorgten
übersetzung sind drei verschiedene drucke bekannt.

Der erste vom jahre 1542 trägt den titel· Le Philocope de
Messire Jehan Boccace Florentin, Contenant l'histoire de Fleury et
Blanchefleur, divise en sept livres traduictz d'italien en françoys par
Adrian Sevin Gentilhomme de la maison de Monsieur de Gie
MDXLII Auec Priuilege du Roy. On les uend a Paris en la
rue neufue Nostredame a l'enseigne Sainct Jehan Baptiste contre
saincte Geneuiefue des Ardens par Denys Janot Imprimeur et Libraire
der übersetzung voran steht eine Epistre du Translateur, uber-
schrieben: A haulte, excellente et illustre Dame, Ma Dame Clavde
de Rohan, Contesse de sainct Aignan, Adrian Seuin donne salut.
den schluss der übersetzung bildet ein nachwort: Le Translateur
pour conclusion

Die übersetzung ist eine wörtliche widergabe des
italienischen textes.

Der anfang lautet. *Estans in les Forces amoindries et quasi
abolies du valeureux peuple anciennement descendu d'Eneas Troyen
par la merueilleuse puissance de Juno, n'ayant voulu deuement du
tout oublier la pitoyable mort de la Cartagienne Dido, ne pareille-
ment leurs aultres preteritz pechez, punissant grieufuement pour
iceulx leur postérité, en possédant leur cité, qui pour vertu submist
iadis à elle l'uniuersel monde.*

Italienisch: *Mancate gia le forze del ualoroso populo anticha-
mente discesso dal Troiano Eneo che quasi al niente uenute erano*

---

[1]) 'Sevin, nom de famille Il y en a eu une ancienne à Orleans,
de laquelle étoient Adrien Sevin, traducteur du Philocope de Bocace,
et Charles Sevin, Chanoine de S Etienne d'Agen, ami intime de
Jule Scaliger, qui lui ecrit plusieurs Lettres.' De la Monnoye. Les
Contes ou les Nouvelles Recreations et joyeux devis de Bonaventure
des Periers, Varlet de chambre de la Royne de Navare Amster-
dam 1735, t. I, p. 48.

per lo marauiglioso uolore di Junone la quale lia morte della patuita Didone Carthaginese non haura uoluto in ultimo domenticare. Et laltre offese poire in non debila dimenticanza facendo di li antichi peccati de passati sostenere a figlioli aspra graueza possedendo la lor cita la cui uirtu l'uniuerse nationi si soltomise.

Das kapitel des Filocolo, des gleichsam ein nachwort bildet

Come lauctor fauela al suo libro almodo come debe ire in puolico[1])

ist nicht mit ubersetzt

Die ubersetzung schliesst so:

Ainsi Calcon retourna à Calochipe, & Philenus a Marmorine Menilus Quintilius, les autres Romains et leurs femmes auec infiniz donz, retournerent à Rome. Ilarius retourna auec eulx, lequel bien tost apres ordonna par escript en langue Grecque les accidens du ieune roy Fleury & de la royne Blanchefleur, qui demourerent en la grace du saulueur du monde en leur royaume, consommant leurs iours en grande filicité

Italien· *Cahon torna a Calocipe Phileno a Marmorina, Menilio & Quintilio e li altri giouem Romani con le loro donne e con grandissimi doni lieti ricerchano Roma e con loro il reuerendo Ilario ilquale prima in quela congiunse che non ordinato stile si come colui era bene informato in greca lingua scrisse i casi del giouene re ilquale con la sua regina Biancafiore, ne soi regni rimase piacendo a dio Poi felicemente consumo i giorni de la uita*

Eine andere ausgabe der Seuinschen ubersetzung ist die vom jahre 1555 A Paris Par Jean Longis, tenant sa boutique en la Gallerie du Palais par ou l'on va à la Chacellerie 1555 eine dritte A Paris Pour Michel Gadoullean, demourant au clos Bruneau, a l'enseigne de la corne de Cerf. 1575.

Von den englischen ubersetzungen des Filocolo fuhrt W. Th. Lowndes, The Bibliographer's Manual of English Literature, [ed. H. G. Bohn] I, 225 folgende zwei an:

Boccaccio. Philocopo, or disport of divers nobel personages, 12mo. Imp. by Bynneman, 1567. Farmer. 1 l. 1 s. —

Philocopo, etc. composed in Italian, by John Bocace. turned into English, by H. G. 12mo. Lond. by Abell

---

[1]) In der Moutierschen ausgabe des Filocolo [Firenze 1829], in der die fruhere kapiteleinteilung aufgegeben ist, II, 376: O piccolo mio libretto, etc.

Jeffes (for Thomas Woodcocke). 1587. Dedicated to
'M. Wm. Rice, Esq.' L, in eights. Towenclcy, pt. I.
290. 2 l. 1 s.

Aus dem Filocolo ist — wie bereits oben s. 13 ge-
zeigt ist — eines der deutschen volksbücher hervorge-
gangen, aus dem dann wider Hans Sachs und der
czechische ubersetzer geschöpft haben.

Eine merkwürdige version der weitverbreiteten er-
zählung von Flore und Blancheflor ist ferner La Leg-
genda della Reina Rosana e di Rosana sua Figliuola.[1]
'die eigentumlichkeit dieser dem 14. jahrhundert ange-
horenden erzählung besteht darin, dass sie mit der zu
grunde liegenden, an abenteuern reichen liebesgeschichte
eine religiose anschauung verbindet, die ihr in den andern
fassungen fremd ist, so wie sie auch sonst in dem gange
und der beschaffenheit der ereignisse viel abweichendes
besitzt.'[2]

Der inhalt derselben ist kurz folgender.

Rosana, gemahlin des konigs Austero von Rom, sieht endlich
nach übertritt zum christentum ihre bitte um fruchtbarkeit erfullt
und unternimmt aus dankbarkeit eine pilgerfahrt nach Jerusalem
in Cappadocien uberfallen, wird Austero getotet. Rosana, gefangen,
stirbt einige tage darauf nach der geburt eines madchens, das,
wie die mutter, Rosana getauft wird und christliche erziehung
erhalt. einige tage nachher gebiert die konigin des landes
(Casarea) einen sohn, der Aulimento genannt wird als er funf-
zehn jahre alt ist, schickt ihn die konigin, da all sein sinnen
und trachten nur auf Rosana gerichtet, weg nach Paris, wo er
die wissenschaften und ritterliche kunste erlernen soll. dort ver-

---

[1] In Livorno, pei tipi di Francesco Vigo 1871, V und 73 seiten
kleinquart. nach 2 Florentiner hss herausggbn. von Prof. Alessandro
D'Ancona. — nur in 156 exemplaren gedruckt.

[2] F. Liebrecht, in den Göttingischen gelehrten anzeigen 1872,
seite 311—319.

liebt sich in ihn eine junge witwe — er weist sie ab, weshalb sie
sich zu rächen beschliesst — mit grossem gefolge reist sie nach
Cäsarea und teilt dem könig und der königin mit, dass Auhmento
in verzehrender sehnsucht nach Rosana seinem tode unvermeid-
lich entgegengnge, wenn die eltern nichts dagegen täten — die
königin will Rosana des lebens beraubt wissen, doch der könig
verkauft sie babylonischen kaufleuten für den harem des sultans.
nachdem der sultan sich von ihrer jungfräulichkeit dadurch über-
zeugt hatte, dass er sie aus einem becher trinken liess, aus dem
nur jungfrauen trinken konnten, wird sie dem Turken, dem pförtner
des harems, zur obhut übergeben — kaum ist Rosana in dem ihr
bestimmten gemache angelangt, so lassen der herr Jesus und die
jungfrau Maria, deren schutz Rosana angerufen hatte, den sultan in
eine schwere krankheit fallen. von einem der barone des königs
von dem verkauf Rosanens benachrichtigt, kehrt Auhmento unver-
züglich mit 1000 rittern, die ihm der könig von Frankreich mit-
gab, nach Cäsarea zurück, wo er — nicht im königlichen palaste,
sondern — in dem hause des barons absteigt — mit bitteren vor-
würfen überhäuft er den vater, der ihm schliesslich zu den französi-
schen rittern noch anderes gefolge und reiche schätze (*'in questo
monde tutte le cose si fanno per moneta*') mitgibt, mit denen er
nach Babylon abfährt. funf meilen von dieser stadt im hafen Ostia
lässt er dann seine ganze begleitung zurück, und nur mit vier
als kaufleuten verkleideten baronen und mit einigen dienern zieht
er nach Babylon, wo er in der besten herberge einkehrt. durch
seine mit dem pförtner bekannte wirtin lässt Auhmento der
Rosana sagen, dass ihr bruder mit grossem gefolge in Jerusalem
angekommen sei und sich nach ihrem wohlbefinden erkundige,
auch nicht eher ruhen würde, bis er sie der gewalt des sultans
entrissen — Rosana sendet ihm schönste grüsse zurück und teilt
ihm mit, dass der sultan seit ihrer ankunft krank und sie selbst
noch jungfrau sei — durch reiche spenden und versprechungen
besticht Auhmento den wirt, die wirtin und den harem-wächter —
letzterer heisst den prinzen, seine begleitung und sein reisegut
auf ein schiff bringen und dann am abend ganz allein zu ihm
in den haremspalast kommen — zu Rosana eingeführt, bricht diese
vor freuden ohnmächtig zusammen, wird aber schnell auf das
schiff gebracht, und durch besprengen mit rosenwasser kommt
sie wider zu sich — in Ostia treffen sie die zurückgelassenen und
segeln nun gemeinschaftlich wider nach Cäsarea. von den sie
verfolgenden galeeren werden 7 durch die ballisten Auhmentos in
den grund gebohrt, die andern 3 entfliehen — in 60 tagen gelangen
sie nach Cäsarea zurück, es erfolgt allgemeine aussöhnung, übertritt

der eltern und des ganzen landes zum christentum, vermahlung
Aulimentos und Rosanens das alte konigspaar stirbt, Aulimento
und seine gemahlin werden gekront

VI.
Die griechische fassung.

Zur italienischen gruppe gehört das im 14 jahr-
hundert entstandene,[1] in sogenannten politischen versen[2]
abgefasste griechische gedicht von Florios und Platziaflore,
das nach der einzigen bekannten Wiener handschrift be-
reits dreimal herausgegeben ist.[3] es umfasst 1875 verse.
der inhalt ist kurz folgender.

Διήγησις ἐξαίρετος ἐρωτικὴ καὶ ξένη
Φλωρίου τοῦ Πανευτυχοῦς καὶ κόρης Πλάτζια Φλώρης.

Ein edler ritter (*καβελάρις*) aus Rom hatte ein
schönes junges weib, aber keine kinder. er fleht zu

---

[1] Vgl Ch. Gidel, Etudes sur la litterature grecque moderne.
Imitations en grec de nos romans de chevalerie depuis le XIIe siecle.
Paris 1866, seite 231.

[2] '*The name* (στίχος πολιτικός) *denotes the fifteen-syllable- verse
in iambic rhythm, tetram. iamb catal*' Medieval Greek Texts·
being a Collection of the Earliest Compositions in Vulgar Greek,
Prior to the Year 1500 Edited with Prolegomena and Critical
Notes by Wilhelm Wagner, Ph. D, London (Philological Society)
1870, p. VI(—X). — als englisches beispiel dieser versart wird an-
geführt die bekannte ballade [Ingledew's Ballads & Songs of York-
shire, 1860, zuerst gedruckt in Coleman's 'Love laughs at Locksmiths',
ins lateinische übers vom Rev G H Glasse in Gent. Mag fur
august, 1805] Miss Bailey's Ghost
> A captain bold of Halifax who dwelt in country quarters,
> Seduced a maid who hanged herself one morning in her
>   garters. &c

[3] Zuerst von Imm. Bekker, Berlin (abh der akad der wiss.)
1845 — die beste ist die in der vorigen anmerkung erwahnte aus-
gabe von W Wagner — 1852 erschienen zu Berlin verbesserungs-
vorschlage und philologische erörterungen zu den ersten 104 versen
des gedichtes von A. Mullach, Conjectaneorum Byzantinorum libri duo.

gott und gelobt, wenn seine bitte erfullt wurde, nach
Galizien zum apostel Jakobus zu pilgern. sein weib
fuhlt sich schwanger (18). auf der pilgerfahrt werden
sie vom sarazenenkonig Philippos aus Spanien uberfallen:
uber 100 christen aus Rom (55), manner und weiber.
werden erschlagen, der ritter selbst wird getötet, sein
weib gefangen und vom könige der konigin zugefuhrt,
die, ihren zustand erkennend, ihr trost und mut einzu-
sprechen bemuht ist (110). der gefangenen christin name
ist Topatzia, die königin heisst Kaliotera.[1] im mai (125)
zur zeit der rosenblute gebaren beide im hause des königs,
die christin eine schöne tochter, die sarazenin einen sohn.
unmittelbar nach der entbindung stirbt die christin (131).
der knabe wird *Φλώριος* genannt, das mädchen *Πλάτζια*
Φλώρε (Φλώρη, Φλώρα)

$$\delta \iota \alpha \tau \grave{\iota} \ \mathring{\eta} \tau \alpha \nu \ \mathring{\alpha} \nu \vartheta \eta, \ \mu \acute{\iota} \alpha \ \tau o \~v \ \delta \varrho o \sigma \varepsilon \varrho o \~v \ \tau o \~v \ \varkappa \varrho \acute{\iota} \nu o \nu,$$
$$\varkappa \alpha \grave{\iota} \ \tau o \~v \ \varkappa \alpha \vartheta' \ \mathring{\varepsilon} \nu \ \mathring{\eta} \ \vartheta \varepsilon \omega \varrho \iota \grave{\alpha} \ \mathring{\varepsilon} \tau \iota \ \mathring{\alpha} \pi \grave{o} \ \tau \grave{\eta} \nu \ \mathring{o} \psi \iota \nu.$$
$$\mathring{\omega} \sigma \pi \varepsilon \varrho \ \tau \grave{o} \ \mathring{\varrho} \acute{o} \delta o \nu \ \mathring{\alpha} \sigma \pi \varrho o \nu \ \mathring{\varepsilon} \nu \ \varkappa \alpha \grave{\iota} \ \varkappa \acute{o} \varkappa \varkappa \iota \nu o \nu \ \mathring{\omega} \varrho \alpha \~\iota o \nu,$$
150   $$o \mathring{v} \tau \omega \varsigma \ \tau \grave{o} \ \varkappa \acute{\alpha} \lambda \lambda o \varsigma \ \mathring{\varepsilon} \pi \lambda \alpha \sigma \varepsilon \nu \ \mathring{\eta} \ \varphi \acute{v} \sigma \iota \varsigma \ \varkappa \alpha \grave{\iota} \ \tau \~\omega \nu \ \delta \acute{v} o.$$

Als Florios heranwächst, will der konig ihn in die
schule schicken; der aber weigert sich allein zu lernen,
er bittet, dass Platziaflore es mit ihm tue. so lernten
sie beide *τὰ γράμματα* und lesen viele bucher durch:
181   *διῆλθε καὶ εἰς ἕτερον βιβλίον τῆς ἀγάπης*
und bei der lektúre dieses buches erwachte in ihrem
herzen die liebe. der lehrer teilt dies dem konige mit (200).
nach beratung mit der königin beschliesst dieser den
Florios nach Montorion zu dem ihm verwanten herzog
(δοῖξ oder *δούκας)* des landes zu schicken, dass er sich

---

[1] Nach Schwalbach (die verbreitung der sage von Flore und
Blancefflor in der europaischen litteratur. Krotoschin 1869, gym-
nasialprogramm, p 26) eine ubersetzung von Migliore, wie die mutter
Flores im Cantare heisst.

dort weiter ausbilde. Florios willigt ein, nachdem ihm
der könig zuvor versprochen, die Pl. ihm nachzusenden.
sobald die erkrankte königin, zu deren pflege die an-
wesenheit der Pl. notwendig sei, genesen wäre (263).
beim abschied von Pl. gibt diese dem Florios einen
ring, dessen steine die kraft innewohnt, sich zu truben,
sobald die Pl. in not ist (282). mit grossem gefolge
bricht Florios nach Montorion auf; unterwegs ist jagd(300).
von dem δοῦξ herlich aufgenommen, ist Florios doch
traurig (325). der konig erklärt der königin, der Platzia-
flore müsse man sich entledigen. da erscheint gerade
der ἐπιτραπέζης (σινισκάλκος). der könig gibt ihm zu
verstehen, er solle einen vergifteten braten anrichten und
den schein erregen, als komme er von Platziaflore. als der
könig mit seinen grossen an der tafel sitzt, wird der braten
(ὄρνις) vor aller augen hereingetragen. Platziaflore, so
heisst es, schicke ihn dem konige. der könig, scheinbar
hoch erfreut uber die aufmerksamkeit, zerschneidet den
braten und wirft ein stück einem hunde zu. dieser ver-
endet sofort. trotz beteuerung ihrer unschuld und lauter
wehklagen wird Platziaflore verurteilt, am folgenden tage
verbrannt zu werden (483). nach einem beängstigenden
traume erwacht Florios vom schlafe und erkennt an dem
ring, dass seiner geliebten gefahr droht (501). schnell
waffnet er sich und eilt herbei. er sieht, wie die menge
schon den scheiterhaufen umsteht, auf dem Platziaflore
gefesselt ist (540). er bricht sich bahn und erfahrt, ohne
erkannt zu werden, von dem mädchen, dass der sene-
schall eine list ersonnen habe, denn sie wisse nichts
von dem gifte (560) darauf beschuldigt Florios vor
allem volke den σινισκάλκος der giftmischung und fordert
ihn zum kampfe heraus, den er selber um Florios' willen,
den er liebe, übernehme. am nächsten tage findet der
zweikampf statt; wie zwei löwen rennen sie aufeinander
los (652):

ὥσπερ θηρία ἀνήμερα, ὡς λέοντες νὰ βρυχοῦνται,
ὁ εἰς τὸν ἄλλον νὰ θεωρεῖ, κ' ὁμάδι συγκροτοῦνται.[1]

Flore trifft den seneschall am halse[2] und wirft ihn zu
boden. sie entblossen die schwerter. der seneschall
trifft Flores schild. da betet das mädchen zu gott.
schliesslich versetzt Flore dem seneschall einen zweiten
schlag in die kehle. todlich getroffen sinkt dieser da-
hin, Flore schneidet ihm den kopf ab (688). der könig
klagt uber seinen tod (692), Platziaflore dankt ihrem
retter. Florios wendet sich an den könig, ihm das mädchen
empfehlend, er solle sie schützen um Flores willen (718).
Florios kehrt zuruck nach Montorion (741); an dem fröh-
lichen gelage (760) nimmt Florios nicht teil, er pflegt
der ruhe (769). der *δοῦξ* bestimmt zwei schöne mädchen,
den Florios zu unterhalten und ihm seine Platziaflore
aus dem sinne zu bringen. doch Florios ist sprode: die
mädchen erzahlen dies dem *δοῦκας* (833). dieser schreibt
an Florios' vater. dass der jungling sich tag und nacht
in liebe zu Platziaflore verzehre (844): er möge deshalb
das mädchen schicken (850). der könig will Platziaflore
toten, doch die konigin schlägt vor, sie an kaufleute zu
verkaufen. die kaufleute kaufen sie, der kaufpreis wird
genau bestimmt (964). Platziaflorens klage (980—1025).
sie wird schleunigst zum hafen gebracht (1033). Florios
sieht den ring sich truben (1041), er reitet ab von
Montorion hin zu seinen eltern (1046), er erfährt das
schicksal der Platziaflore und macht seinem vater vor-
wurfe. ganz Sarazenenland wolle er durchziehen (1066)
tag und nacht sie zu suchen (1082) der konig und die
konigin entlassen ihn. die königin gibt ihm einen ring

---

[1] Cantare: Li cavalieri si furon desfidati
        e ciascuno prende del campo a suo desire
        e como dui leoni descatenati
        inverso l'un l'altro per ferire

[2] *λαιμός*. Kehle, 'nela gola' im Cantare

mit wunderkraft (1163). nach dreitägiger fahrt kommen
sie zu einer herberge (1214). der wirt bereitet das mal,
alle setzen sich fröhlich dazu, nur Florios ist betrubt (1220).
die wirtin erzählt ihm von Platziaflore, der er so sehr
gleiche, und die vor 10 tagen reiche kaufleute mit sich
fuhrten. nach Egypten seien sie gezogen. Florios gibt
der wirtin ein geschenk (1250). er fährt uber das meer
und landet nach 5 tagen in Egypten. einen tag reitet
er landeinwarts, und kehrt ein bei einem wirte Pelekytes
dieser erzählt ihm, dass vor etwa zehn tagen kaufleute
mit Platziaflore dagewesen. Florios zerbricht einen glaser-
nen $κοῦπα$ (1283), wofür er dem wirte einen silbernen
schenkt. darauf ziehen sie weiter nach Alexandrien (1287),
von da $εἰς χώραν Βαβυλῶνος$, wo der palast des königs
$Δαδέν$ stand (1289). von der wirtin erfährt Florios,
dass kaufleute ein schönes madchen $εἰς ἕνα πύργον ὑψηλον$
gebracht hätten (1298), der streng bewacht wurde. er
beschenkt den wirt, der ihm den turm beschreibt und
wie die unschuld der jungfrauen an dem quellwasser er-
kannt wird (1338—1348), welches sich trube. sobald eine
schuldige daruber schreite. der wirt rät Florios, er möge
mit dem $καστελάνος τὸ παιγνίδι παίζειν$ und ihn reich
beschenken. Florios reitet zu dem turm: dem kastellan
sagt er, er habe den turm sich ansehen wollen um einen
ähnlichen zu bauen. nach längerem gespräch spielen sie
schach (1425). Florios gewinnt, gibt aber dem kastellan
seinen gewinn und noch mehr (1432): worauf dieser ihn
einlädt, am folgenden tage weiterzuspielen. Florios kehrt
zur herberge zurück, und am nachsten morgen reitet er
wider zum turme (1466); es gelingt ihm, den kastelanos
durch geschenke dahin zu bringen, dass er sich eidlich
dem Florios zu jedem dienste verpflichtet (1493). Florios
wird in einen korb mit blumen versteckt (1578) in den
turm geschafft in Platziaflorens zimmer, in welchem sich
ihre jugendliche dienerin $Μπεχήλ$ befindet. Florios, in
der meinung, es sei Platziaflore, steckt den kopf hervor,

Mpechel schreit auf; die andern mädchen laufen herzu, sie
sagt, ein *κουλίζιν* sei herausgeflogen ihr gegen den kopf
(1635), und verkundet darauf der Platziaflore, dass ihr
geliebter gekommen. diese erscheint und erkennt ihn,
ohnmachtig sinkt sie nieder, Flore fängt sie auf. sie um-
armen sich zartlich (1684).

    ἐπεὶ γὰρ τὴν ἐγνώρισεν ὁ Φλώριος τὴν κόρην,

    καὶ μετὰ πόθου τοῦ πολλοῦ ἐπλήρωσαν τὸν ἔρω.[1])

am andern morgen verlangt der admiral *(ἀμῆρας)* nach
Platziaflore; er findet beide im bett (1711), wutend zieht
er das schwert, und will beide enthaupten. doch er be-
sinnt sich anders, schliesst sie im turm ein, geht nach
dem palast und hält rat mit seinen archonten (1725)
beide werden zum feuertode verurteilt (1748). doch der
ring bewährt seine kraft, das feuer weicht zurück (1781).
auf eines ritters anraten werden beide entfesselt und
nach ihrer herkunft befragt (1810); Florios erklart, er sei
aus Spanien, wo sein vater, der admiral *(ἀμιράς)* Philippos.
hersche. seine mutter kenne die kunst der philosophie.
und mit hulfe dieser kunst sei es auch ihm gelungen,
in den turm einzudringen zur Platziaflore, und vor dem
feuer habe ihn der allmachtige gott bewahrt. der sultan
stattet sie darauf reich aus wie seine eigenen kinder,
denn er findet, dass Florios' vater mit ihm verwandt ist
(1835). ihre hochzeit wird gefeiert. reich beschenkt
ziehen sie nach Spanien, wo sie Florios' eltern noch am
leben finden und ihre hochzeit noch einmal feiern. das
ganze land wird getauft (1864):

    εἰς πίστιν τὴν καθολικὴν Ῥωμαίων ὀρθοδόξων.

nachdem sie lange fromm in Rom geherscht, sind Florios
und Platziaflore gestorben.

    Diese einfache inhaltsangabe des griechischen ro-
manes genugt, um das verhaltnis desselben zu den andern

---

    [1]) Cantare· alhora si commisse el fino amore
        quello di Fiorio e Biancifiore.

bearbeitungen derselben sage erkennen zu lassen. dass
derselbe ebenso wie alle unter dem namen Διηγήσεις
ἐξαίρετοι ἐρωτικαὶ καὶ ξέναι bekannten dichtungen die
freie übertragung einer fränkischen quelle ist,[1] d. h. auf
eine romanische vorlage zurückgeht, ist augenscheinlich.
aus den französischen gedichten ist die griechische fas-
sung nicht geflossen, und von dem Filocolo zeigt sie
durchgehende grundverschiedenheit. dies haben Duméril[2]
und Mullach[3] bereits richtig erkannt, und es ist über-
flüssig, diese behauptung hier noch einmal in eingehender
darlegung zu erhärten. die quelle des griechischen ro-
manes ist das Cantare; darauf hat auch Gidel[4] hinge-
wiesen, ohne freilich das Cantare selbst oder auch das
verhältnis desselben zum Filocolo genau zu kennen.
abweichungen von dem Cantare, und zwar nicht bloss
in den namen,[5] finden sich allerdings in dem griechischen
gedichte inwieweit dieselben aber auf rechnung des
seine vorlage in freier übertragung nachahmenden grie-
chischen bearbeiters zu setzen seien, oder ob sie schon
in seiner von dem uns heute vorliegenden Cantare etwas
abweichenden quelle vorgefunden, lässt sich vorläufig
— solange eine kritische ausgabe des Cantare nicht
vorliegt — schwer entscheiden. wie eng sich übrigens
in vielen fällen das griechische gedicht an seine italienische
vorlage anschliesst, mögen folgende stellen, in denen
die nachahmung des Cantare ganz augenscheinlich ist.

---

[1] Rud Nicolai, geschichte der neugriechischen litteratur
Leipzig 1876. s 75—78.

[2] p lxxxvj

[3] Conject. byzant. libi II, 36.

[4] a a o. s. 245.

[5] In Μπεχήλ (= Gloriua in den anderen versionen) vermutet
Gidel das französische Cécile. sonst dient die verbindung μπ zur
widergabe von romanisch b, vgl. den index in Buchon, Chroniques
etrangères relatives aux expéditions françaises pendant le XIIIe siècle.
Orléans 1875 und A. Mullach, grammatik der griech vulgarsprache,
Berlin 1856, s. 114.

veranschaulichen und somit gleichzeitig die von Duméril
getane ausserung 'rien cependant n autorise à le croire
traduit, ni même positivement imité' [p. lxxxv] widerlegen.

Griech. 326 'ς τὸν βασιλέα Φίλιππον νὰ στρέψωμεν
τὸν λόγον erinnert an die im Cantare genau an derselben
stelle vorkommende wendung

   Oi ritornamo a lo Re Felice.

Mit griech. 484—489

 Τὴν ὥραν ταύτῃ ὁ Φλώριος εἰς ὕπνον ἐκοιμᾶτον,
 θορυβουμένος ἐξυπνᾷ, μὲ φόβον ἀνηγέρθη,
 καὶ ταραχὴ κατέλαβεν τὸν λογισμὸν τοῦ ἁγίρου,
 καὶ θάμβος κατεκράτησεν τὴν ὅλην του καρδίαν.
 κι ὑπάρχαι ὁλοζάλιστος, μυριομεριμνημένος
 θωρεῖ τὸ δακτυλίδιν του τὸ 'ς τὸ δακτύλο ἐφόρει.

vergleiche Cantare *E ritornamo a Fiorio ch'auia dormito*
      e con gran paura si fo isuegliato
      e pose mente al lannello ch'auia in dito.

an eine andere stelle aus dem Cantare

   che la galina non mandai veramente
   o chaualier, se tu poi, dami aiutorio.
   per tua cortesia e per amor di Fiorio'

erinnert griech. 558—562

 οὐκ οἶδα γὰρ τὸ φάρμακον, τίποτε οὐ γινώσκω.
 τοῦ δόλου τὸ 'πιβούλευμα οὐκ ἔφερεν ὁ νοῦς μου.
 καβαλλαρίων εὐγενῆ, ἀνδρεῖα ἀνδρειωμένε,
 βοήθει μοι, ἐξαιτοῦμαι σε, δι' ἀγάπην τοῦ Φλωρίου,
 δι' ἀγάπην τὴν 'ς τὸν Φλώριον βοήθει μοι τὴν ξένην.

Man vgl. auch folgende stanze

   E lo seniscalcho disse alliegramente:
   de la bataia li mandaro il guanto,
   e da matina al leuar del sole lucente
   denanci al populo tuto quanto,
   io l'abattero moi to irrecredente
   lo caualiero che si da tal vanto
     l'arme e lo caualo fatemi trouare,
     che da matina con lui me vo prouare.

mit griech 616—623:

ὁ σινισκάλκος ὁ δεινὸς εὐτόλμως ἀπεκρίθη.
'ὅρισε, δός με, χάρισε χερόρτια τοῦ πολέμου,
καὶ τὸ ποτρνὸ τὸ νὰ φαγῇ, νὰ λάμψῃ ἡ ἡμέρα,
θάνατον ἀνεκλάλητον ἐνώπιον τῶν πάντων
ἐκεῖνον νὰ χαρίσωμαι ἐνώπιον τῶν πάντων
διὰ νὰ λάβῃ θάνατον αὐτός τε καὶ ἡ κόρη.
τὸ ἄλογον καὶ ἄρματα ὅρισε νὰ 'βτρεπίσουν,
κι ὡς τὸ κελεύεις, θέλω τὸ ταχὺ μονομαχῆσαι.'

und kurz zuvor 614—615

χαρίζω σου καὶ τὸ φαρίν μὲ τὴν ἐξόπλισίν του,
καὶ ἄρματα πολυεύγενα, τὰ πρέπουν ἀνδρειωμένον.

Ferner Cantare

Biancifiore diceua al caualiere:
O caualier con Fiorio hauete prodeza,
in verità vi dico, chomo lui sei fiero
e anche li similiate a la fateza
e siete in verita como lui altiero
e anchora hauete tanta gentileza
  poi dinanci a lui s'ingenochiaua
  e per l'alegreza li sui pedi basaua.
Fiorio allora la prese per la mano.

mit griech. 699—708·

καὶ ταῦτα ἡ εὐγενικὴ τὸν Φλώριον ἐλάλει,
κλίνει τὰ γόνατα εἰς γῆν, μὲ δάκριον τοῦ λέγει·
'ἀφέντη μ ἀνδρειωμένε μου, ὁ Φλώριος ἂν ἤσουν
καὶ τοῦ κορμιοῦ σου ἀνδραγαθιαῖς, τὰς βλέπω εἰς ἐσένα,
καὶ πάλιν εἰς τὴν θεωρίαν ὁμοιάζεις σὰν ἐκεῖνον —
σωθεῖσα ὅλα μου τε καὶ τὸν θάνατον φυγοῦσα
ἐγὼ νὰ εἶπα ἐκ παντός, ἄλλος τινὰς οὐκ ἔναι.'
συντόμως πιάνει ὁ Φλώριος τὴν κόρην ἐκ τὸ χέριν.

VII.

Die sage von Flore und Blancheflor in Spanien.

Der fiuhesten erwahnung der erzahlung von Flore
und Blancheflor in Spanien begegnen wir im 13. jahr-
hundert die Gran Conquista de Ultramai nennt Flores
und Blancaflor das 'verliebteste' paar, von dem man je
habe reden horen.[1] in seiner satire auf den unsittlichen
lebenswandel der geistlichen zu Talavera[2] ruhmt ein
jahrhundert spater der erzpriester Juan Ruiz aus Hita
die treue einer frau mit erwahnung der Blancheflor·

'*Ca nunca fue tan leal Blancaflor á Flores,*
Nin es agora Tristan á todos sus amores.'

Keine der beiden anspielungen auf die sage, weder die
des in der litteratur, besonders der französischen und pro-
venzalischen, bewanderten 'spanischen Petronius',[3] noch
die erwähnung derselben in der die geschichte und die
heldengeschichten des benachbarten Frankreich fortwäh-
rend berührenden Conquista konnen der vermutung raum
geben, es habe bereits vor dem anfange des 16. jahr-
hunderts in Spanien eine bearbeitung der sage von Flore
und Blancheflor gegeben von dem vorhandensein einer
solchen wissen wir nichts.

---

[1] In der ausgabe der Biblioteca de Autoies Españoles (ed Gayan-
gos), s. 175, spalte 1· '.. *Berta, que tomara por mujer Pepino, el*
rey de Francia, e esta Berta fué hija de Blancaflor é de Flores,
que era rey de Almería, la de España, é conquerió muy gian tierra
en Africa é en España por su bondad, segun su historia lo cuenta,
é libró al rey de Babiloña de mano de sus enemigos, cuando le dió
á Blancaflor por mujer, por juicio de su corte, donde estos amos
fueron los mucho enamoiados de que ya oistes hablar'

[2] Cantiga de los Clerigos de Talavera, vgl 'jahrbucher der
litteratur' Wien, 58 band, 1832, s 252, a. 2

[3] So nennen die spaniei den dichter aus Hita, vgl Ad de
Puibusque. Histoie comparee des Litteratures espagnole et française,
Paris 1843, I 82, 405 — G Ticknoi, History of Spanish Literature,
London 1863 I. 71

Im jahre 1512 erschien zu Alcala der prosaroman
Flores y Blancaflor, der ins französische übersetzt und
mehrfach neu bearbeitet, noch heute in der Bibliothèque
bleue fortlebt. das verhältnis dieses spanischen romanes
zu den andern bearbeitungen der sage ist bisher ziemlich
dunkel geblieben, was nicht zu verwundern ist bei der
mangelhaften kenntnis, die man von dem schwerzugäng-
lichen spanischen romane, sowie von dem italienischen
Cantare hatte. Brunet, der (II. 1300) die verschiedenen
ausgaben desselben anführt, bemerkt dazu 'Il est difficile
de dire aujourd'hui, avec quelque certitude, si cet ouvrage
est une imitation de J. Boccace, ou si, comme l'a cru M. de
Tressan, il est tiré d'un poème espagnol plus ancien que
Boccace.' — nach Mazzucchetti[1]) ist der spanische roman
eine einfache übertragung des Filocolo durch Juan de
Flores 'Se ne' [d. h. vom Filocolo] 'ha pure una tra-
duzione in Lingua Spagnuola fatta da Gio. di Flores, la
quale col titolo di · Flores & Blancaflor si pubblicò in Alcalà
nel 1512 in 4; ma in questa traduzione fu alcuna cosa
recisa, ed altra cangiata per accomodarla al genio Spagnuolo.'

Mit Juan de Flores wird Mazzucchetti jedenfalls den
verfasser des 'Aurelio and Isabella' (1521) gemeint haben,
'which, in an early English translation, was at one time
thought to have furnished hints for Shakespeare's Tempest'[2])
(Ticknor, III³, 114—115). worauf Mazzucchetti seine
angabe stützt. oder inwieweit dieselbe begründet ist, habe
ich nicht ausfindig machen können.

Das verhältnis des spanischen romanes zu den andern
bearbeitungen derselben sage kann nur durch eine kennt-
nis seines inhaltes erlangt werden. die folgende nach dem
auf der Pariser nationalbibliothek (Y² 1096) befindlichen
drucke von 1604³) abgefasste kurze inhaltsangabe (mit

---

[1]) Scrittori d'Italia, Brescia 1762, Vol V, p 1355
[2]) Siehe Malone's Shaksp von Boswell, London 1821, XV, 2
[3]) Vgl Deschamps et Brunet, Man. du Libr Supplém 1, 506

1*

gelegentlicher anfuhrung ganzer stellen) wird in den anmerkungen auch auf die von Jacques Vincent 1554 gemachte franzosische ubersetzung bezug nehmen, damit daran gleichzeitig die art des ubersetzers und sein verhalten zu seiner vorlage gezeigt werde.

Historia de Flores y Blancaflor.

Con licencia, impressa en Alcala de Henares, en casa de Juan Gracian que sea en gloria año 1604.

Comiença la historia de Flores y

Blancaflor y de su decendencia, y de sus amores, y de la gran lealtad que huuo entre ellos y de quantos peligros, y trabajos passaron en el tiempo de sus amores, siendo Flores moro, y Blancaflor Christiana Y de como por voluntad de nuestro Señor, se conuirtio Flores a los mandamientos de Dios, y de la santa madre Yglesia, por intercession de Blancaflor, y de como fueron marido y muger, y sucedieron Reyes en España, y como conuirtieron toda España a la fe de nuestro Señor Jesu Christo. Y de como despues fueron Emperadores de Roma segun adelante mas claro podreys ver

AVIA en el Imperio de Roma vn hombre muy noble y virtuoso, el qual era muy rico y poderoso, y señor de muchos lugares y

L'Histoire amoureuse de Flores et Blanchefleur s'amye. Le tout mis d'Espagnol en François. Reueu, corrigé et augmenté de nouueau: A Rouen, De l'imprimerie de Raphaël du Petit Val, Libraire & Imprimeur ordinaire du Roy. 1606.[1]) — vorrede: '*A Tres-noble et vertueux Seigneur, René de Sanzay, Seigneur de sainct Marsault, Jacques Vincent desire accroissement d'honneur et félicité perpétuelle.*' &c.

p 15 *En ce premier chapitre sera fait mention comme le prince Perse, nepueu de l'Empereur de Rome, print son chemin à Milan, ou il espousa la princesse Topasse, fille au Duc de Ferrare*

---

[1]) Pariser arsenalbibliothek B. L 15100 12°. — in derselben buchersammlung eine andere ausgabe (B L 17667).

villas, y castillos, y mas que mandaua la mayor parte de Roma, y se llamaua Micer Persio al qual hablauan de muchas mugeres para auerse de casar, entre las quales auia vna que era muy noble donzella, la qual era de muy grande linage, hija del Marques de Ferrara, sobrina del duque de Milan, y por la muerte de su padre, y de su madre que do curador della el duque de Milan su tio a la qual llamauan Topacia, y era tanta su gracia, y gentileza que en todo el Imperio no auia otro tal, y como Micer Persio, viesse la bondad y hermosura de aquella donzella, el la amo tanto en su curaçon que acordo yr a la ciudad de Milan, por ver aquella de quien el por oydas estaua enamorado, y luego lo puso por la obra y mando armar dos naos muy gruessas y mando poner en ellas todas las vituallas necessarias para la mar y quando todo fue a punto busco en sus tierras la gente mas principal que en ellas auia, y conto les su deliberacion, por lo qual todos fueron muy contentos de yr con el Y assi entraron en las naos, y se partieron de Roma,

Chap. I.

Au temps que Rome estoit en auctorité, & que les gouuerneurs d'icelle (comme dominateurs de tout l'uniuers) par leur sçauoir la rendoyent policee. Vn riche & puissant prince, nommé Perse, regnoit en Italie, ayant non tant seulement plusieurs chasteaux, villes & lieux plaisans ains auctorité si grande, que presque toute Rome bransloit soubs le commandement de sa grandeur. Au moyen dequoy, ses amys commencerent luy persuader se vouloir marier Et pour l'inciter dauantage, luy firent recit de plusieurs femmes fort singulieres. au nombre desquelles fut trouué l'infante Topasse, fille au Duc de Ferrare, fort recommandee entre les Princesses tant pour la grandeur de son lignage, que pour la vertu qui luy faisoit compagnie. Mais la fortune luy fut tant peu heureuse, qu'à la fin son pere abandonna ce siecle, delaissant au Duc de Milan, son cousin, le gouuerneur de sa fille, la beauté de laquelle estoit tant singuliere, qu'en tout l'Empire ne s'en trouuoit aucune qui la peust egaler, tant elle estoit accompagnée de vertueuse grace. Le Seigneur Perse, solicité par ses amis d'entrer en mariage, print vouloir d'espouser l'infante Topasse, & l'imprima tellement en son cœur, qu'il conclud s'acheminer en la cité de Milan, pour voir celle qui par seul rapport auoit rendu captif son cœur Pour auquel donner quelque allegement, fit promptement armer deux Naurres puis fit chercher par toute sa terre, pour l'accompagner, les personnes plus honorables ausquelles fit entendre son entreprinse, dequoy tous ensemble receurent indicible contentement Accompagné duquel, firent depart de Rome, ayans le

para yr a Milan, y plugo a nuestro señor que les hizo tan buen
tiempo que en breves jornadas llego con muy grande plazer y
alegria al muelle de Genoua, por que alli auia de desembarcar para
yr a la ciudad de Milan, y como los ciudadanos, y grandes señores
de Genoua vieron llegar estas naos en el puerto, procuraron saber
de quien eran, y de donde venian Y Micer Persio embio al gouer-
nador de Genoua, que los guiasse haziendole saber como el venia
de Roma, y yua a la ciudad de Milan y assi les fue dado viage
Y sabiendo el gouernador como Micer Persio era pariente del
Emperador, hizo llamar a todos los nobles hombres de la ciudad,
y con ellos lo salio a recebir con mucha honra y aposentaron con
mucha diligencia a el, y a todos los que con el venian, y hizieronle
mucha honra assi los caualleros, y nobles hombres, y ciudadanos,
de la ciudad de Genoua, como las demas gentes comunes de la
ciudad Y assi estuuo con toda su conpaña quinze dias, o mas,
por quanto venia muy fatigado de la mar, y deliberando de partirse
para Milan, embio sus embaxadores al Duque, diziendole, como
Micer Persio era llegado a la ciudad de Genoua, y queria yr a la
ciudad de Milan, por hazerle reuerencia. Y assi como el Duque
supo que Micer Persio era llegado en sus tierras, lo salio a recebir
vna jornada de la ciudad con mucha gente, assi de a pie como de

vent tant fort propice, qu'en peu de temps leurs vaisseaux se
rendirent aupres de Genes, où il leur falloit prendre terre pour
aller à Milan. Le gouverneur de Genes, estant aduerty qu'on auoit
decouuert deux naures, fit son debuoir d'entendre qui les conduisoit
Ce que le prince Perse luy fit incontinent sçauoir, l'aduertissant
venir de Rome, en deliberation de prendre son chemin a Milan: Au
moyen de quoy les Mathelots (qui estoyent aux gages de la Cité)
furent enuoyez au deuant pour le conduire seurement dans le port.
Et cependant le gouuerneur fit appeller les plus nobles hommes de
Genes: auec lesquels ne faillit aller receuoir le prince Perse fort
honorablement Et l'ayant logé selon la grandeur de son estat &
auctorité, le festoyerent l'espace de quinze iours sur la fin desquels
le prince Perse delibera prendre son chemin à Milan, où il enuoya
ses Ambassadeurs, pour aduertir le Duc qu'il estoit arriué à Genes,
en intention de luy aller bien tost faire la reuerence. Le Duc de
Milan n'eust plustost entendu, que le prince Perse estoit entré en
ses terres, qu'il se mist en chemin pour l'aller receuoir pour autant
qu'il estoit fort proche parent de l'Empereur. Et s'estant rencontrez
à vne iournee pres de Milan, se mirent en deuoir tous deux de
mettre pied à terre, pour faire ce que le poinct d'honneur commande

a cauallo, por ser el muy cercano pariente del Emperador. Y assi
lo recibio con gran honor. Y como el Duque, y Micer Persio se
vieron, se hizieron gran fiesta, y cada vno dellos se quiso apear
por hazerse cumplida cortesia mal el vno al ostro no consintieron,
pero a cauallo se abraçaron con mucho amor, y assi se fueron mano
a mano hasta la ciudad de Milan y el Duque no quiso que Micer
Persio possasse en possada, sino en su mismo palacio, y mando dar
a todos los suyos muy buenas posadas, y mando pregonar el Duque
por todo Milan, que ninguno fuesse osado so pena de la vida
hazerles pagar cosa ninguna, que Micer Persio comprasse, ni nin-
guno de los suyos, assi vitualias, como brocadas, y sedas, qualquier
cosa les fuesse dada libremente, y que viniessen al tesoro del Duque
y que el tesoro les haria paga llana, assi el Duque no consintio
que en sus tierra, gastassen cosa ninguna en todo el tiempo que alli
estuuiessen. Y como el Duque y Micer Persio huuieron estado al-
gunos dias, ya Micer Persio auia visto mucha vezes a Topazia, y
le auia parecido muy bien y yendolos dos vn dia a caça, Micer
Persio dixo al Duque. Ilustrissimo señor: la causa porque yo soy
venido a esta ciudad, es, por la fama de las virtudes y noblezas de
Topazia vuestra sobrina, y como aya visto, y conocido ser mas sus
virtudes y nobleza, de lo que ami me auian recitado y por quanto

aux personnes heroiques, & grandes. Mais l'on donna empeschement
a l'autre, en sorte que ne pouuans paruenir à leur intention, prin-
drent à s'accoler par grande amitié. Et s'estre caressez, suyuirent
le chemin de Milan, sans que le Duc vousist endurer que le Prince
fust logé en autre lieu que le Palais. Et ses gentils hommes furent
conduits aux maisons bourgeoises de la Cité. Parmy laquelle fut
criee qu'on n'eust a prendre aucun argent du prince Romain ny
des siens ains qu'on leur eut à deliurer draps, soye, & autres
choses qui leur seroyent agreables. Pour a quoi satisfaire, les
marchans estoyent enuoyez au thresor du Duc, ou payement leur
estoit fait par son thresorier sans que le Duc vousist endurer que
le Seigneur Perse, fit aucune despence, faisant seiour en sa com-
pagnie. Frequentant laquelle, le Prince Romain (qui auoit desia
veu la belle Topasse) print la hardiesse, estant à la chasse, d'vser
de tel langage enuers le Duc. Je vous aduertis, monsieur, que
l'estime & vertueuse noblesse de vostre niepce, ma prouoque venir
visiter vostre heroique maison. où i'ay apperçeu beaucoup plus de
beauté en elle, que l'on ne m'auoit fait entendre. Si que ie me suis
auancé vous faire requeste de la me donner en mariage, pour la
rendre dame de moy qui me reputeray le plus heureux de toute la

los dias passados vuestra señoria me hablo sobre si queria casarme con ella, digo assi, que si vuestra señoria es contento dello, tambien yo lo soy. Y esto hago por dos cosas. La primera es por ligar de parentesco con vuestra vuestra ilustrissima Señoria, y la otra por entudes y nobleza de Topazia soy si vuestra señoria consiente, que ella sea señora de mi y de mis bienes. Vuendo el Duque la justa razon de Micer Persio, no se tardo en el responder diziendole assi. Muy noble, y muy virtuoso Señor, a mucha gracia tengo oyr tales razones de vuestra Señoria a mi muy agradables, que como quiera que mi desseo no fuesse otro sino ver a Topacia, mi sobrina hija del marques de Ferrara hermano mio carnal, colocada por via de casamiento con vuestra señoria, soy yo el que gana en ello, y me tengo por el mas dichoso hombre del mundo, y no menos lo esta mi sobrina Topacia. Y dichas estas palabras se dieron las manos, y firmaron el casamiento el Duque de Milan, y Micer Persio: y asseguraron jornada para el otro dia para hazer los desposorios, que la missa en Roma la auian de oyr, y como todo esto fue acordado el Duque se fue para Topacia a hazerle saber como la auia casado con Micer Persio y dixole desta manera. Carissima hija mia, yo os traygo nueuas que pienso os contentaran, y son que he firmado matrimonio de vos, con Micer Persio sobrino del

terre. Vos asseurant, monsieur, d'y estre affectionné par deux raisons, l'vne, pour estre reçeu au nombre de vos alliez. Et l'autre pour le desir qu'ay d'estre accosté d'vne tant vertueuse Princesse. Le Duc de Milan etendant parler le Prince Perse si raisonnablement, se print à luy respondre. Tresvertueux Prince ie m'estime grandement redeuable à Dieu ayant permis que vostre seigneurie m'ai fait entendre son voulou. Et vous asseure recevoir plaisir indicible aperceuant Topasse ma niepce, estre par vous desiree, à qui ie ne me veux oublier de la refuser, ains vous accepte pour mon propre fils. Et accorde que la Princesse de Ferrare, ma niepce, soit vostre femme. Apres que ces deux Princes eurent mis fin à leur propos, tendirent la main l'vn à l'autre, faisant promesse que le iour ensuyuant le mariage du Prince Perse seroit accordé auec la Princesse de Ferrare laquelle le Duc de Milan ne tarda d'aller trouuer. Et pour luy declarer son voulou, commença à lui dire. Ma treschere niepce, ie vous apporte nouuelles qui vous seront merueilleusement agreables, vous asseurant que ie vous ay donnee en mariage au prince Perse, cousin de l'Empereur de Rome, qui est seigneur de la plusgrande partie de l'Empire tellement qu' à bon droit vous pourrez estre estimee la mieux fortunee, qui soit en tout

Emperador de Roma, el qual señore a la mayor parte del Imperio Romano, por lo qual os podeys tener por la mas dichosa muger de todo vuestro linaje. Oyendo Topacia semejantes razones le respondio co mucha humildad. Yo señor tio tengo por bien hecho todo lo que vuestra Señoria aya hecho, y de mi aya ordenado, como no tengo otro padre, ni aya tenido sino a vuestra señoria, y assi tengo por bien hecho lo que vuestra señoria por mi ha firmado, y beso las manos al duque su tio, teniendoselo a gran merced, y el duque luego la mando ataviar muy ricamente para los desposorios, y quando fue ataviada, hizo venir a todos los varones, y hombres nobles del ducado de Ferrara para darles parte del negocio. Y quando los tuvo ayuntados, les hizo este razonamiento. Cavalleros y nobles hombres, a lo que yo os he hecho venir, es, para que se pays como he firmado casamiento de vuestra señora Topacia mi sobrina con Micer Persio sobrino del Emperador y por que cada vno diga su parecer, os he hecho venir aqui. A lo qual respondieron todos a vna, que ellos se tenian por bien dichosos, en tener tan ponderoso señor. Y assi se levantaron para el, y le fueron a obedecer por señor.

....

vostre lignage. L'infante Topasse n'eut plustost laissé achever l'oraison de son oncle, qu' elle luy respondit fort humblement. Monsieur, i'ay telle estime du sçavoir qui a tousiours accompagné vostre seigneurie, que ie n'iray iamais au contraire de vostre ordonnance: vous suppliant humblement me vouloir donner vos mains à baiser, & croire que ie n'ay moins agreable que vous, ce qu' a pleu à vostre grandeur d'accorder avec le prince Perse. Le Duc de Milan appercevant tant grand' obeissance en sa niepce Topasse, receut au cœur ioye indicible. Et commanda qu' elle fut accoustrée fort richement: puis envoya querir les plus grands seigneurs de Ferrare, pour leur faire cognoistre le prince Perse. En l'absence duquel s'estant reduit à part avec eux, commença à leur dire. Nobles chevaliers, ie vous ay mandé querir pour vous faire entendre, comme i'ay donné ma niepce Topasse, vostre dame, en mariage au prince Perse, cousin de l'Empereur. Pour raison dequoy ie vous prie me vouloir dire ce qu'il vous en semble. Les chevaliers de Ferrare firent responce à sa grandeur, que la fortune les favorisoit grandement: leur ayant donné vn si puissant prince pour seigneur. Et pour monstrer au Duc le plaisir qu'ils en recevoyent, s'acheminoyent vers le prince Romain, pour luy faire foy & hommage, comme à leur seigneur.

De como desposaron a Micer Persio con Topacia, hija del Duque de Ferrara, y de las grandes fiestas que se hizieron.[1]

Nachdem die grossen von Ferrara ihre zustimmung zu der heirat des römischen prinzen mit der nichte des herzogs von Mailand so bereitwillig zu erkennen gegeben, lässt letzterer erst einen notar, dann einen bischof rufen, und die beiden liebenden werden vereint zur grossen freude des herzoglichen hofes. reiche geschenke bietet der herzog seiner nichte, von ihrem gemahl erhält sie eine schöne mit edelsteinen und perlen besetzte kette, und einen ring, dessen kostbarer stein mehr als zweitausend dukaten wert war. der herzog von Mailand lässt die spielleute kommen, und der adel des hofes ergötzt sich auf dem ball. kampfspiele und turniere veranstaltet der herzog zu ehren seiner geliebten nichte. die hochzeit dauert so lange, bis der prinz Persio dem herzog den wunsch ausspricht, nach Rom zu dem kaiser zurückkehren zu dürfen. gern willfahrt der herzog dem verlangen des prinzen. ein vergnügen mache es ihm, ihn nach Rom zu begleiten.

De como se partio Micer Persio y la señora Topacia, y el Duque, para yr a Roma al Emperador.[2]

Der herzog von Mailand heisst seine schiffe gut ausrüsten und stark bemannen und bricht mit dem prinzen Persio und der herzogin, seiner frau (Topacia), auf nach Genua wo sie sich einschiffen wollen. grossartiger empfang wird ihnen zu teil von seiten des statthalters, der ritterschaft und der bürger Genuas. nach mehreren tagen hoher festesfreuden segeln sie ab mit ihrem gefolge, und in einigen tagen treffen sie in Ostia ein. der prinz Persio schickt einen eilboten ab, um seinem kaiserlichen ohm seine ankunft zu melden. kaiser, adel und bürgerschaft ziehen den neuvermählten und dem herzog von Mailand zwei meilen weit entgegen und geleiten sie in feierlichem einzuge in die stadt. nach vierzehntägiger ruhe und vorbereitung wird das fest des prinzen Persio gefeiert. unser heiliger vater der papst selbst sang die messe in der kapelle des heiligen Petrus. da die freudentage vorüber sind, zeigt der papst mit der ganzen geistlichkeit dem herzog von Mailand die

---

[1] *Comme le prince Perse espousa la princesse Topasse, fille au Duc de Ferrare. Et du grant triomphe qui fut fait dedans la cité de Milan.*

[2] *Comme le Seigneur Perse, la Duchesse Topasse, et le Duc de Milan, prindrent le chemin pour aller à Rome trouuer l'Empereur.*

reliquien Roms und schenkt ihm einige derselben nach feierlichem abschiede gelangt der herzog nach Civita-veja, wo er zwei tage verweilt, ehe er sich einschifft

De como Micer Persio y Topacia su muger quedaron en Roma, y de las cosas que passaron entre ellos.[1]

Prinz Persio tut alles, was nur irgend seiner gemahlin Topacia vergnugen bereiten kann doch beide sind betrübt, dass sie kein kind haben. sie beschliessen als mittler bei der gottlichen gute den apostel St. Jakobus anzurufen. zu fuss ohne jede begleitung wollen sie zu seinem tempel nach Galicien[2] ziehen, reiche geschenke versprechen sie ihm für den fall, dass Topacia gesegnet wurde inzwischen üben sie fleissig fromme und gute werke und spenden den armen reiche almosen

De como aparecio en sueños a Topacia vn angel, y de las cosas que le dixo[3]

Unser heiland Jesus Christus hat ihr gebet vernommen durch vermittelung des heiligen Jakobus. ein engel verkundet der herzogin im traume erhorung ihrer bitte. am andern morgen begibt sie sich in das zimmer des prinzen und erzahlt ihm ihr gesicht. 'eure herlichkeit muss nicht an traume glauben', versetzt Persio, 'doch uberlassen wir alles dem willen gottes'. nochmals erscheint der engel der Topacia im traume, und als diese sich schwanger fuhlt, trifft der prinz anstalten zur pilgerfahrt zum heiligen Jakobus ein goldenes bild und ein golddurchwirktes gewand lasst er fertigen. Persio empfiehlt seinen landpflegern recht zu uben unter den vasallen und seine lande und angelegenheiten in ordnung zu halten Y assi se despidieron dellos, y mando hazer vnas esclauinas para el y otra para su muger, y sendos bordones como los romeros suelen traer[4]

---

[1] Comme le prince Perse, & Topasse sa femme, firent residence dans Rome, et de ce qui leur aduint.

[2] yrian en Romeria a su santa casa sin compania ninguna

[3] Comme l'Ange s'apparut en dormant à Topasse, & de ce qu'il luy dist

[4] Ce dit, leur donna congé commandant à en sien seruiteur, de faire tailler deux esclauines, & de recouurer deux bourdons, tels que les Pelerins ont en coustume de porter.

De como Micer Perseo y Topacia su muger fueron en romeria, y de como fueron cautivos de Moros [1])

Bei grosser hitze brechen Persio, Topacia und ihre begleitung auf nach Spanien, das von den Mauren beherscht wird. heftig bedrängt Topacia die hitze, Persio trägt sie auf eine wiese, an einer quelle am fusse eines felsens beschliessen sie zu warten, bis die hitze ihre kraft verloren.

Die geschichte erwähnt, dass die christlichen könige von Galicien und Portugal dem könige von Spanien, dem Mauren Felix, tributpflichtig waren. jetzt hatten die christlichen könige gerade den tribut verweigert, der krieg war erklärt, die heere im anmarsch, und strengen befehl hatte Felix gegeben, jeden christen, der sich zeigte, die schärfe der heidnischen schwerter empfinden zu lassen. die spanische vorhut rückt in die wiese und Persio wird erschlagen. der hauptmann hat mitleid mit Topacia und schickt sie zum könige Felix. dieser lässt sie durch einen andern hauptmann nach *la ciudad de la Cabeça del Griego, a donde estaua la reyna [2])* bringen, mit folgendem schreiben

Carta del Rey a la Reyna [3])

Bestgeliebte und tugendhafte frau,

In der voraussetzung, dass ein geschenk von mir ew. herrlichkeit freude macht, habe ich die kühnheit gehabt, euch diese christliche edelfrau zu übersenden, die meine vorhut erbeutet hat. da ich sie so vornehm fand, habe ich gedacht, dass ihr dienst als sklavin euch angenehm sein möchte. ihr gatte ist erschlagen.

Anderthalb tage braucht der hauptmann, um in die *ciudad de la Cabeça del Griego* zu gelangen. die königin bewundert die schönheit der Topacia und, als sie erfahren, wer sie sei, nimmt sie sich ihrer ganz an. dankbar sagt Topacia zu ihr eines tages: 'herrin, ich sehe, dass du schwanger bist, gib mir seide und gold und leinwand,[4]) ich will dir einen bettvorhang machen'. und den schönsten betthimmel, den man je in Spanien gesehen, fertigt die christin an. die königin bemerkt auch, dass Topacia schwanger ist, und beider verhältnis wird noch vertraulicher. am tage der *Pascua Florida*

---

[1]) *Comme le prince Perse, et Topasse firent depart de Rome, pour aller à saint Jacques, où ils furent pris par les Maures.*

[2]) *le chef du Grec, la Cité où résidait la Royne d'Espagne.*

[3]) *Lettre du Roy Felix a la Royne d'Espagne sa femme.*

[4]) *olandas*, im französischen *hollande*.

gebiert die konigin einen knaben, der zur feier des tages Flores
genannt wird, und Topacia ein madchen das den namen Blancaflor
erhalt beide kinder werden ammen ubergeben. bald darauf stirbt
Topacia. nachdem sie zuvor in ihren tranen Blancaflor getauft
und von der konigin das versprechen empfangen, Blancaflor solle
erzogen werden wie ihr sohn Flores

De como la Reyna sintio mucho la muerte de Topacia, y enco- mendo a Blancaflor al alma [1])

Die konigin trauert um Topacia; sie wacht uber die ammen.
dass sie die kinder gut pflegen. als diese drei und ein halbes jahr
alt sind, lasst der konig den gelehrten Mauren Mahomat Audah aus
Toledo kommen der soll die erziehung des Flores leiten.

Auf Flores' bitte gestattet der konig, dass auch Blancaflor am
unterricht teilnehme und stets um ihn sei. doch ihre freund-
schaft hindert sie beim lernen, was Mahomat Audah dem konige
mitteilt. 'dieses madchen bringt unheil uber uns', sagt der konig
zu seiner gemahlin, 'Flores kennt keinen andern gott als diese
christin' sie beschliessen die kinder zu trennen, Flores wird mit
seinem hofmeister zu des konigs vetter, dem herzog von Montorio,
geschickt, nachdem ihm zuvor versprochen, Blancaflor solle ihm
nachgeschickt werden, sobald der leidende zustand der konigin die
Blancaflor pflegen solle, dies gestatte

De como Flores se partio con su ayo, y con muchos caualleros para Montorio. [2])

Am andern morgen versammelt sich Flores' gefolge weinend
verabschiedet sich dieser von Blancaflor sie gibt ihm einen ring.
dessen stein die farbe wechsele, sobald sie selbst in gefangenschaft
geriete — sie ziehen ab, ein bote reitet voraus, den herzog von
Montorio zu benachrichtigen eine meile weit kommt dieser mit
hohem gefolge und der burgerschaft seinem neffen entgegen zu
ehren seiner ankunft werden turniere und festspiele abgehalten,
doch Flores bleibt traurig von den begleitern Flores' erfahrt der

---

[1]) *Comme la Royne d'Espagne, fit grand dueil à cause de la
mort de Topasse, à la faueur de qui, elle commanda à la nour-
risse d'estre curieuse, à bien nourrir l'infante Blanchefleu*

[2]) *Comme Flores & son gouuerneur, accompagnez de plusieurs
cheualiers, laisserent la Court du Roy d'Espagne, pour aller trouuer
le Duc de Montorio.*

herzog den grund seiner trauer da er ein ungluck befurchtet, schreibt er an den kong, er solle Blancaflor schicken. der kong will Blancaflor tôten, doch die kongin widerrat ihm aus furcht, es mochte ruchbar werden der kong bespricht sich mit seinem seneschall dieser will ein stuck geflugel vergiften, ein edelknabe solle es ihm, wahrend er bei tische ware, uberbringen und sagen, es kame von Blancaflor der seneschall wolle es vorschneiden und den hunden einen bissen zuwerfen so konnte Blancaflor getotet werden, ohne dass ihr tod irgend jemand zur last fiele dieser anschlag wird ausgefuhrt, ein hund frisst von dem fleische und verendet sofort vor den augen des ganzen hofes. Blancaflor wird in ein dunkles gefangnis geworfen.

> *De la sentencia que fue dada a Blancaflor por el Rey, y de los de su consejo* [1])

YO el Rey Felice, Rey de España, señor de los habitadores della visto por nos, y por nuestro consejo real, como es acometido vn crimen, y gran traycion contra nos, y contra nuestra corona real, por nos lleuar la vida por vna christiana criada de nuestra casa, que se dezia por nombre Blancaflor, que acordadamente, y con deliberado pensamiento, no temiendo el temor de Dios, y de nuestro santo Propheta Mahoma, en menospreeto de nuestra justicia, nos ha querido dar la muerte con vna gallina ponçoñosa. la qual fue esperimentada en vn perro, y en continente fue muerto por el qual acometimiento endiablado, visto y aprouado por nos, y por nuestro consejo Mandamos por la maldad cometida, que sea quemada, y que su anima sea dissipada del cuerpo, y sea hecha poluos, porque sea a ella castigo, y a los otros exemplo [2])

---

[1]) *La sentence, que le Roy & ceux de son conseil, prononcerent contre Blanchefleur.*

[2]) *NOus Felix, Roy d'Espagne, Apres auoir entendu, par les gens de nostre conseil Royal, le crime commis contre vous, & nostre couronne, par vne chrestienne· nourrie dans nostre maison, appellee Blanchefleur, s'estant mise en deuoir de nous oster la vie sans craindre Dieu & nostre sainct Prophete Mahommet & au mespris de nostre iustice, faire mourir nostre grandeur par le moyen d'vne poulaille, tellement empoisonnee, qu'vn chien a pris fin, aussi tost qu'il en a eu mangé Au moyen de quoy, ne voulans laisser malefice tant fort execrable, estre commis dans nostre Royaume sans griefue punition Auons condamné, & condamnons, Blanchefleur, à estre bruslée Pour donner chastiment à sa temerité, & exemple à ceux, qui s'oublieront d'offenser nostre Royalle Maiesté.*

Blancaflor soll verbrannt werden an dem ringe erkennt Flores,
dass seiner geliebten gefahr droht. von dem herzog erbittet er sich
ein pferd und einen harnisch, um sich in den waffen zu üben als
man den scheiterhaufen zusammenträgt, gelangt er an und erfährt
schnell, worum es sich handle bald naht der zug, der seneschall
mit seinen schergen, in deren mitte Blancaflor, eine eiserne kette um
den hals, und viel volkes. Blancaflor betet. auf ein zeichen des
seneschalls ertonen die trompeten, Blancaflor wird gegen das feuer
geführt da durchbricht Flores zu pferde die menge; er fragt das
mädchen, weshalb sie eines so grausen todes sterben solle Flores,
ohne sich zu erkennen zu geben, übernimmt es, für ihre unschuld
einzutreten. der könig wird benachrichtigt, der tag des zweikampfes
zwischen dem seneschall und Flores wird verabredet, Flores inzwischen
im palaste des königs beherbergt.

De como Flores mato al Senescal en el campo.[1]

Beim ersten anrennen wirft Flores pferd und reiter über den
haufen; doch gestattet er dem seneschall, wider aufzusitzen Flores
erhält einen starken schlag, er fliegt aus den bügeln, hält sich
jedoch noch auf dem pferde. er rafft sich schnell zusammen und
spaltet schliesslich mit einem hoch ausgeholten hiebe dem seneschall
den schädel bis auf die zähne. trompeten verkünden den sieg
Flores', mit Blancaflor wird er vor den könig zu dem balkon ge-
führt, von dem aus der könig dem kampfe zugeschaut hatte. ohne
seinen namen genannt zu haben. verabschiedet er sich.

De como Flores se partio para Montorio donde estaua su aya [2]

Flores bringt die nacht in der stadt zu. am andern morgen
kehrt er zurück nach Montorio der herzog ist froh. dass er wider
da ist. die ärzte erklären ihn krank, die liebe habe ihm das fieber
gegeben. der herzog begibt sich zu ihm auf sein zimmer und er-
fährt aus seinem eigenen munde seine liebe zu Blancaflor, die sein
vater von ihm entfernt halte, damit er sie vergesse 'doch das ist
unmöglich, ich liebe sie wie mich selbst.' der herzog dachte, durch
die gesellschaft mit anderen damen wurde sein neffe vielleicht Bl.
vergessen. Y[3] el Duque paresciendole que haziendo venir algunas

---

[1] Comme Flores occist le Senescal dans le camp

[2] Comme Flores fit retour à Montorio, où il auoit laisse son
gouuerneur.

[3] Et pour faire essay, de ce qu'il auoit en pensée, commanda
à son Maistre d'hostel, faire venir en la chambre de son nepueu, les

damas, perderia el amor que tenia a Blancaflor, mando a vn mayor-
domo suyo que supiesse que damas auia en la ciudad, y quelas
hiziesse venir alli el mayordomo hizo lo que su señor le mando.
y entre las otras damas auia tres hermanas, hijas de vn gentil-
hombre pobre muy hermosas, y grandes musicas, de toda manera
de instrumentos y como fueron en el palaccio de Flores, aunque
elno sabia nada, las recibio muy bien y como huuieron hab-
lado vn rato començaron a cantar y tañer, todas tres muy con-
certadas Pero a Flores ninguna cosa le parecia bien y quando
se quisieron despedir de Flores y del Duque, mando Flores a su
Camarero le diesse a cada una de las tres hermanas cien pesantes
de oro y assi fueron muy contentas Auf Flores' bitte schreibt der
herzog an den konig, er solle Blancaflor schicken. der konig will
Bl beseitigen, die konigin rat ihm, sie in ein fremdes land al-
sklavin zu verkaufen der hofmarschall und ein anderer ritter,
mit diesem handel beauftragt verlassen mit Blancaflor zu pferde
die stadt

De como el Rey mando al su mayordomo que lleuasse a vender Blancaflor [1])

ASsi como fueron fuera de la ciudad, determinaron de yr la
buelta de Francia, pensando que antes hallarian Christianos que
la comprassen, pues que ella era Christiana, que no en tierra de
moros [2]) doch als sie in den ersten hafenort kommen, sehen sie da

dames de la ville, & entre autres, furent trouuees trois sœurs, filles
d'vn pauure Gentil-homme, belles au possible parfaites en toute
musique, & ieu d'instrumens. Lesquelles ne furent plutost arriuees
au Palais, que Flores, qui n'auoit eu aucun aduertissement, les
reçeut fort gracieusement, commandant à ses gens qu'on leur fist
donner la collation. Apres laquelle les trois sœurs commencerent à
iouer, rendant la plus grande harmonie qu'il estoit possible Mais
Flores n'en faisoit aucun semblant si est-ce qu'il leur fit donner
auant que de partir, trois cens besans d'or Dequoy elles demeu-
rerent autant satisfaites, que Flores affligé.

[1]) Comme le premier Maistre d'hostel eust commandement du
Roy d'aller vendre Blanchefleur

[2]) LEs deux cheualiers Espagnols, qui auoyent charge d'emmener
Blanchefleur, ne furent plustost hors de la Cité, qu'ils concluient de
prendre leur chemin en France, estans bien asseurez (à cause qu'ils
estoient Chrestiens) de vendre Blanchefleur, plustost en ceste region
qu'en terre de Mores.

einen reichen kauffahrer aus Alexandrien an ihn verkaufen sie
Blancheflor für zweitausend Goldbesanten, zehn Falken und einen
goldenen becher [1] im hafen von Alexandrien verkauft der herr
des schiffes Blancaflor an *vn Moro que se dezia Almiral* [2] dieser
hat die obhut über hundert schöne christenmädchen im turme von
Babylon, dorthin wird auch Blancaflor gebracht. — Flores erkennt
an dem ringe, dass seine geliebte in not ist urlaub erbittet er
sich, den könig und die königin von Spanien wolle er besuchen
hundert ritter begleiten ihn, zwei meilen von der residenz des
königs schickt Mahomat Andali einen ritter voraus, um dem könige
Flores ankunft zu melden der könig eilt seinem sohn mit gefolge
entgegen. im königlichen palaste begrüssen frauen und fräulein den
prinzen und kussen ihm die hande doch er ist traurig, da er
Blancaflor nirgends sieht eines tages fasst er sich ein herz und
fragt die königin, die sagt ihm, Blancaflor sei vor mehr als vier-
zehn tagen gestorben. Flores glaubt ihren worten nicht, er denkt
bei sich, der könig habe Blancaflor ermorden und an einem abge-
legenen orte begraben lassen, und in seiner herzens-angst bittet er
die königin, ihn an den ort zu geleiten, wo Blancaflor bestattet wäre.
da eröffnet ihm die königin, die unmöglichkeit einsehend, noch
weiter das missgeschick Blancaflorens zu verbergen, dass Bl. noch
am leben sei; verkauft sei auf des königs gebot, verkauft nach
Alexandrien. trotz aller vorstellungen und tränen der königin und
des königs beschliesst Flores seine geliebte zu suchen. die königin
gibt ihm ihren segen, gold und silber und einen ring, *que tiene
tambien muchas buenas propriedades* [3] in Alexandrien erzählt ihm
die wirtin der herberge von Blancaflor. er beschenkt die wirtin
und reitet mit seinem knappen nach Babylon, wo sie absteigen bei
Darius dem blonden (*Dario Lobondo*) Flores schützt ermattung
von der reise vor, er geht nicht aus. eines tages, als er mit seinem
wirte im saale spazieren geht, fragt er ihn, ob er nicht von einer
christensklavin namens Blancaflor gehört habe der wirt antwortet,
die sei bei ihm eingekehrt vor ganz kurzer zeit, der hofmarschall
des admirals von Kairo habe sie gekauft und in den turm zu
Babylon gebracht Flores bittet seinen wirt ihm gelegenheit zu
verschaffen, mit Blancaflor zu reden, der wirt schwört ihm hülfe.
Flores lasst ihm ein prächtiges gewand fertigen und gibt ihm fünf-

[1] *vna copa de oro.*

[2] *à un Moron qui se disoit Admiral*

[3] Der frz. text sagt: der die wunderkraft hat, dass er den
träger beschirmt vor tod im feuer, im wasser, in der schlacht

undzwanzig dukaten schwierig ist es in den turm zu gelangen, der
300 klafter hoch und eben so breit 500 ritter bewachen ihn, be-
fehligt von einem gar strengen hauptmann, der niemand gestattet
weiter als bis auf eine halbe wegstunde dem turme zu nahen in
dem turme wachst mitten in einem garten ein baum mit immer
blühenden zweigen am fusse desselben sprudelt ein klarer brunnen,
der die jungfräulichkeit jeder frau anzeigt, die davon trinkt alle
morgen versammelt der admiral seine frauen da, eine blume wirft
jede ins wasser, bleibt dies rein, so ist das mädchen auch rein,
im andern falle trübt sich das wasser — doch nicht ganz ohne
schwache sei der hauptmann dem schachspiel sei er ergeben und
ein gar geiziger herr der wirt giebt Flores seinen segen und
wünscht ihm glück, Blancaflor, den schatz seines lebens, zu ge-
winnen.

De como Flores fue a ver la torre y de las cosas que le acontecieron [1])

Flores reitet dicht an den turm, der hauptmann sprengt mit zwei
rittern auf ihn zu und fragt ihn, wie er zu der verwegenheit komme,
dem turme zu nahen 'am flusse, den ich entlang ritt', versetzt Flores,
'bemerkte ich eine krähe, [2]) ich liess einen falken auf sie los, der
hat sie in diesen turm gejagt, jetzt bin ich ihm nachgeritten, um
zu sehen, was aus ihm geworden' auf des hauptmanns frage, wie
er in dies land gekommen sei, erwidert Flores, er habe in Spanien
erzählen hören, dass die grossen dieses reiches sich im schachspiel
auszeichneten, da er auch grosser schachspieler sei, habe er ihre
bekanntschaft machen wollen. Daraufhin ladt der hauptmann ihn
ein im turme mit ihm zu spielen Flores gewinnt ihm zweitausend
goldbesanten ab, nimmt sie aber nicht, lässt vielmehr dem erfreuten
hauptmann auch noch seinen eigenen einsatz. am nächsten tage
muss Flores wieder kommen, sie speisen zusammen, und plaudern
über das spiel um sich seinem gastgeber erkenntlich zu zeigen,
schenkt Flores ihm einen goldenen mit doppeldukaten [3]) gefüllten
becher und ein kostbares kleinod

---

[1]) *Comme Flores print la hardiesse d'aller vou la tour, Et de
ce qui luy aduint*

[2]) *garça, franzos corneille.*

[3]) *copa de oro llena de doblas zaenes* cf Dozy et Engelmann,
Glossaire des mots espagnols et portugais dérivés de l'arabe Leyde
1869. p 360.

*De como Flores se descubrio al capitan, y de lo que el
capitan se ofrecio a hazer por el.[1])*

Am nächsten tage gibt Flores sich und den zweck seines aufent-
haltes zu erkennen der hauptmann willigt ein ihm zu helfen am
nächsten sonntage, dem tage von *Pascua florida,* pflegten die ritter
und frauen dem admiral reiche geschenke an blumen zu machen,
die dann den mädchen im turme übersandt wurden die körbe
dazu wurden zu ihm gebracht, er hatte dafür zu sorgen, dass die
blumen hineingelegt und weiter geschafft wurden auf diese weise
konne er Flores zutritt zu seiner geliebten verschaffen am palmen-
sonntag stellt Flores sich ein und ein ritter überbringt die für die
damen bestimmten rosen.

*De como el capitan metio a Flores en el cueuano para que
tuuiesse lugar de hablar con la linda Blancaflor[2])*

Im körbe unter den blumen wird Flores in Blancaflors zimmer
geschafft [3]) Glorisia, Blancaflors fräulein, greift in die blumen
und merkt, wie Flores sich rührt. auf ihr geschrei stürzen alle die
anderen mädchen herbei doch schnell gefasst erklärt ihnen Glorisia,
eine nachtigall sei herausgeflogen,[4]) als sie die blumen berührt
die mädchen ziehen sich wieder zurück, und Glorisia holt ihre herrin
herbei, die beim anblick ihres geliebten ohnmächtig hinsinkt; doch
Flores richtet sie wieder auf und mund an mund bleiben sie eine
stunde lang ohne reden zu können vor freudiger rührung in
galanten worten beteuert Flores seine liebe, Blancaflor fordert ihn
auf sich taufen zu lassen Flores verspricht christ zu werden und sie
zur gattin zu nehmen, sobald gott sie aus der gefahr befreit habe
am andern morgen schickt der admiral einen edelknaben ab, um
Blancaflor zu sich zu bescheiden. an der tür bemerkt diesen Glorisia
und sagt ihm, dass ihre herrin noch im bett und unpässlich wäre,
sie würde aber bald aufstehen und *ella yria a hazer reuerencia a
su señor.* der admiral begibt sich darauf selbst zu Blancaflor und

---

[1]) *Comme Flores se descouurit au Capitaine, & de ce qu'il se
présenta à faire pour luy*

[2]) *Comme le Capitaine fit mettre Flores dans la corbeille, afin
qu'il eust commodité de pouuoir parler à Blancheflein s'amye*

[3]) . . *el capitan metio a Flores en uno de los cueuanos, y
cubriolo de rosas, y mandolo subir a la camara.*

[4]) *y venia on ruyseñor dentro en ellas · y assi como las llegue
a mirar salio, y dio me en pechos que me espanto.* im franzos.·
eine bremse *(tahon)* sei ihm an den busen *(tetin)* geflogen.

findet beide schlafend in einem bett er fragt, wer der fremde sei,
seine ritter antworten ihm, ein ritter aus Spanien, der durch die
zauberkunst seiner mutter unbemerkt in Blancaflors gemach ge-
drungen wütend lasst der admiral die beiden liebenden in ein
gefangnis werfen

De como prendieron a Flores a y Blancaflor, y los mandaron queimar.[1]

Der admiral gab befehl, die beiden gefangenen in strengem ge-
wahrsam zu halten bis nach dem osterfeste. als dies vorüber ist,
lasst er sie zu sich kommen, und Flores erzählt ihm seine liebes-
und leidensgeschichte als der scheiterhaufen angesteckt ist,[2]
springen beide in die lohe, sie halten beide den ring, den Flores'
mutter ihrem sohne mitgegeben, und das feuer hat keine macht
über sie. der admiral und seine ritter glauben daraus entnehmen
zu müssen, dass ihr tod ihren göttern nicht angenehm sei aus
dem feuer herausgebracht. sagt Flores auf befragen, dass er der
sohn des königs Felice von Spanien sei als der admiral dies hört,
bittet er ihn um verzeihung wegen seines benehmens: es tate ihm
leid, einen spanischen prinzen mit solcher *descortesia* behandelt zu
haben er lasst ihn in seinen palast geleiten, ihm ehre erweisen
wie einem königssohne, und richtet ein schreiben an den könig von
Spanien, in dem er selbigem die erlebnisse Flores' in Alexandrien
mitteilt

De como el Almiral embio un correo al Rey Felice de España.[3]

Der ritter, den der admiral mit dem schreiben abgesandt hatte,
verbreitete grosse freude am spanischen hofe. langst hatten könig
und königin ihren sohn für tot gehalten. beim spaziergang gibt
Flores dem admiral zu erkennen, dass er gern an den hof seines
vaters zurückkehren möchte, um selbst die regierung an stelle des
vom alter gedrückten königs zu übernehmen. der admiral gewährt
ihm dies gern.[4] sechs schiffe lasst er ausrusten, und fünfzehn tage

---

[1] *Comme Flores & Blanchefleur, furent mis hors de prison, pour estre bruslez.*

[2] im franzosischen Text als der justizminister feuer an den holzstoss gelegt hatte, . .

[3] *Comme l'Admiral ennoya au Roy d'Espagne, vn cheualier d'escuyrie.*

[4] Der frz Text fugt hinzu: 'und schenkt ihm auf seine bitte seinen wirt Darius, fraulein Glorisia und den hauptmann des turmes'.

spater geleitet dei admiral mit seinei ritterschaft Flores und Blanca-
flor zum hafen von Alexandrien

De como se embaicaion Floies y Blancaflor, y de la foituna
que passaron en la mar.[1]

Auf see eihebt sich heftiger sturm auf Flores' schiff muss der
mast medeigelegt und die ladung ins meer geworfen weiden das
fahrzeug wild gegen eine insel getrieben. Flores steigt aus, um
gunstiges wettei abzuwaiten. hiische, iehe, keiler und andere wilde
tieie bewohnten das eiland. doch kaum hatte Floies das schiff ver-
lassen, als dies untergieng und nui noch der mastkoib aus dem
wasser heivoriagte *(Pues a penas estuuieion fuera de la nao, quande*
se hundio, que no paiecia saluo la gauia)[2] ihr aufenthalt auf der
insel zieht sich hin, ohne brot und getianke nahien sie sich von
wilden tieien und wassei. auf Floies' veianlassung betet Blancaflor
zu gott alsbald eischeint ein schiff· *iieron ieniei vna nao que*
venia para Alexandiia.[3] ein teil dei ladung wird ausgeschifft und
6 mann bleiben zum schutz auf dei insel zuiuck. Floies und seine
begleitung gelangen in wenigen tagen nach Alexandiien, von wo
aus Flores den admiial von Kaiio von seinem missgeschick benach-
richtigen lasst. neue schiffe weiden ausgeiustet.

De como Flores se paitio de Alexandiia, y iino en España,
y como se torno Chiistiano[4]

Gott gibt ihnen gutes wettei[5] nach eintagigei seeieise tieffen
sie in Caitagena ein und loben gott fui die gluckliche ubeifahit.
am folgenden moigen sendet Flores einen eilboten ab und lasst dem
komg und der komgin sagen, sie sollten sich bekehien zum chiisten-
tum, sonst konne er ihnen nicht gehoichen diese wollen liebei

----- ----

[1] *Comme Floies & Blanchefleur commanderent aux mathelots*
de faiie voile Et de la foituue qui couiut sui mei

[2] *qu'on n'apperceut auhe chose hors de l'eau fors la cage (qui*
par les mariniers est nommee Gabie) — cf. Jal, Glossaire nautique
p. 929.

[3] *Fiz* text. *qui estoit desanciee des Baiit, pour nauiger en*
Alexandiie

[4] *Comme Floies piint congé de l'Admiial & fit depait d'Alexandiie*
pour aller en Espagne, ou il se fit baptiser.

[5] Fianzos. text· gnadig und huldvoll begunstigt Zephiius dies-
mal die fahrt

auf Mahomet verzichten als ihren sohn verlieren, sie bekehren sich
zum christenglauben am ende des jahres erhalten Flores und
Blancaflor einen sohn, den sie Gordion nennen.

*De como despues de la muerte de Rey Felice, Flores fue
Rey en España, y dexo a su hijo Gordion Rey en España,
y y el fue a ser Emperador de Roma* [1]

Bald darauf starb Felice. im selben augenblicke, als Flores die
krone Spaniens übernahm, traf die nachricht ein, dass der kaiser
von Rom gestorben da prinz Persio nicht mehr am leben, war
Blancaflor die nächste erbin Flores und Blancaflor brechen auf nach
Rom vier tagereisen von der stadt, sendet Flores einen eilboten an
den papst, der den marschallen befehl erteilt, wohnung für den
könig zu bereiten. er beruft die ritter, verkündet ihnen, dass der
könig Flores aus Spanien unterwegs ist *a ganar el jubileo,* [2] er rät
ihnen Flores als kaiser anzunehmen. in gleichem sinne spricht auch
der ritter Micer Colona [3] Flores und Blancaflor werden anerkannt
und feierlich empfangen, der christenglaube befestigt sich mehr und
mehr auch in Spanien, wo Flores' sohn, könig Gordion, *fue muy
catolico y bien quisto* und eben so ruhmreich herscht wie Flores
in Rom *Dios nos dexe acabar en su santo servicio. Amen
LAVS DEO.* [4]

[1] *Comme le Prince Flores succeda, apres la mort du Roy Felix
son pere, a la couronne du Royaume d'Espagne, l'administration
duquel fut par luy remise au prince Gordion son fils, à cause qu'il
fut cree Empereur de Rome.*

[2] *pour venir gaigner le grand jubilé.*

[3] Im Französ: *Prosper Colonne*

[4] *tresvertueux & noble seigneur, ie m'estudieray celebrer vostre
renommee, en sorte que la mort & le temps n'auront aucun pouuoir
de la rendre estainte & ensepuelie.* *⁎* *FIN.*

Die nahe verwandtschaft der spanischen bearbeitung
mit den zwei italienischen fassungen ist augenscheinlich.
Die eigentümlichkeiten, durch welche die italienischen
bearbeitungen von den französischen gedichten abweichen,
finden sich mehrfach auch in dem spanischen romane
wider. wir heben diese übereinstimmung nur in einzelnen
punkten hervor.

Im Spanischen, wie im Filocolo und im Cantare.
ist der vornehme pilger, der zum schreine des heiligen
Jacob wallfahrtet (d. h. der vater des Flores). ein Romer.
und nicht ein Franzose, wie in den französischen und
in der Fleckeschen dichtung — Blancaflors mutter, deren
namen das Französische verschweigt, heisst Topazia im
Spanischen wie im Italienischen. Sie stirbt, im Span.
wie im Italien., bald nach der geburt ihrer tochter,
während sie im Französischen bis an das ende der er-
zahlung lebt. — Glorisia, welche die französische und
die Fleckesche dichtung uns als die freundin und gefahrtin
Blancaflors schildern, erscheint im Spanischen wie im
Italienischen als ihre dienerin. — von der im Französischen
(I 317, 363 etc.) und bei Fleck (959) mehrfach erwahnten
Dame Sebile, der schwester der königin, ist im Spanischen
ebenso wenig die rede wie in den italienischen bearbei-
tungen. — als Flores nach Montorio abzieht, gibt Blanca-
flor ihm einen ring mit wunderbarer zauberkraft. im
Französischen (I, 345 II, 299—388) und bei Flecke
(1063—1350) steht nichts davon — ausfuhrlich wird in
dem spanischen romane wie in den beiden italienischen
fassungen der versuch des herzogs von Montorio ge-
schildert, durch die gesellschaft mit andern schonen
madchen Flores seine liebe zu Blancaflor aus dem sinne
zu bringen; allerdings tragt in der spanischen bearbeitung
diese schilderung einen weniger anstössigen charakter.
im Französischen wird diese verfuhrungsscene nicht er-
wähnt.[1] — wie in den beiden italienischen bearbeitungen
entschuldigt auch im Spanischen Flores seine anwesenheit
in der nahe des turmes mit der ausrede, ein jagdfalke,
den er auf einen andern vogel losgelassen, sei ihm in
den turm entflogen, wovon sich im Französischen nichts
findet, u. s. w.

---

[1] Als eine anspielung darauf könnten vielleicht I 319, 322, 363
angesehen werden

Die zusammengehorigkeit der spanischen bearbeitung
mit den italienischen fassungen ist also nicht zu ver-
kennen. hat nun eine dieser beiden letzten bearbeitungen
dem spanischen romane als quelle gedient?

Sehen wir hier zunächst von dem eingange des
spanischen romanes, sowie von der schiffbruchsepisode
am ende desselben ab. so erkennen wir leicht, dass der
Filocolo sicherlich nicht die quelle der spanischen er-
zählung hat sein konnen zahlreiche stellen, an denen
das Spanische von der darstellung im Filocolo abweicht
und dabei gleichzeitig zu dem Cantare stimmt, beweisen
diese behauptung

Wenn auch das Spanische uberall in seiner darstel-
lung wesentlich moderner erscheint als das naive Cantare,
so ist es doch im allgemeinen ebenso wie dieses in seiner
erzahlung schlicht und einfach: es enthalt nichts von all
den schwungvollen schilderungen voll klassischer anspie-
lungen, voll mythologischer erinnerungen, an denen der
roman Boccaccios so reich ist; wir finden im Spanischen
wie im Cantare nichts von all den göttern und gottinnen,
die im Filocolo so oft und so bestimmend in das schicksal
der liebenden eingreifen; nichts von den intriguen und
unterstutzungen der Venus, des Mars, des Pluto, der
Diana, der Juno, des Amor, nichts von den den gottern
dargebrachten opfern; nichts von dem fast unaufhorlich
mosaikartig in die erzahlung eingeflochtenen beiwerk,
welches das werk Boccaccios kennzeichnet.

Im Spanischen, wie im Cantare (und im Französ.
I 203 ff.) bittet Flores, als er in die schule geschickt
werden soll, den konig instandigst, ihn nicht von Blanca-
flor zu trennen, sondern ihn mit ihr zusammen unter-
richten zu lassen. im Filocolo bestimmt der konig
von vornherein, dass sie zusammen unterrichtet werden
sollen. — pferd und waffen erbittet Flores in der spani-
schen erzahlung von seinem ohm, was an den ausdruck
im Cantare 'un chaualiero suo parente' erinnert; im

Filocolo empfängt er beides auf geheiss der Venus. die ihm im traume erschienen, von seinem lehrer Ascalione. — ein edelknabe trägt im Spanischen wie im Cantare die vergiftete *gallina* in den saal. im Filocolo wird Blancaflor gerufen sie sei das schönste der hoffräulein, sie müsse den pfau auftragen. nach dem Filocolo handelt hierbei der seneschall aus rache, weil Blancaflor seine liebe verschmäht hat. im Spanischen und im Cantare findet sich keine erwähnung dieser liebe. — wesentlich weicht von der darstellung des Cantare und des spanischen romanes der Filocolo in der schilderung des zweikampfes zwischen Flores und dem seneschall ab. nicht erwähnt werden die pfeile des Mars, mit denen Filocolo dem seneschall eine tödliche wunde beibringt. nicht erwähnt wird weiter im Cantare und in dem spanischen romane, dass der schwer verwundete, und ganz der gewalt des siegers anheimgegebene seneschall von Filocolo gezwungen wird laut zu bekennen. dass er aus rachgier Blancaflor fälschlich angeklagt habe. um sie zu verderben. ferner wird im Cantare und im Spanischen nicht erzählt. dass nach dem kampfe der seneschall in das für Blancaflor bestimmte feuer geworfen wird, — obgleich die erzählung des Filocolo hier an die II. französische version erinnert (p. 163, v. 1284)

> 'Le seneschal ont desarmé
> Si ont le cors ens fu gité'

— im Spanischen, wie im Cantare. berichtet der herzog von Montorio dem könige von der liebe, die Flores verzehre; der Filocolo berichtet nichts hierüber. — kein preis wird im Filocolo bestimmt für das schöne mädchen, die kaufleute überlassen es dem könige so viel von ihren schätzen zu nehmen, als er für gut hält: im Spanischen und in Cantare wird der preis genau angegeben. dabei sucht im Filocolo — abweichend vom Spanischen und vom Cantare und von allen übrigen versionen — der könig Blancaflor über das ihr bevorstehende schicksal zu tauschen die kaufleute seien gesandte des konigs Sardano von Karthago, dem er sie zur gattin versprochen habe, und die sie jetzt ihrem kunftigen gemahle zufuhren sollten. — ebenso wenig wie das Cantare weiss das Spanische etwas von der bestattung eines andern madchens, wie dies im Filocolo berichtet wird — wie im Cantare und ubereinstimmend mit der uberlieferung liegt auch im Spanischen die stadt Babylon in Egypten, wahrend das Babylon Boccaccios die stadt der Semiramis ist — nicht erwahnt wird im Spanischen der namenswechsel, den Florio vornimmt in dem roman Boccaccios, indem er sich Filocolo nennt. auch kennt das Spanische den namen Sadoc ebensowenig wie einen der so zahlreichen, dem Filocolo eigenen klassischen namen. — in der beschreibung des schachspieles stimmt das Spanische zum Cantare, der Filocolo ist viel ausfuhrlicher und weicht mehrfach ab, so z. B. wenn der turmwart wutend uber seinen verlust das schachbrett auf die erde wirft. — als Glorisia, erschreckt uber den anblick des im blumenkorbe versteckten Flores laut aufgeschrieen und auf ihr geschrei ihre gefahrtinnen herbeigelaufen kommen, erklärt sie im Filocolo, ein vogel sei ihr ins gesicht *(nel viso)* geflogen. im Spanischen steht *pechos* wie im Cantare.

> 'Et ella disse el e un ucilleto
> Ch' uscite de le rose e demmi nel peto.'

— ziemlich genau ubereinstimmend mit dem Cantare,[1] aber gänzlich abweichend von der darstellung im Filocolo wird im Spanischen die art der zusammenkunft Flores' mit Blancaflor und ihr widererkennen im turme geschildert. nachdem Flores im blumenkorbe versteckt glucklich in die gemacher Blancaflors gelangt ist, bedeutet ihn — im Filocolo — Glorisia, sich nicht sogleich der geliebten zu erkennen zu geben, da die plotzliche entdeckung sie vielleicht tödlich erschrecken und seine anwesenheit auch

---

[1] und mit dem Franzosischen (I 2115—2226. II 2781—2818).

den ubrigen damen verraten konne. in einem neben-
zimmer eingeschlossen erwartet Flores den anbruch der
nacht, durch ein schlüsselloch seine geliebte beobachtend.
endlich begibt Blancaflor sich zur ruhe: noch lange unter-
halt sie sich mit Glorisia, ehe sie einschlaft. nun legt
sich Filocolo, endlich aus seiner haft erlost, zu ihr: aber
nur allmahlich gelingt es ihm. sie zu ermuntern und von
seiner gegenwart zu uberzeugen. unter zartlichsten ge-
sprachen verbringen die liebenden die nacht am morgen
vermahlen sie sich einander selbst vor der bildsaule
Amors, welche sich im saale befindet und überlassen
sich darauf den freuden der liebe. — als die beiden
liebenden verbrannt werden sollen, werden sie — nach
der erzahlung im Filocolo — an einen brandpfahl ge-
bunden. der spanische roman und das Cantare erwahnen
diesen pfahl[1] nicht. wie beide hier überhaupt vom
Filocolo wesentlich abweichen. im Spanischen und im
Cantare werden Flores und Blancaflor durch die zauber-
kraft des ringes gerettet. erstaunt und geruhrt bitten die
umstehenden ritter[2] den admiral um gnade, die dieser
ihnen auch gewahrt. im Filocolo verdanken sie ihre
rettung dem eingreifen der Venus und des Mars, ein
traumgesicht verkündet dem bei Dario zuruckgebliebenen
Ascalione die bedrangnis Florios· mit sieben rittern eilt
er hinzu und nach furchtbarem gemetzel vertreibt er die
schergen und trabanten des admirals. dieser kommt selbst
herbei, doch als seine begleiter durch gottliche einwir-
kung von furcht ergriffen, fliehen, erkennt er, dass er,
als er die liebenden dem feuertode ubergeben wollte,
sich gegen die gotter versundigt habe, und beschliesst
sein verbrechen zu suhnen er behandelt Florio und
Biancifiore als seine gaste, ihre hochzeit wird gefeiert. —

----

[1] Vgl Frz. I 2640

[2] Verschiedene lesarten im Cantare, nach einer sei es der sohn
des admirals gewesen, nach anderen 'uno cheualiero gentil e savio'.

Der spanische roman endet wie das Cantare damit dass Flores, nachdem er zuerst seinem vater Felix auf dem trone gefolgt ist, kaiser von Rom wird: im Filocolo wird er nur als könig von Spanien erwähnt.

Bei diesen vielfachen abweichungen der spanischen erzählung von dem romane Boccaccios, die eine eingehendere vergleichung leicht noch vermehren könnte, und bei der grundverschiedenheit der darstellung beider bearbeitungen ist es unmöglich, an den Filocolo als quelle des spanischen romanes zu denken   doch auch von dem Cantare weicht die spanische fassung an einzelnen stellen ab.

Wenn bei der schilderung des zweikampfes zwischen Flores und dem seneschall der spanische roman auch von der ausführlichen, etwas langen darstellung der französischen II. version (p. 154—162, v 983—1248) abweicht, und viel mehr zu der einfachen, klaren darstellung des Cantare stimmt, so hat das Spanische doch abweichend vom Cantare zwei punkte mit der II. version gemein zunächst die erwähnung des umstandes, dass der seneschall von Flores aus dem sattel gehoben und auf den boden geworfen wird, und den weiteren, dass Flores ihm den schädel bis auf die zähne spaltet (1198). allzu viel gewicht ist auf diese abweichung jedoch nicht zu legen, wissen wir doch nur zu gut, wie sehr die drucke und die verschiedenen hss. des Cantare von einander abweichen. während z. b. an der stelle, wo auf der Glorisia geschrei die gefährtinnen erschreckt herbeisturzen, nach dem drucke der arsenalbibliothek Glorisia übereinstimmend mit der überlieferung erklärt:

'el e un ucilleto
ch' uscite de le rose e demm nel peto' —

bieten andere drucke, auch der von Du Méril benutzte (vgl. p. lxxiij[3]), eine grundverschiedene lesart

'Jo viddi una persona molto bella
Ch' uscì di cesta, e mi diè gran temore.'

nichts hindert uns daher anzunehmen, dass in einer
anderen — vielleicht alteren — aufzeichnung des Cantare
sich jene im Spanischen erwahnten zuge vorfanden. aus
dem Filocolo hat auch hier das Spanische nicht geschopft,
zwar wird auch dort der seneschall durch Flores' stoss
auf die erde geworfen, doch im ubrigen weicht die dar-
stellung zu sehr von der spanischen und der aller ubrigen
redaktionen ab, als dass an den Filocolo als an die
quelle des spanischen romanes gedacht werden könnte.
ganz abweichend ist der im Filocolo berichtete umstand.
dass, als der seneschal verwundet zu fliehen versucht,
Flores ihn mit einem der ihm von Mars geschenkten
pfeile erlegt.[1]

Wie im Filocolo wird im spanischen romane der ge-
mahl der Topazia (vater der Blancaflor) auf einer wiese
erschlagen. im Cantare — wenigstens nicht in dem uns
vorliegenden — findet sich diese wiese nicht erwahnt.
dennoch ist auch für diesen punkt nicht an eine beein-
flussung durch den Filocolo zu denken, da letzterer sich
hier zu sehr von der spanischen erzählung entfernt.[2]

---

[1] Übrigens deutet ähnlichkeit im ausdruck auch hier wider
auf gemeinsamen ursprung des Filocolo und des Cantare hin· Filo-
colo (il Siniscalco) uedendo il nemico suo al cauallo tornar contra
lui, tutto sbigotitto disse .
Cantare   Lo seniscalco malamente ferito
          era molto forte ispauentato
          per lo colpo che lhaura isbegotito
          presso che non fu discaualcato

          · ·   · · · · · · ·
          · · · · · · ·

          un altro colpo nela gola gli daua

          · · ·   · · · ·
          · · · · · · ·

          e la testa del busto gli taglioe
Filocolo: avisando in quella parte della gola, doue la lancia haueua
l'arme guastate, .. sì forte il ferì, che . ... opinione fu de tutti,
che tagliati gli harebbe la testa, .
[2] Vgl. Körting, s 165 ff · von einer grossen menge von dienern

Auch mit dem griechischen gedichte von Flores und
Blancaflor zeigt der spanische roman — abweichend vom
Cantare — eine uberemstimmung. als der admiral im
turme die beiden liebenden uberrascht, fragt er wutend,
wie es möglich gewesen, dass Flores dort habe hingelangen können. ein ritter antwortet ihm, er sei durch
die kunst seiner mutter, die eine zauberin sei, dort eingedrungen wie oben gezeigt worden, ist aber auch das
Griechische aus dem Cantare hervorgegangen.

und freunden begleitet — so erzahlt Boccaccio — treten Lalius und
Julia die wallfahrt an zum heiligen Jakob. Pluto aber beschliesst,
wie er immer allem guten feind ist, die frommen pilger zu verderben. in gestalt eines ritters erscheint er dem konige, als dieser
sich gerade auf einer jagd befindet, und erzahlt ihm in einer genau
der darstellung Virgils von der zerstorung Trojas nachgeahmten
schilderung, dass die Romer heimtuckisch in der nacht die zum
reiche des konigs Felice von Hesperien gehorige stadt Marmorina
uberfallen und verheert hatten er selbst sei nach langem kampfe
entflohen und fuhle, wie er seinen wunden bald werde erliegen
mussen, und in der tat stirbt er auch (scheinbar) schon nach
wenigen augenblicken, und der konig lasst ihn begraben. der konig
sammelt sein heer, das die hohenzuge besetzt, welche die durch
ein tal fuhrende strasse nach Marmorina beherschen als am andern
morgen Lalius' zug herankommt, halten die Spanier die bewaffneten
pilger fur die erwarteten feinde und setzen sich gegen sie in bewegung Julia sinkt ohnmachtig zusammen; Lalius lasst sie auf
eine wiese bringen und ubergibt sie der obhut einiger dienerinnen
eine messe wird gelesen, eine stimme vom himmel verkundet den
tod der helden und ihre aufnahme in das himmelreich nach
tapferster gegenwehr und schrecklichem blutbade erliegen die pilger
der ungeheuren uberzahl, Lalius fallt mit all den seinen Julia erwacht aus ihrer ohnmacht, und als sie ihres gatten leiche gesehen,
bricht sie in verzweiflungsvolle klagen aus· nun moge man auch
ihr den tod geben. der konig vernimmt ihre klagen; er sendet zwei
ritter nach ihr aus, denen es durch freundlichen zuspruch gelingt,
sie zu bewegen, in das zelt des konigs zu kommen. freundlich
nimmt dieser sie auf, zumal da er erfahren, welch verhangnissvoller
irrtum obgewaltet hat als dann der furst mit seinem heere in die
reichshauptstadt zuruckkehrt, wird Julia die gesellschafterin der
konigin

Alle diese abweichungen haben sich demnach jeden-
falls in einer der ja immer etwas verschiedenen aufzeich-
nungen des Cantare, vielleicht auch in einer älteren
form desselben gefunden. in dem ursprünglichen Cantare
wird jedenfalls auch nicht *Pasqua rosata* (pfingsten) als
der geburtstag der kinder angegeben gewesen sein, son-
dern übereinstimmend mit allen übrigen fassungen *Pasqua
fiorita*, d. h. palmsonntag.[1])

Ist es jedoch wirklich das Cantare selbst, das der
verhältnismässig jungen spanischen bearbeitung als quelle
vorgelegen hat? schwerlich ist diese annahme zu recht-
fertigen. vielmehr deutet der anfang des spanischen
romances, wo abweichend von allen übrigen redaktionen
der schauplatz der hier gänzlich erweiterten erzählung
nach dem nördlichen Italien verlegt, die land- und see-
reise des prinzen Persio von Rom über Ostia und Genua
nach Mailand so eingehend und sachgemäss geschildert
wird, — auf einen im norden Italiens lebenden bear-
beiter. in anbetracht der bedeutenden rolle, die wir in
dem ersten abschnitt der erzählung den herzog von Mai-
land spielen sehen, dürfte die annahme nicht ungerecht-
fertigt erscheinen, dass der verfasser dieser — volks-
buchartigen — bearbeitung des Cantare mit dem Mai-
ländischen hofe — oder mit dem ebenfalls mehrfach
erwähnten von Ferrara — in näheren beziehungen stand.
und dass diesen beziehungen die am anfang so ausführlich
geschilderte werbung des prinzen Persio von Rom um
Topazia, die schöne nichte des herzogs von Mailand und
tochter des marquis von Ferrara, ihr dasein verdankt.

Diese italienische aus dem Cantare hervorgegangene
bearbeitung hat der spanische redaktor wohl ohne grosse
änderungen in das Spanische übertragen. während die
in den werbungskapiteln enthaltenen geographischen an-
gaben deutlich den norditalienischen bearbeiter erkennen

---

[1]) Im Filocolo herscht unklarheit, vgl Crescini p 29.

lassen, bietet der spanische roman keine sichere hand-
habe, die uns nötigte, dem spanischen übersetzer auch
nur einige änderungen zuzuschreiben. nicht unmöglich
allerdings ist es, dass einzelnes von ihm herrührt, so
z. B. wenn im spanischen romane erwähnt wird, dass
während des krieges, den könig Felice mit den auf-
ständigen vasallenstaaten führt, die königin in dem festen,
schwer zugänglichen und daher sicheren Cabeza del
Griego zurückgeblieben sei. Der erfindung des Spaniers
mag auch die wendung zu verdanken sein: 'die geschichte
erwähnt, dass die christlichen könige von Galizien und
Portugal dem könige von Spanien, dem Mauren Felix,
tributpflichtig waren' u. s w   seiner phantasie mag eben-
falls der name des lehrers Flores' — Mahomat Audah
aus Toledo — entsprossen sein. im Cantare fand er
einen namen für den lehrer nicht vor, und da er das
bedürfnis fühlte, ihn besonders zu kennzeichnen, so er-
fand er einen.[1])

---

[1]) Dass er denselben aus Toledo kommen lasst, findet seine
erklärung in der berühmtheit der dortigen universität im mittel-
alter. der name Mahomat Audah erinnert zunächst an Mahommet,
den sohn des Abdallah, den propheten Allahs. hat der verfasser
in wirrer vorstellung von der tiefen wissenschaft der arabischen
gelehrten in Spanien den begründer des islam als am besten geeignet
zum prinzenerzieher gehalten? oder hat er — und das ist wahr-
scheinlicher — auf eine andere in der arabisch-spanischen gelehrten-
welt des mittelalters bekannte persönlichkeit anspielen wollen?
unter mehreren, den namen Mahommet tragenden arabisch-spani-
schen gelehrten findet sich der als geschichtsschreiber und litterar-
historiker bekannte, zu Cordua 962 geborene und 1013 gestorbene
Abdallah-ebn-Mohammed-al-Azdi, der u. a. ein biographisches
sammelwerk über die berühmtesten maurischen theologen geschrieben
hat. vielleicht hat der spanische redaktor, der doch wohl ein geist-
licher war — zahlreiche stellen, um nicht zu sagen, der ganze ton
der erzählung deuten darauf hin (falls diese andeutungen nicht
schon auf den Italiener zurückzuführen sind) — von ihm oder seinem
namen irgendwie kenntnis gehabt

Konnten die eben angefuhrten eigentumlichkeiten
des spanischen romanes noch mit einiger wahrscheinlich-
keit wenigstens dem spanischen uberarbeiter zuerteilt
werden, so ist bei anderen abweichungen desselben von
dem Cantare die entscheidung ungleich schwerer. ob der
Spanier oder der Norditaliener für dieselben verantwortlich
zu machen ist. jedem von beiden kann mit gleich grosser
wahrscheinlichkeit zugeschrieben werden, wenn erzahlt
wird, dass die mit dem verkauf Blancheflors beauftragten
ritter beschliessen sich zuerst nach Frankreich zu wenden.
weil sie dort am leichtesten ihre ware abzusetzen ge-
legenheit zu finden hoffen dass konig Felice seinem aus
Montorio zuruckkehrenden sohne mit gefolge entgegen-
reitet; dass die hofdamen dem Florio die hände kussen
(doch vgl. frz. II 1419). von dem Italiener ebensogut wie
von dem Spanier kann herruhren der vorwand, mit dem
Florio seine reise nach Egypten zu rechtfertigen sucht.
der brief des königs Felice an seine gemahlin, als er
ihr Topazia übersendet: der im gerichtsstil gehaltene
urteilspruch, mit welchem Blancaflor zum tode verdammt
wird. mehr auffallend könnte die am ende des spanischen
romanes erzählte schiffbruchsepisode erscheinen, weil sie
an die mannigfachen irrfahrten erinnert, denen das junge
paar im Filocolo ausgesetzt ist, ehe es aus Babylon in
die heimat zurückgelangt. doch weicht die darstellung
im Spanischen von der bei Boccaccio gänzlich ab.[1])
    Aus dieser vergleichung des spanischen romanes mit
den italienischen fassungen ergibt sich, dass die von
Mazzucchetti aufgestellte behauptung, ersterer sei nichts
als eine umarbeitung des Filocolo, unhaltbar ist. viel-
mehr ist die nahe verwandtschaft des spanischen romanes
mit dem Cantare unverkennbar — trotz einiger anscheinend
auf eine intermediare bearbeitung, z. t. auf eine reinere
gestaltung des Cantare hindeutenden verschiedenheiten

---

[1]) cf Korting p. 485—494

Der spanische prosaroman liegt drei verschiedenen französischen umarbeitungen zu grunde, der übersetzung von J. Vincent (1554), der erzählung der Madame L. G. D. R(ichebourg) (1735) und dem aus der Vincentschen übersetzung hervorgegangenen Tressanschen romane (1777).

Die von Jacques Vincent besorgte übersetzung des spanischen romanes ist, wie die gelegentlich der inhaltsangabe des letzteren gegebene vergleichung schon hinreichend veranschaulicht hat, eine zwar freie, inhaltlich aber getreue übertragung der spanischen vorlage, der sie sich, wenn auch nicht wort für wort, so doch meist satz für satz eng anschliesst. eigen ist der übersetzung ein stellenweise recht schwulstiger und manierierter stil, den die folgenden wenigen aufs geratewohl ausgelesenen muster hinlänglich kennzeichnen werden.

Für die einfache wendung im Spanischen: 'am andern morgen' ... bietet uns Vincent folgende floskel 'kaum hatte der helle Phöbus seine strahlen über die erde gegossen'. — Span. 'ein günstiger wind erhob sich.' Vincent. 'huldvoll und liebenswürdig begünstigte Zephyrus sie'. — Span.. 'Topacia', Vincent. 'die tugendhafte Topasse'. — Span. 'der apostel St. Jakobus', Vincent 'die heilige jungfrau Maria und der hochselige (bienheureux) St Jakobus'. — Span.. 'als der könig Felice tot war, folgte ihm sein sohn Flores in der regierung', Vincent 'da die grausame Atropos den könig Felix und die königin seine gemahlin in bestem wohlsein sah, zögerte sie nicht lange, sie der letzten wohnstätte zuzusenden, die sie für die ruhe ihrer leiber ausersehen hatten, bis zu jenem tage, wo der gerechte richter und herr zu gerichte sitzen wird, um einen jeden zu belohnen nach dem leben, in dem er sich gehalten und geführt hat. dem könig Flores war dies nicht sehr angenehm, mit betrübnis nahm er die krone Spaniens an'. Span.. 'und unter grossen klagen und seufzern, die ihrer beider herzen entquollen sagt Blancaflor zu ihm'.

Vincent. 'Einer solchen sprache der klage sich über-
lassend, fingen diese beiden trauernden liebenden an,
aus ihren zarten herzen (estomahz) seufzer und schluchzer
in gar grosser übermenge hervorzustossen, und eine zeit
lang blieben sie, ohne ein wort reden zu können, aber
aus furcht, der könig möchte sie in ihrem schmerze über-
raschen, antwortete Blanchefleur ihrem freunde folgender-
massen' u. s. w.

Eine modernisierte, dem geschmacke der roman-
litteratur der ersten halfte des 18. jahrhunderts an-
gepasste bearbeitung des spanischen romanes ist eine er-
zählung, in der die verfasserin nur zu oft ihrer phantasie
freien raum lasst und dabei ganze scenen des originals
bis zur unkenntlichkeit entstellt. Avantures de Flores
et de Blanche-Fleur. Tirées de l Espagnol. Par Madame
L. G. D. R. — à Paris, chez Grégoire - Antoine Dupuis,
Grande Salle du Palais, au Saint-Esprit, MDCCXXXV. —

Ein verzeichnis der unter den initialen L. G. D. R
bekannten verfasserin von romanen und lustspielen findet
sich bei J.-M. Quérard, La France littéraire, Paris 1833.
V, 98—99. — 'L'auteur de ces divers ouvrages' heisst es
ebenda 'est appelé, par quelques bibliographes, tantôt Le
Gendre, et tantôt La Grange. L'abbé de Claustre, qui a
pu connaître Madame de Richebourg, doit avoir mieux su
le véritable nom que les biographes de ces derniers temps:
or l'abbé de Claustre, dans son excellente Table du Journal
des Savants, l'a appelée Legrere.[1]) Du reste, les per-
sonnes qui ont connu cette femme, dit l'abbé de Laporte,
doutent même qu' elle soit auteur des ouvrages qui ont paru
sous ses initiales (Voyez l'Histoire littéraire des femmes
françaises, tom. IV, pag. 19.) — La traduction de Perside
et Sigismonde,[1]) ainsi que la composition des Aventures de
Clamades, et celles de Flore, ont été attribuées à Mauguin
de Richebourg'.

[1]) Vgl. Biblioth. univers. des Romans, Juillet 1776, p. 18

Zur vergleichung mit der entsprechenden stelle in
der Vincentschen übersetzung¹) folgt hier ein teil des
ersten kapitels.

*Topacie, fille du Prince de Ferrare, se distinguoit
dans l'Italie par sa rare beauté et par sa haute vertu.
Orpheline dès son bas âge, elle étoit sous la tutelle du Duc
de Milan, son oncle. Sur le récit qu'on en faisoit à Per-
sius, neveu de l'Empereur Frédéric Roi de Naples & de
Sicile, & le plus riche Seigneur de l'Empire, il conçut pour
elle une estime particulière, & résolut de s'informer par
lui-même si les qualités de son esprit et de son cœur
répondoient à ce qu'on lui en rapportoit. Cette résolution
prise, il partit de Naples & se rendit à Milan. Dès qu'il
eut jetté la vûe sur Topacie, & considéré ces graces & cette
modestie qui lui gagnoient tous les cœurs: Non, dit-il en
soi-même, la bouche la plus éloquente n'a point d'expressions
pour peindre à l'imagination des charmes si puissans, &
mes yeux m'apprennent en un moment ce que ne m'auroient
point appris en toute ma vie les rapports les plus fidèles.
Ces charmes, continuoit-il, font une vive impression sur mon
âme; je sens déjà que j'aime Topacie, &, si je ne me
trompe, je sens qu'il n'est plus en mon pouvoir de ne pas
l'aimer autant que je vivrai.* u. s. w.

Zur weiteren kennzeichnung der schreibweise der ver-
fasserin und zur veranschaulichung ihrer art, die mittel-
alterliche erzählung der geschmacksrichtung ihrer eigenen
zeit anzupassen und sie vollständig in diesem geiste um-
zubilden, mögen folgende auszüge ihres romanes dienen:

Flores fällt in ohnmacht, und sein begleiter '*n'osant
pas se fier aux propriétés de son parfum, fit appeler un
médecin*'. — in dem turme klagt Blanchefleur über ihr
schicksal, das sie so von ihrem geliebten getrennt habe, sie
wünscht sich den tod herbei '*elle se plaignit au Ciel de ce
qu'il n'avait pas permis que la balle meurtrière l'eût atteinte*'.

---

¹) Vgl oben s. 53.

Bei der schilderung des meeressturmes:[1] '*La con-
sternation étoit dans tous les cœurs; le Pilote ne connoissoit
plus rien à la Boussole: l'Eguille, toujours agitée ne lui
marquoit pas plus le Nord que le Sud; elle indiquoit
l'Orient comme l'Occident, & le Matelot, manquant de forces,
abandonnoit la manœuvre & n'attendoit plus que le naufrage.*

Manchmal will es fast scheinen, als habe die ver-
fasserin neben dem spanischen romane auch den Filocolo
Boccaccios gekannt, doch beweisen lasst sich dies nicht.
der umgestaltenden phantasie der so änderungssüchtigen
verfasserin kann z. b. sehr wohl zuzuschreiben sein, wenn
die schilderung der scheiterhaufenscene (II, 13) mehr
an den Filocolo als an den spanischen roman erinnert,
indem die liebenden, wie im Filocolo.[2] ihre befreiung
dem eingreifen von Flores' gefolgschaft — allerdings in
einer von der darstellung im Filocolo ganz abweichenden
art — verdanken.

Eine verjungte nacherzählung der Vincentschen uber-
setzung des spanischen romanes (und zwar der Pariser
ausgabe vom j. 1554) ist die erzählung vom grafen
von Tressan in der Bibliothèque universelle des Romans.
février 1777, p. 151—225. — über Louis-Elisabeth de la
Vergne, Comte de Tressan (1705 — 1783), dem seine
ubersetzung von Ariosts rasendem Roland die pforten
der akademie offnete, und der besonders bekannt ist
durch seinen Corps d extraits de Romans de Chevalerie
(1784, 4 vol. in-12⁰),[3] äussert sich B. Haureau (Hist.
littér. du Maine, IV)· '*il ne s'était pas proposé de repro-
duire des monuments littéraires, mais d'accommoder au goût
de son temps les légendes chevaleresques du moyen âge; et
les traductions du XVIe siècle, déjà très infidèles, offraient*

---

[1]) Vgl oben s. 69.

[2]) Korting 483/484.

[3]) Seine samtlichen werke sind herausgegeben von Campenon
und Aimé Martin, Paris 1822—23, 10 vol. in-8⁰.

« ces arrangements de plus grandes facilités que les poèmes
des anciens rhapsodes.'

In der vorrede zu dem romane sagt Tressan selbst,
dass er den spanischen roman nur in der übersetzung
des J. Vincent kenne — aus dem Tressanschen roman ist
die erzählung der Bibliothèque bleue hervorgegangen.[1])

Der Anfang des Tressanschen romanes lautet

*Les Empereurs d'Occident (apparemment successeurs de Charle-
magne) régnoient encore dans Rome, et le Pape n'y jouissoit que
de l'autorité spirituelle, mais la plus grande partie des villes d'Italie
s'étoit déjà soustraite à la domination Impériale. Venise et Gênes
se gouvernoient déjà en Republique et par leur loix, et Milan et
Ferrare avoient leur Souverain particulier.*

*Le Prince Perse, neveu de l'Empereur, possedoit en Italie des
Etats considérables, mais on ne nous dit pas où ils étoient situés.
Ce Prince méritoit l'amour de ses sujets par ses vertus, sa justice
et sa génerosité. on désiroit lui voir un fils, qui pût être élevé sous
ses yeux, et dans ses principes. Ses courtisans, parmi lesquels il
méritoit de trouver de vrais amis, lui peignirent, en traits de flamme,
les charmes de la belle Topase, fille du Duc de Ferrare, et nièce
du Duc de Milan, qui l'élevoit comme sa propre fille. u. s. w.*

Tressan erlaubt sich mit seiner vorlage ziemlich
weitgehende änderungen. in den namen sowohl als an
dem inhalte. folgende stelle[2]) mag als muster seiner art
dienen.

*Quoique Félix sentît la consequence de l'avis que lui donnoit
Mohady, il étoit embarrassé sur les moyens d'en profiter, lorsque
Ajoub les lui fournit par une nouvel affreuse, mais couverte du
voile de la Religion. Ce cruel Iman, animé par la lettre de Mohady,
supposa que Blanche-Fleur avoit voulu empoisonner le Roi. et cette
calomnie absurde obtint une creance qu'elle ne pouvoit jamais
mériter.*

---

[1]) Bibliotheque bleue. Reimpression des Romans de Chevalerie
des XIIe, XIIIe, XIVe, XVe et XVIe siècles. Faites sur les meilleurs
textes par une societé de gens de lettres sous la direction d'Alfred
Delvau. — No 10. Histoire Amoureuse de Flores et Blancheflour.
Paris 1859

[2]) die mit der entsprechenden stelle im Spanischen (s. o. s. 62)
zu vergleichen ist.

L'aimable Blanche-Fleur s'amusoit d'une petite menagerie qu'elle avoit établie sous les fenêtres de son appartement elle y élevoit des poulets, et quand ils étoient bien engraissés, elle en faisoit le sacrifice et les offroit à la Reine, et quelquefois même au Roi Le perfide Ajoub imagina d'empoisonner le corps d'un de ces animaux, et de les faire presenter dans cet état au Roi, comme venant de la part de Blanche-Fleur Le messager disparut aussi-tôt après l'avoir remis, à l'Iman, qui étoit présent, fit remarquer au Monarque que cette volaille avoit des taches qui la devoient rendre suspecte On en donna un morceau à un animal qui en mourut sur le champ, et sur ce fondement, on conclut aussi-tôt que Blanche-Fleur étoit coupable d'avoir voulu empoisonner le Roi, et digne de mort La Reine voulut en vain excuser la jeune et aimable esclave qu'elle avoit élevée, on lui ferma la bouche, en lui faisant entendre qu'il s'agissoit de la vie et de la sureté du Roi son epoux Blanche-Fleur fut trainée devant un tribunal d'Imans, de Dervis et de Santons, le cruel Ajoub étoit à la tête, et l'arrêt terrible qu'il prononça, fut que la charmante Blanche-Fleur seroit brûlée vive, si, dans neuf jours, quelque Chevalier ne se presentoit pour la defendre, et ne remportoit la victoire, pour prouver son innocence

Die aus dem Tressanschen roman hervorgegangene schwedische umarbeitung ist bereits oben s. 21 erwähnt worden.

VIII.

Flore und Blancheflor im Portugiesischen.

Die in portugiesischen romanzen vorkommenden anspielungen[1]) auf die sage von Flore und Blancheflor zeigen, dass wie überhaupt die altfranzösische romanlitteratur den Portugiesen wohl bekannt war,[2]) so auch diese dichtung dem äussersten westen des abendlandes

---

[1]) Vgl J. B. de Almeida-Garrett, Romanceiro II (Obras XIV), 179 f. — F. Wolf, proben portugies und catalan volksromanzen Wien 1856, s. 60 — F. Wolf, studien zur geschichte der spanischen und portugiesischen nationallitteratur, Berlin 1859, s 706.

[2]) Vgl. G. Paris, Hist. poét de Charlemagne, p. 217.

nicht fremd geblieben ist. an eine eigene portugiesische bearbeitung des romanes von Flore und Blancheflor ist nicht zu denken.

Das englische gedicht.

1. Einleitung.

Im dreizehnten jahrhundert, nachdem es also bereits hundert jahre französischen hörern war vorgetragen worden und schon in manch ausserfranzösisches land seinen weg gefunden hatte, wurde das französische gedicht von Flore und Blanchefîor in das Englische übertragen. eine anspielung auf die erzählung dieses berühmten liebespaares finden wir in dem englischen Emare.[1] die reiche decke, ein vollendetes prachtstück feinster frauenarbeit, so schön als hätten die feen selbst daran gewirkt, die 'des admirals tochter aus dem heidenlande' für des sultans von Babylon sohn gefertigt, und die der könig von Sicilien jetzt der Emare kaiserlichem vater als geschenk überreicht, zeigt in ihren vier zipfeln bilder von liebespaaren. in der einen ecke finden sich die gestalten der anfertigerin und von des sultans von Babylon sohne selbst, in einer andern Idonie und Amadas, 'deren liebe so treu war', in einer andern Tristram und Isowde, und

> In the thrydde korner with gret honour
> Was Florys and dam Blauncheflour,
> 　As love was hem betwene;
> For they loved wyth honour,
> Purtrayed they wer with trewe loveflower,
> 　With stones bryght and shene.

[1] Ancient Engleish Metrical Romancees, selected and publish'd by Joseph Ritson. London 1802. II 204 ff.

Ther wer knyghtes and senatoures,
Emeraudes of gret vertues,
   To wyte withouten wene,
Deamondes and koralle,
Perydoles and crystall,
   And gode garnettes bytwene. (v. 145 — 156.)

In neuerer zeit finden wir eine erwähnung von Flores und Blancheleur in Ways uebersetzung der von Le Grand gesammelten fablaus. es ist eine uebertragung (Ellis sagt, sie sei 'elegant') einiger moderner, vom grafen von Tressan Floris in den mund gelegter verse in einer unsern heutigen geschmack wenig ansprechenden art.[1]

---

[1] Fabliaux, or Tales abridged from French Manuscripts of the XII. and XIII. Centuries, by M. Le Grand, selected and translated into English Verse by the Late Gregory Lewis Way, Esq, with a Preface, Notes and Appendix by George Ellis, Esq, London, 1796—1800, Vol. II, p. 284·

Toi, pour qui seule je respire,
Objet du plus fidèle amour,
Flores, pour chanter son mar-
   tyre,
Vient ici devancer le jour.

Fair, for whom I breathe, for
   whom
I glow with love to last for aye!
Flores, here to chaunt his doom,
Hastes, or eer breaks the day.

Le soleil qui va reparoître,
Peut-il m'annoncer un plaisir?
Puis-je en sentir à voir renaître
Des fleurs que je ne puis t'offrir?

The sun begins to re-appear:
Can this bring aught of joy to me?
Of joy to see reviving here
Those flowers I cannot offer thee?

Ah! que du moins dans ces
   retraites
Tout peigne aujourd'hui mon
   ardeur.
Tracez, peignez, blanches fleurettes,
Le nom charmant de Blanche-
   Fleur.

At least, within this plat, to-day
Let all things paint my true love's
   power
And ye, flowrets fair, portray
The charming name of my Fair-
   Flower.

Ton anneau calme mes alarmes,
Il me rassure sur tes jours,
Il n'est terni que par mes
   larmes,
Ah! puisse-t-il briller toujours!

Thy ring composes all my fears,
That thou art safe by this I know.
'Tis dimmed by nothing but my
   tears.
Ah! may it ever sparkle so!

Die von G Ellis in seinen Specimens of Early English Metrical Romances gebrachte inhaltsangabe (in der ausgabe von J. O. Halliwell, S. 435 ff.) beruht zum allergrössten teile auf Tressans roman, und kann daher in keiner weise den anspruch erheben, dem englischen oder dem französischen gedichte zu entsprechen.

Gedruckt zum ersten male wurde das englische gedicht nach der Auchinleck hs. im jahre 1829 von Hartshorne in seinen Ancient Metrical Tales. nach derselben hs., aber ohne die von Hartshorne hineingebrachten fehler und entstellungen, veröffentlichte Laing das gedicht für den Abbotsford Club i. j. 1857. zwei andere hss. druckte 1866 Lumby in seiner ausgabe des King Horn ab, wo er Preface, p. XVII ff., in der analyse des am anfange verstümmelten gedichtes ebenfalls der Tressanschen darstellung folgt.

In der vorliegenden ausgabe ist zum ersten male der versuch einer kritischen herstellung des textes gemacht worden, für welche ausser den bereits gedruckten, jetzt aber neu verglichenen hss. noch eine andere, lange verschollene, vierte hs. benutzt worden ist.

Crois-moi, la seule sympathie,
M'éclairerait sur ton malheur:
Pour savoir le sort de m'amie,
Mon talisman est dans mon
    cœur.

Dieu de Blanche-Fleur, je t'implore,
Je jure de suivre ta loi,
Si par toi celle que j'adore,
Peut un jour me donner sa foi.

Yet, trust me, sympathy alone,
Thy weal or woe would soon
    impart
To make my true love's hap be
    known,
My talisman is in my heart.

Thou, mighty God of my Blanche-
    Fleur,
To thee I'll bow for evermore.
So, by thy aid I may procure
The hand of her whom I adore.

II. Die überlieferung des englischen gedichtes (die handschriften).

Keine der vier pergamenthss. des englischen gedichtes überliefert das gedicht vollständig, allen fehlt mehr oder minder weit der anfang der einen auch der schluss.

1. *C*, die hs. Gg. 4 27 2 der Cambridger universitätsbibliothek ist mehrmals beschrieben worden Alex J. Ellis[1]) sowohl als Lumby. der eine ausgabe aller der in der hs. enthaltenen gedichte veranstaltet hat,[2]) setzen sie in die zweite hälfte des dreizehnten jahrhunderts. 'The Cambridge Ms', sagt Lumby (Preface. p V), 'which appears to be of about the latter half of the thirteenth century, consists of fourteen folios written in double columns, and occasionally, as the lines are short, with two lines joined into one. The initial letters of the lines are written a little apart from the rest, and coloured red. The first folio, which contains the earliest part of the fragment of Floriz and Blauncheflur. is damaged, a triangular portion being cut off the lower corner'. weggefallen sind einige buchstaben und silben der verse 78–80. 102—120; abgeschnitten sind ferner die anfangsbuchstaben der verse 617—626. das bruchstück von Floriz und Blauncheflur umfasst 824 verse, deren erster (= v. 391 im texte dieser ausgabe), dem verse 1001 des französischen gedichtes entspricht. es steht auf den blättern 1a—5b.

2. *V*, die hs. des Londoner Mus. Brit., Bibl. Cotton. Vitell. D. III, gehört ebenfalls der zweiten hälfte des

[1]) On Early Eng Pronunciation II. 480 — vgl auch Ed. Matzner. altengl sprachproben I, 1 207. — Theod Wissmann, King Horn, untersuchungen etc (quellen und forschungen XVI) 1876, s 3

[2]) King Horn, with Fragments of Floriz and Blauncheflur, and of the Assumption of Our Lady, .. edited by J Rawson Lumby London — Early Eng Text Soc — 1866, vgl Paul Meyers besprechung in der Revue Critique. 1867, p 358 ff

dreizehnten jahrhunderts an. wie der grosste teil der
zur Cottonschen sammlung gehorigen hss hat auch diese
durch das grosse feuer im j. 1731 arg gelitten. von den
219 blattern, die nach Casleys Report on the Cottonian
Library. p. 98, dieser pergamentcodex (in 4°) fruher
enthielt, sind nur noch 26 ubrig geblieben. die auch noch
mehrfach angebrannt. zerrissen. zusammengeschrumpft
und daher oft schwer zu entziffern sind das fragment von
Floyres and Blancheflur, fruher fol. 60—77. steht jetzt
auf fol 6a—8b. ihm vorauf gehen 'Versus de historiis
sacris veteris et novi Testamenti, veteri lingua Galli-
cana': auf fol. 9—26 stehen 'Expositiones quaedam sive
commentarii in Macrobii Saturnalia'. alles was von Floris
und Blauncheflur noch lesbar ist. d. h 451 verse. von
denen aber nur etwa 180 vollstandig erkennbar sind. hat
Lumby im anschluss an seine ausgabe von C abgedruckt.
in wenigen fallen ist es mir gelungen. noch einzelne
buchstaben. hier und da noch einzelne worte mehr als
Lumby zu entziffern der anfang des bruchstückes ent-
spricht dem verse 197 dieser ausgabe. etwa vers 508 des
franzosischen gedichtes. wahrend das ende desselben mit
vers 1122 dieser ausgabe (C 674), vers 2514 des fran-
zosischen gedichtes zusammenfallt.

3. *A*, das Auchinleck[1]) MS. der Advocates' Library
zu Edinburgh[2]) enthalt auf funf blattern (foll. 100—104)
861 verse, deren erster vers 385 dieser ausgabe. vers 1001

---

[1]) Allgemein Affleck gesprochen trotz folgender bemerkung
'The pronunciation of Affleck for Auchinleck, was formerly common,
but is fast disappearing, and is now confined, I should say, to the
lower classes of the parish and neighbourhood' Ellis. Pronunc
II, 448, anm 1.

[2]) Vgl. Sir Tristrem, a Metrical Romance of the Thirteenth Cen-
tury, by Thomas of Ercildoune, called the Rhymer Edited. by Walter
Scott Edinburgh & London 1804 Sein 'Account of the Auchinleck
Ms. and a Catalogue of its Contents' findet sich wieder abgedruckt
in [David Laings] 'A Penni Worth of Witte. Florice and Blauncheflur

des französischen gedichtes entspricht. diese 'in the
very beginning of the XIV th century' (Ellis II, 418) ge-
schriebene hs. 'was presented to the Faculty of Advocates
by Alexander Boswell of Auchinleck in the year 1711. —
It is of a square or large quarto size, of vellum, in double
columns ... In its original state, the volume must have
been of considerable bulk, inasmuch as its 331 folios con-
tain 44 different articles; but according to the numbers
at the head of each leaf, there must at least have been 57
in the volume. Besides the loss therefore of 13 distinct
articles, several leaves are more or less mutilated.'[1] —
nach dem Auchinleck MS. ist unser gedicht bereits zwei-
mal gedruckt worden, von Hartshorne. i. j. 1829 [2]), und
von Laing, in der soeben genannten ausgabe (s. 15—44),
i. j. 1857. uber den ersten abdruck bemerkt Laing,
Preface, p IX 'In Mr. Hartshorne's volume of 'Ancient
Metrical Tales'. London 1829, this romance of Florice and
Blanchefour is printed from a transcript of the Auchinleck
Ms. which he acknowledges [p. XVIII] to have received
from me. I may be allowed to make a single remark. It
was unlucky that the sheets, while at press, were either not
sent here for revisal, or that the text had not been collated
with the Cambridge MS. In either case the very gross
mistakes which his text contains might have been avoided.
The transcript alluded to was a duplicate copy given me
by Sir Walter Scott, and was made for him, I understood,
by a brother of the celebrated Dr. Leyden. I cannot imagine

and other Pieces of Ancient English Poetry' Edinburgh — Abbots-
ford Club — 1857, p XIII — XXXI — vgl auch Kölbing, englische
studien (1883) VII, 178.

[1]) Laing, A Penni Worth, Preface, I

[2]) Ancient Metrical Tales, .. edited by the Rev. Ch. H Hart-
shorne. London 1829, p. 81—116 — Ellis, Specimens of Early Eng
Metr Rom.. ed. Halliwell, p. 453, anm. 4, und Du Meril, p. lviii
[nicht lxxii, die seiten li bis lviii sind falsch paginiert'] anm 6
geben fälschlich an, dass Hartshorne die Cambridger hs. abge-
druckt hatte

it could have contained such blunders as the printed pages exhibit'. Laings abdruck gibt die hs. im allgemeinen genau wider. 'um missverstandnisse zu vermeiden'. hat er in seinem texte th und gh fur þ und ʒ der handschrift drucken lassen.[1]) eine sehr genaue collation einer abschrift des Laingschen textes mit der hs. verdanke ich der gefalligkeit meines freundes dr Ernst Gropp in Berlin.

4. **T,** die Trenthamer hs. wenngleich ebenfalls am anfange verstummelt, ist diese aufzeichnung doch die ausfuhrlichste von allen sie enthalt 1083 verse, ihr anfang entspricht dem verse 193 des französischen textes es ist dies dieselbe hs. die Lumby in Bridgewater House[2]) vermutete *'A second (Florence and Blancheflour) is said to be in the Library at Bridgewater House, but owing to the minority of the present Lord Ellesmere is just now [1866] inaccessible'* (Preface p. VIII) sie wird von Todd folgendermassen beschrieben[3]) *'The .. manuscript .. in the possession of the Marquis of Stafford, .. was lately presented to his lordship by General Leveson Gower. It is a small folio: written on vellum, apparently in the fourteenth century; and is in several places mutilated or injured.'*

Erwähnt wird die hs. auch von H. W. Weber, Metrical Romances of the 13th, 14th and 15th centuries. (Edinburgh 1810), I, xlvii. — durch Lumbys angabe veranlasst, suchte ich im juli 1881 vergeblich nach dieser hs in der bibliothek des Bridgewater House zu London.

---

[1]) *'but in modern orthography these two letters are apt to be misunderstood'.*

[2]) irrtumlicher weise. die familie Ellesmere (Bridgewater House) und die familie Sutherland (Stafford House) sind nahe verwandt, vgl auch Laing, p. VIII.

[3]) H J Todd, Illustrations of the Life and Writings of John Gower and Geoffrey Chaucer, 1810, 4vo, p 162—167. vgl auch Kolbing, engl. studien (1883) VII, 191

deren zutritt mir von dem besitzer in liebenswürdigster
weise gestattet wurde [1] wie sich später herausgestellt
hat, befindet sich dieselbe jetzt in der dem herzog von
Sutherland, dem sohne des Marquis von Stafford, ge-
hörigen bibliothek zu Trentham 'This book was given
by General L. Gower to the M^r of Stafford, my Father
Sutherland' — so lautet die eintragung auf der innen-
seite des einbanddeckels. die hs. enthält ausser Floris
und Blauncheflur noch den Kyng Rychard, Bevons of
Hampton. The batell of Troye, Amys and Amylion, Sir
Eglamoure. herr professor Kölbing, dem der herzog von
Sutherland gestattet hat, den inhalt der hs. zu ver-
öffentlichen, hat mir die beiden gedichte Floris und
Blauncheflur und Kyng Rycharde in liberaler weise über-
lassen. eine unter der aufsicht von Miss L. Toulmin
Smith ausgeführte abschrift war herr dr Alois Brandl
so gütig für mich mit der hs. zu collationnieren. unser
gedicht steht in der hs. auf fol. 98—111. es stehen
vierzig zeilen auf jeder seite. die linke seite trägt immer
die überschrift 'Florence', die rechte (also die vorderseite
des nächsten blattes) '& Blaunchefloure'. fol. 98 vorder-
seite hat die überschrift '& Blauncheflour e'; es ist ein
blatt daher ausgefallen und somit sind etwa 80 verse vom
anfange des gedichtes verloren gegangen.

Das handschriftenverhältnis.

A V T bilden eine gruppe *x*. sie haben gemein-
schaftliche fehler, wo *C* die richtige lesart bietet. so
hat vers 618 *pe feire is per iliche* plenere *C* allein den
mit dem französischen texte übereinstimmenden ausdruck
foire plaine (Du Méril I, 1581). die drei anderen hss
haben für das fremde *feic* das einheimische *cheping* ge-
setzt. mit dem französischen texte 'Volontiers vous con-

---

[1] Vgl Academy. July 23, 1881, s 68

sillerai' (Du M. 1450) stimmt genau nur die lesart in *C*
überein '*to rede þe me were lef*' (549), während *x* für
rede den allgemeineren ausdruck *helpe* hat *(hele* in *T* ist
nur versehen für *helpe).* — Auffallende ähnlichkeit mit
dem französischen zeigt *C* an der folgenden stelle Du
M. 1036 '*Moult aprestent riche souper*' = *C* 23 (*Ged.* 413)
'Riche soper *per nas idizt*'; *A* liest '*Richeliche par were
idizt*', *T:* '*Wel rychely þey ben dyzt*': (*V* unleserlich). —
in *C* 177 (*Ged.* 581) '*Ihe penche. Sire. on fele wyse*' ist
sic, das *x* fehlt. jedenfalls echt vgl. Du M. 1443 'Sire'.
dist il. 'jou sui pensis' — *C* 229 (*Ged.* 713) '*And which
falleþ on þat furste flur*' = Du M. 1822 '*sor qui cara la
flors première*': *furste* fehlt *A T* (*V* unleserlich). — *C* 310
(*Ged.* 728) *þat þe admiral luveþ mest of pris*' = Du M
1530 '*Que il mieus aime et soit plus bele*'. statt *luveþ* hat
A halt, *T* telleþ (*V* unleserlich). — für *spusen C* 788
(*Ged.* 1252) = frz. *espouser* (Du M. 2829) lesen *A* und
T welde (*V* ist unleserlich) — in *C* 329—330 (*Ged.* 749)
'þe porter is culvert and felun Forþ he wile setten his
resun' sind die reimwörter *felun . resun* sicherlich ur-
sprünglich, vgl. Du M. 1863 '*La portiers a le cuer felon,
Sempres vous mebra à raison*' *A* und *T* (*V* ist unleser-
lich) haben die ganze stelle geändert

Ged. 745ff. = *C* 325ff.	*A* 336ff.	*T* 655ff.
Bei wiþ þe squire and schauntillun	And nim in thin honds squir and scantiloun	Take on þy honde squyer and scantlou
Also þu were a gud Mascun	Als þai þou were a masoun	As þou were a free mason
Behold of þe tur þe highede,	Behold þe tour up and doun.	Behold þe tour up and doun
And wiþ þu þot met þe brede.	þe porter is colourd and feloun	þe porter is cruel and Feloun
þe porter is culvert and felun	Wel sone he wil come to þe	Wel sone he wyl com to the
Forþ he wile setten his resun	And aske, what mister man þou be,	And aske, what maner man þou be,
And bere upon þe felonie.	And ber upon þe feloure	And bere on þe Felonye. --

C 584—5 (*Ged.* 1001—1005) 'Is *þat soþ?* sede he Heo sede· 'ȝe, sire, *wiþute lesing*' = = Du M. 2283 '*Est çou* voirs. *Claris?*' — 'Sire, *oil*'; wo *x* ganz abweicht. "*Certe*', said *þe king*' A 582, "*Certes*', sede *þe king*' T 865, '*And þo hispak ham þe king*' V 337.

x hat gemeinschaftliche lücken, wo die echtheit der stelle in *C* durch das französische gedicht bezeugt wird

C 205—206 (*Ged.* 607—608) '*þilke maude to auenne Noþer wiþ* strengþe *ne wiþ* ginne' = Du M. 1559 '*Qui par force ne poi avoir Ja la reusi, si com j'espoir. Ne engin ne enchantement A li reion ne vaut nient*'. — *C* 287—290 (*Ged.* 701) '*And jacinctes and topaces And oniche of muchel grace And mani an oþer diewerþe ston*, þat ic nu nempne ne can' = Du M. 1756 '*Bones jagonses et sardoines, Rubis et jaspes et cristaus Et topasses et bons esmaus, Et autres que nomer ne sai*'. — *C* 353—354 (*Ged.* 773) '*Muche he wile* þonki þe *And of* þe *supe iwundred beo*' = Du M. 1883 '*Et il s'esmerveillera Et dou don graces vous rendra*'. — *C* 681—682 (*Ged.* 1125) '*For, if mere into* þis *tur wume, Wiþ mirezþe* þu *miȝtest hei inne wunne*' = Du M. 2517 '*Se ne fuisse entres en la tor, N'eussiez pas ceste dolor*' u. s. w.

An anderen stellen bietet *x* gerade die richtige lesart. während *C* verderbt ist

Ged. 457—458 = A 67—68·	T 423—424
'*Ne scholde no weder me assoine*, þat *I ne schal here seche at Babiloine*',	'*Wynde ne weder shal me assoyn. þat I ne shal seche hur in Babyloyn*'.
C 61—62.	Du M. 1117—1118.
'*Hire to seche ihc wille wende*, þez, *heo beo at* þe *worldes ende*'.	'*On la sieiai en Babiloine, Ne la lanai poi nul essoine*'

Ged. 630 lesen A und T '*a tour*' übereinstimmend mit dem französischen '*une tour*' (Du M. 1596). *C* hat '*twe tures*'. — *Ged.* 1087 stimmen A V T genau zu

Du M. 2466, während *C* abweicht (s. die anmerkung zu
1087) u. s. w.

Auch offenbare lucken finden sich in *C*, wo / durch
das französische bestätigt wird.

Ged. 631—634 = *A* 241—244	*V* 238—241	*T* 569—572
'*A pousang taisen be* *his heihe,* *Wo so it bi alt wit jei* *and naggene,* *And an hundres taises* *he is wid* *And imaked wiþ mo-* *chel pi id'.*	*hondred leyse þe* *toun is here,* *byhalt/ui and* *nei,* *And an hundi et leyse* *hit is wid* *And imaked wiþ mu-* *chel pi id'*	'*And handi yd jathum* *it is hye,* *Who soo beholdeþ hit* *jer or nere,* *An hundi ed jathum it* *is y jere,* *It is made wiþout pei e'*

vgl. Du M. 1597 '*Deus cens toises haute et cent lee'.*

Echt sind ferner die folgenden in *C* fehlenden stellen:

Ged. 723—726 = *A* 306—309.	*T* 625—628.	Du M. 1811—1812
'*And þilke, þat beþ* *maidenes clene,* *þai mai hem wassche* *of þe rene* *þe water will erne stille* *and cler,* *Nelle hit hem make no* *daunger'*	'*þoo, þat ben maidens* *clene,* *þe may wessh þeryn,* *y wene* *þe water woll stonde* *teire and cleie,* *To hem makeþ it no* *daungere'*	'*Cai, quant il i passe* *pucele,* *Lois est li eie chie et* *bele'.*

Zwischen *C* 218 und 219 (*Ged.* 621—628) sind 8 verse
ausgefallen, die von *A* und *V* überliefert sind und teil-
weise von *T*, das hier zufälligerweise auch eine lucke
von 6 versen hat, die aber 2 verse eher beginnt als die
lucke in *C*, und die bei der fahrlässigen art des schreibers
von *T* nichts auffälliges hat und keine veranlassung gibt,
aus diesem *C* und *T* gemeinschaftlichen fehler auf eine
verwandtschaft beider hss. zu schliessen. Für die echt-
heit der stelle spricht der französische text (sowie die
entsprechende stelle bei Fleck, s. die anm.).

Ged. 621 = *A* 231—238	*V* 228—235	*T* 563—566
þat alderest leblest þou tou	þe alre lebleste tou	
Wolde kepe an empe-	Nolde nouht douh þe	
rour	amperour,	
To comen al þer wiþ	Vor to come þer wiþ	
inne	inne	
Noiþer wiþ strengþe	Noþer wiþ stregþe ne	
ne wiþ ginne	wiþ ginne	
And, þer alle þe men,	. . . . .	And, þauȝ, al þe men,
þat beþ iþore,		þat ben iþore,
Adden hit up here deþ	. upon here ezen	Had on hur lyf swore
iswhore,	iswore	
þat scholde winne þe	schal to winne þat	To wynne þat maide
mai so sone,	Mayd al so sone,	fere and free,
As from þe heuene keþ	Ase from heuene þe	Al shul þey die, so
þe sonne and mone'.	sonne and mone'.	moot y the'.

vgl. Du M. 1587—1594 'La plus foible *ne la menor Ne
doute roi ne amraçor; Ne*s l'empereres de Rome N'i
feroit vaillant une pome. Par force nus hom ne par
guerre Ne porroit Blancefior conquerre: Encontre engien
rest si gardee Par larron ne puet estre emblee'* überhaupt
ist die ganze stelle verderbt in *C*, denn 2 verse weiter
hat *C* wider eine lucke von 4 versen (s. die var. und
die anm.). ferner sind lucken zwischen *C* 720—721 (*Ged.*
1171—1172), *C* 736—737 (*Ged.* 1187—1188), *C* 662—663
(*Ged.* 1099—1100), vgl. die var. und die anm.

Auch absichtlicher kürzungen des uberlieferten scheint
sich *C* an einzelnen stellen schuldig gemacht zu haben.
so erscheinen als eine zusammenziehung mit einem
weniger bestimmten inhalte die verse *C* 47—48 für die
genauen angaben der in *A* 17—52, *T* 107—411 uber-
lieferten verse, deren echtheit, abgesehen vom franzosi-
schen, auch noch die vergleichung mit dem mndl. ge-
dichte ergibt, s. die anm. zu v. 441.

Engeren und ausführlicheren anschluss an den
französischen text als *C* 99—100 zeigen die verse in

A 112—116 (121). *T* 459—462 (167). s die anm. zu
197. 501.

Kurzung (oder eine lucke) liegt vor in *C* 738—739.
s. anm. zu 1193. gekurzt ist auch wohl *C* 156—159.
vgl. die anm. zu 561—564. u s w.

Manchmal hat *C* sich auch erweiterungen und sonstige
anderungen erlaubt. so erscheint es ausfuhrlicher als *T*
und *A*. die da ebenso kurz sind als der franzosische text
in dem verse 262 s. anm. zu 679 vgl auch *C* 189—192
(*Ged* 593 ff.)

Umstellungen und versetzungen von versen begegnen
in *C* zuweilen auch, vgl. *C* 241 (*Ged*. 677 673) *A* 451
(*Ged*. 875) u. s. w

Altertumliche wendungen ersetzt *C* mitunter durch
gebrauchlichere, so hat *Ged*. 139 *C* *ender* mit *oper* ver-
tauscht. für das altere *andern* der hss *A T V* hat *C*
middar (*Ged*. 555) vgl. noch die anm. zu 398

Die bisherige untersuchung hat die nahe verwandt-
schaft der drei hss *A V T* gezeigt. wir haben gesehen.
dass bald *C*, bald die *C* gegenuberstehende gruppe *x*
die richtige lesart bietet. dass sowohl *x* als *C* lucken
aufweisen. dass *C*, obwohl es verhaltnismassig oft *x*
gegenuber die richtige lesart bewahrt hat. doch ebenso-
wenig wie *x* frei ist von selbstandigen anderungen

Innerhalb der gruppe *x* bilden nun *A* und *V* eine
besondere unterabteilung *y*, die unechte zusatze und mehr-
fach von *C* und *T* (wo diese ubereinstimmen) abweichende
lesarten hat.

Als unechten zusatz erweisen sich die verse *A*
568—569 = *V* 319—320 (*Var.* zu 992) der erste
dieser beiden verse ist nichts als eine vorwegnahme des
in *A* 570 (*Ged*. 993) enthaltenen gedankens. wahrend
A 569 sich in *Ged*. 1022 widerfindet. um den ubergang
zwischen dem von *y* gemachten zusatz und dem ur-
sprünglichen texte zu vermitteln, fugte *y* (*A* 570) die
worte *sone so* hinzu. *C* und das mit ihm uberein-

stimmende T sind hier ebenso kurz wie der französische
text — ebenso überflüssig und teilweise gleichlautend
mit 2 bald darauf folgenden versen (Ged 1031—1032)
sind die verse A 602—603 = V 359—360 (Var. zu 1021).
— abweichung von der richtigen (von C und T übereinstimmend überlieferten) lesart bietet y im verse 617

   \A 227 Nis no dai *poury pe zei*
   \V 221 Nis *per day poruh out pan zei*
   \T 561 Euery day *and nyzt prouzt out pe zere*
   \C 215 Eche day *in al pe zere.*

übereinstimmend mit der französischen vorlage *(tous les
jours)* haben C und T eine positive wendung für den
von y in negativer form ausgedrückten gedanken. —
Nach T und C (Ged. 636) steht der turm zu Babylon
ohne seines gleichen da auf erden nirgends auf der welt
gibt es einen ihm ähnlichen turm. y modificiert diese
aussage, indem es sie bloss auf die christliche welt
beschränkt.

   \A 216 *In cristiente nis swuch non*
   \V 213 *In cristante nis swich non*
   \T 574 *In al pis world is suche noon*
   \C 222 *In pe world nis swch tur non.*

Andere abweichungen y's von T und C sind

Ged. 683 y liest 'fecche', wo C und T 'brauge' haben.

Ged. 1049 'iseih' in y, 'knew' in C und T.

Ged. 553 'nam his leue' in A, 'takep is l.' in V;
'nemep l.' in T, 'nimep l.' in C.

Ged. 566. 'good' in y, 'fair' in C und T.

A und V gehen also auf eine gemeinsame grundlage zurück. von einander sind sie aber unabhängig.
denn dass V nicht aus A hervorgegangen sein kann,
beweisen mehrere stellen. an denen V die richtige lesart
bietet, A dagegen eine lücke hat. so fehlen hinter A 691
8 verse (Ged. 1103—1110), die sich in V, C und teilweise in T finden. 2 dieser in A fehlenden verse

stehen auch in *C* nicht, doch ist dieser *A* und *C* gemein-
same fehler hier jedenfalls zufällig. in *C* ist die lücke
nach *C* 670 (*Ged.* 1108) durch den mit *C* 664 (*Ged* 1102)
gleichlautenden versausgang veranlasst wie nach *acupe-
ment* (*C* 664) ein gedankenabschnitt zu ende ist. so liess
sich der schreiber von *C* verleiten, auch *acupement* von
C 670 für das ende eines abschnittes zu nehmen, und
übersah dabei die verse 1109—1110. — nicht in *A* stehen
ferner die verse *V* 283—284 (*Ged.* 939—940), *V* 297
(*Ged.* 967), *V* 153—154 (*Ged.* 533) —

Nicht aus *A* (637 'to ben islawe') kann *V* die richtige
lesart 'and epe huy mawe' (= 'and uel maze' *C* 632 =
Ged. 1058) haben. ebenso stimmt *V* 401 (*Ged.* 1068)
zu *C* 638. beide haben 'furst', wo *A* 'respit' hat. in
V 218 ist 'to zonge', das sich auch in *C* (210, s. *Var.* 611.
612) findet, jedenfalls richtig; da es in *A* fehlt, kann *V*
es nicht aus *A* entnommen haben richtig ist ferner
'duh' *V* 229 (*Ged.* 622), wo *A* 'kepe' liest.

Dass *V* nicht aus *A* geflossen, beweist ferner der
zusatz in *A* 638—639 (*Var.* 1058), der sich nicht in *V*,
das hier mit *C* und *T* übereinstimmt, findet. ferner fehlt
V der zusatz in *A* 658—659 (*Var.* 1074).

Umgekehrt kann auch *A* nicht aus *V* hervorgegangen
sein, denn *A* hat verse, die echt sind, wo *V* eine lücke
hat. so fehlen 12 verse hinter *V* 312 (*Ged.* 975 ff.),
2 verse hinter *V* 207 (*Ged.* 596), 1 vers hinter *V* 68
(*Ged.* 268), *V* 377 (*Ged.* 1043). die lesart 'pe werste
ston' *A* 287 (*Ged.* 688, = 'pe foulest ston' *T* 610, 'pe
epelikeste ston' *C* 274) kann gewiss nicht aus 'summe of
pe stones' in *V* 266 geflossen sein der zusatz in *V* 319—350
(*Var.* 1016) findet sich nicht in *A*, das hier mit *T* und
C übereinstimmt.

Das ergebnis der vorangehenden untersuchung über
das verhältnis der einzelnen hss. möge folgender stamm-
baum veranschaulichen:

T

Was den inneren wert der einzelnen hss. angeht, so steht *T* von allen andern am tiefsten. zahlreich sind die stellen. an denen sich *T* willkürlicher änderungen schuldig macht, gross auch die anzahl der lücken in *T*. mögen auch einzelne dieser abweichungen auf absicht beruhen, in den meisten fällen ist sicherlich der grund dieser verschiedenheit in der unachtsamkeit des schreibers von *T* zu suchen. denn dass derselbe mit der grössten nachlässigkeit seiner abschreiberrolle oblag, beweisen die immer widerkehrenden. oft ganz sinnlosen entstellungen der überlieferten lesart dem vorwurf der leichtfertigkeit entgeht der schreiber von *T* auch dann nicht. wenn man annehmen wollte, dass *T* nicht aus einer geschriebenen vorlage. sondern aus mündlicher überlieferung hervorgegangen ist. vgl *T* 180 ('lemman' statt 'Laryne'), *T* 772 (*Ged.* 889 'an otter fleyz' statt 'a botterfleze'), *T* 710 (*Ged.* 852 'floures' statt 'Floris'), *T* 462 (*Ged.* 500, wo 'Blauncheflour' gar nicht passt), u s. w. bei einzelnen der zahlreich in *T* vorkommenden lücken mag absichtliche kürzung vorliegen, so sind die *T* fehlenden verse *Ged.* 557—560 für den zusammenhang allenfalls zu entbehren. ebenso 583—584. auf absicht beruhen kann das fehlen der verse (*Ged*) 673—676. zu der schilderung des stolzen und hinterlistigen turmwarts gehört nicht

notwendig die erwähnung derjenigen begegnisse, die
einen in die äussere umwallung des dem '*gateward*' zur
bewachung übergebenen turmes eindringenden mann
treffen wurden. mit dieser absichtlichen auslassung hängt
vielleicht zusammen, wenn der schreiber von *T* für das
substantiv '*þe porter*' (in *A* und *C*) das einfache fürwort
einsetzt. ihm genügte das einfache '*he*', wo der dichter,
nachdem er von dem in den '*barbican*' sich einschleichen-
den manne geredet, und jetzt wider zur person des
'*gateward*' (671) zurückkehren will. das nicht misszuver-
stehende '*þe porter*' setzt. weitere lücken hat *T* in den
folgenden fällen. *T* 75, 176, 318, 380, 392, 411, 412,
428, 446, 562 (*Ged.* 619), 616 (699), 698 (801), 766
(881), 832 (961), 834 (973), 814 (979), 870 (1011), 879
(1025), 909 (1059), 921 (1077), 1013 (1181), 1023 (1195),
1081 (1267). — wertvoll ist *T* jedoch insofern, als es
uns einen grossen teil des in den anderen hss. verloren
gegangenen anfangs des gedichtes bewahrt hat. dass für
diesen teil ebensowenig wie für den rest der hs. *T* hohen
anspruch auf unser vertrauen zu machen hat. bedarf
keines besonderen nachweises die oft recht mangelhafte
sprache, der mangelhafte versbau würden genügen, unser
misstrauen und die annahme der unzuverlässigkeit auch
für diesen nur von *T* überlieferten teil zu rechtfertigen.
wenngleich nun die von *T* allein überlieferten verse am
anfange des gedichtes stellenweise wenigstens wohl ziem-
lich bedeutende abweichungen von dem original auf-
weisen mögen, so gewähren sie andrerseits im allge-
meinen doch einen für das verständnis befriedigenden
text. in dem texte dieser ausgabe des gedichtes er-
scheinen die nur von *T* überlieferten anfangsverse cursiv
gedruckt sie sind — abgesehen von ganz vereinzelten
stellen, an denen offenbare fehler verbessert sind — ein
einfacher abdruck der hs., in welchem auch die von der
sprache des dichters abweichende mundart des schreibers
beibehalten ist.

Bei weitem zuverlässiger als *T* sind die beiden
andern zur selben gruppe gehörenden hss. *A* und *V*,
von denen die erstere infolge ihrer (relativen) aus-
dehnung und vertrauenswürdigkeit als hauptvertreter von
x gelten muss. unter sich sind *A* und *V* so ziemlich
gleichwertig, wenn auch manchmal *V* höheres vertrauen
erweckt und infolge der altertümlichkeit in der schreibung
besondere beachtung verdient.

Da sowohl *C* wie *x* auf eigene hand änderungen vor-
nehmen und zusätze machen, so ist es schwer, einer dieser
beiden gruppen der andern gegenüber eine prinzipiell
geltende überlegenheit zuzusprechen. da jedoch die fälle,
in denen *C* gegen *A* mit dem französischen stimmt, zahl-
reicher sind als diejenigen, in denen *A* von *C* abweichend
mit dem französischen zusammengeht, so wird im all-
gemeinen doch auch da *C* der vorrang einzuräumen sein.
wo die vergleichung mit dem französischen texte (oder
mit einer andern aus dem französischen originale hervor-
gegangenen version — Flock oder Diederik —) keinen
anhalt bietet. selbstverständlich ist, wenn die hss. der
gruppe *x* verschiedene lesarten bieten und wenn *C* mit
einer von ihnen übereinstimmt, die von *C* überlieferte
lesung als die ursprüngliche anzusehen

III. Die sprache des gedichts.

Die im folgenden gegebenen erörterungen enthalten
keine vollständige darstellung der laut- und flexionslehre
des gedichtes. nur die bemerkenswertesten erscheinungen
sind berücksichtigt worden, soweit dieselben wesentlich
erschienen zur bestimmung des dialektes und zur fest-

setzung einer einigermassen gleichmässig durchzufuhren-
den orthographie. bei dem werte, den die hs. *C* fur die
herstellung des textes hat. und wegen der altertumlich-
keit ihrer aufzeichnung. ist diese hs. vorzugsweise be-
rücksichtigt worden.

a) Lautlehre.

1. Vocale.

1. *a*. Vor einfachem *m* und *n* schwankt *a* mit *o*.
C schreibt oft *o*, die andern hss , besonders *A*, geben *a*
den vorzug.

Im reim auf festes *a* erscheint dieses *a* in *man* :
barbecan (C A) 673. sonstige fälle, in denen *C a* hat.
sind folgende *man · pan* 511, *man : vpon (C, man . upan
A, moone . uppon T)* 821, *man : bigan (C A T, mon · bigon V)*
955. wider ubereinstimmend haben *a* alle drei hss *(C A T)*
in *pan : bigan* 591. *man : can* 741. *can : ston (C)* 704.
mon : upon (C, man : upan A, man : oon T) 1149. *mon : anon
(C V, man : anon A, anoon : groom T)* 1060 *bigon : anon
(C, bigan : anon A; bigan : anoon T)* 1014. *gamenede* 425,
grame 1162, *mani* 703, 1198, *fram* 954, 936. 1228 und
(wo *T from* hat) 696 *from (V, fram A, fro T)* 592. fur
whane, whan in *C A* (1281. 1213) schreibt *V* auch *wenne.*
T when (211). *whenne* auch *A* 582 *(Ged. 1008).* ebenso
steht *panne* (683, 1095) neben *penne* (911, 1267). der
acc. si. masc. des bestimmten artikels lautet (vereinzelt
neben dem gewöhnlichen *pe*) *pane (C)* 1291. *pan (V)* 687.

Die vorsilbe *and-* zeigt ebenso wie die konjunktion
and stets *a*, wahrend sonst ac. *a (o)* vor *nd* und *ng* durch
o widergegeben wird. nur *V* hat zuweilen *o*. *onsuerede
(V)* 238, *answerede (C, answered A. answerd T, onsuerede V)*
576. *honde : londe* 185, *song : among* 691. *honde : fonge*
809, *stonde* 1217, doch *stant (C A, stondep T)* 705. *ponki
(C T, ponke A)* 961. vgl noch 1231. 595. 756. 829 811.

Für ae. *æ* steht *a* in *logadere*, wie *C* gewöhnlich schreibt, nur 921 hat *C logedere*, vgl. 1249, 1167, 1150, 966 und 927 *(logadere C, logadere A, logedei T)* Auf ae. *æ* (doch ist das wort ursprünglich skandinavisch) beruht auch die schreibung *garsome (A: T* hat das romanische *warysone)* 519, wo *C gersume* hat. vgl. noch 1233. 206. merkwürdig ist *bad (C)* 1185 neben *bed (: zet)* 1183, und 1275 *bad (C)* als praet. von *beodan*, dessen formen sich früh mit denen von *biddan* gemischt haben. *A* 539 *(Ged.* 1266) hat *bad* = ae. *bæd*. das praet. von *grifan* lautet *zaf*, vgl. 467, 534, 1128. eigentümlich nur ist der reim *zeef . beef* (in *T*) 183. für ae. *æ̂*, das vor der doppelkonsonanz verkürzt wurde, steht *a* in fällen wie· *dad · glad* 522, *dast : cast* 757, daneben *deste (C. laste A)* 929. *lasse : wytnesse (T I')* 1109. ebenfalls kürzung ist eingetreten in ae. *ænig* = *ani* in *A*, *eni* in *C I'*, vgl. 938, 727, 673 — für ae. *e* steht *a* in *panes, pans* 766. 784.

Für ae. *éart* 'du bist' schreibt *C art* und *ert*, die übrigen hss. *art*, vgl. 445, 752. 444. 600, 572, 755. 760 für ae. *middanéard* hat *C middelerd*, ebenso *T; A* hat *-ard* 685. so erscheint *a* neben *e* in dem französischen *enluart, culuert* 670, 749.

Mit *e* wechselt *a* (für ae. *æ, a*) in *wasse (C, wasschen A, wesshe T)* 983. und in *ansuare, ansuere* 885. 1102. 753, 574, 766. in dem unbestimmten artikel *a an* (ae. *án*) steht *a* für eine verkürzte ae. länge. daneben findet sich auch *one, on, o* (in *T* auch *oo*). vgl. 1251, 865, 1123. 876. 285 ebenfalls ae. *â* entspricht *a* in *nammore (C, namore V, nan more A no more T)* 951. auf kürzung von *â* beruht *a* auch in *wrappe* 1241.

Französischem *e* entspricht *a* in *assome* 457.

Vor den gutturalen schreibt *C* in englischen wörtern noch überall *a*; vor *zt* haben die andern hss. *au* für *ag* vor vokal *aw*, vgl. 1057, 1511. 822, 1131.

2. *e.* ae. *æ̂* erscheint als *e* ebenso wie ae. *éa, éo.* für *éo* (und für *eo*) schreibt *C* gelegentlich noch *eo*. die

reime zeigen aber deutlich, dass *e* die aussprache des dichters war. *se (sê) · sle (slêan)* 395, *bere (bèr) : chere* 401, *geþ (gêþ) : deþ (dêaþ)* 601, vgl. 835. *were (uère) · here (hêr)* 1026. *eke. speke* 453, *dreme zeme* 431, *spede · bede* 796, *þe · þre* 771, *þe · be* 773, *be : eantre* 911, *se (sêon) : þe* 934, *lere : ifere* 917, *be : maine* 1245, *uel : stele* 635, *uel : eidel* 1282, *speke : clepe* 1170, *lef : gref* 589, *uere (wère) : chere* 1196, *uore · lore (T)* 110 ist möglicherweise verderbt, vgl. *uere : ifere (T 279 = Ged. 285).* — ae. *þær* erscheint in *C,* wo es im reime nicht vorkommt, stets als *per* oder *pere,* in den andern hss. steht neben *pere* auch *pare. per : meniver (A)* 516, *pare : uare (A T) Var.* 1213, *par (V)* 258, 265. in zusammensetzungen hat auch *C* zuweilen *par-· parto (C)* 1219, *perto (C)* 1223; *parate (C)* 542, *perate (C)* 558, *peruore (C)* 1236, vgl 1061, *peon (V)* 262. — der superlativ von *micel* ist *mest,* vgl. 459, 527, 800, 1085, 955, 583. — mit *e* schreibt *C* das practeritum von *lêstan ileste (C, luste A)* 929. im praesens *ilast : cast* 757, vgl. oben unter 'a'. — ae. *êr* ist bald *er,* bald *are* in *C,* vgl. 934, 1026, 1097, 890. — das practeritum von *secgan,* ae. *sægde, sâde,* lautet in den meisten fällen *sede,* selten *seide* im reime kommt es nur in *V* und *T* vor (in dem *C* fehlenden teile des gedichtes) *sede (V, seide T) : rede* 264. vgl *T* 22, 216. *seide : deed (dêad) T* 92. *seid : reed (rèd) T* 52. nicht gegen *sede* spricht die schreibung *sayde : mayde,* oder *saide : maide (A) Var.* 448, denn in letzterem falle liest *C maide : muchelhede,* es ist also *mêde* (von *mêden*) anzusetzen neben *muchelhede* mit *ē* steht *fayrhēde (V)* 282. *(A) Var.* 526 — für *a* ist wohl *e* einzusetzen in *wroperhale (A)* 1063 (ae. *wrâdhælu*).

Dem schreiber von *C* eigentümlich sind schreibungen wie *dade (dêad)* 530, 462, *diþe (dêad)* 1097: doch im reime hat *C* stets *dede, deþ,* vgl. 836, 600, 737, 1261 (und auch 307). *ie* statt *e* schreibt *C* in *nier (ner A, nere T) : escheker* 763 -- *ei* statt *e* in *steil (C)* 396.

Neben *beop* schreibt *C* oft *bup*, vgl 615. 620, 408.
698. 708, 861; 659. 613, 481. 665. 1157. 1159. der conj
lautet *beo (C)* neben *bu (C)*, vgl. 909. 680. — zu be-
merken sind ferner *salk (A T, selk C V)* 381, *milk* 953.
sturne (C, sterne A) 1149, *wneþ (C)* 651, 654, *wþe (V)*
213 neben *erþe* 706, *cluped (C)* 544, 1029 neben *clepe*
(C) 1169, *wereche : churche (V, wyiche · chinche T)* 210,
swerd 1057. — altnordischen ursprungs ist *e* in *trest (C A,
trust T)* 822.

Neben *zelde* schreibt *C* einmal (580) *zulde* (nicht im
reim), wo *A* und *V zelde* haben. sonst steht für wests *ie*
(später *y*) nach *c, sc, g* sowohl *e* als *i*. *zhete (zete) : suete*
1003, *zet . bed (béad* von *béodan)* 1190, *zete · lite (C)* 1027.
wo *T (zet : lyte)* ebenfalls *e, A (zid)* aber *i* hat. ae.
giétan erscheint. wie die reime zeigen, überall mit *i*.
underzete (partic.) *wite* 974, *underzeten · smeten (T)* 310,
wo *V vnderhete : ismite* hat. für *i* schreibt *T* manchmal
e, manchmal *i*, so *wete* ('wissen') *yuiete* 131. neben *wryte*
(partic.) . *worshipp* 213 *(biwrite : worpshipe V)*. *weete : wor-*
ship (T; wite A C) 1213 schwanken zwischen *e* und *i*
nach *z* zeigt ae. *giéfan*. *zeue*, inf. *(C V; geue T, zif A)*
938, *zeue (C: ziuen A)* 1270, *ziue (C, zif A, zeue T)*
855. die 3. si. praes ind. lautet *zineþ* 646, 649. der
conj. praes. lautet *zeue (C)* 675 und *ziue (C)* 1068. im-
perativ == *zif* 772: partic. *forziue* 1222, 1241. für ae.
giéf 'wenn' schreibt *C* in den meisten fällen *if*, nur drei-
mal hat es *zef*, und einmal die von den andern hss. stets
angewandte form (mit ausnahme von *T* an einer stelle,
Ged. 771) *zif*, vgl. 796, 1121, 1268, 283, 586, 716,
729 u. s. w ae. *secgan* erscheint mit *i* und *e*, vgl. 1100,
695, 752, 1154. für *tuc* (ae. *teian) : suere (C)* 1185, wo
A T swire : tire lesen, ist vielleicht *tere* einzusetzen, vgl.
King Horn (ed. Wissmann) 410, 760, 1199.

Neben *hendelich* schreibt *A undelich*, vgl. 753, 754.

In fällen, in denen der gutturallaut sich erhalten
hat. schreibt *C* einfach *e*, während die andern hss.

schwanken *tez (têah) : isez (scah C, steiz : seiz A, steyz : sey T)* 1039. *sez (A C)* 1198, *seze* ae. *sægon (A)* 404. *isezen (A)* 1193, vgl. 1056. neben *leizende* (ae. *hliehhende*) 933 *(A)* steht *leyende (A)* 897. mit *ei* erscheinen *hêah* und *nêah* in einigen hss *heihe : naggene (A, heie : nei V, hye : nere T)* 631. *C* schreibt dafur *i. hiz : niz (C, hezþ : nezþ A, heyz : neyz V, hyze : nye T)* 555. *niz C (nez A)* 881. doch *hezeste (C)* 978. fur ae *þêah, þêh* schreibt *C þez* (769, 456, 583, 913, 682). *V* hat *þeyz* (682), *A þai* (798, 746), *T þauz* (348).

3. *i.* ae. *y* (oder *ŷ*), der *i*-umlaut von *u* (oder *û*) ist nach ausweis der reime zu *i* (oder *ī*) geworden. die hss. schreiben bald *i*, bald *y*, *C* haufig *u*. *kisse : blisse (C, kis : bliss A, kysse · ynys T)* 1250, daneben ausserhalb des reims *kessinge (C)* 929, *keste (C)* 928 *þinkeþ : drinkeþ* 435, *kinne : winne* 1282. *fuiste . luste (C, fuist : list A, first : lyst T)* 787. *custe : wiste* 967, *cusseþ : blisse (C, cusse wiste V, kisse : blisse A)* 965. einmal findet sich *e* statt *i* auch im reim. *kesse : hostesse (A, kysse : ostesse T) Var.* 534, doch diese verse ruhren nicht vom dichter, sondern von dem redaktor von *a* her. *e* schreibt *A* auch in *begge : sigge (bygge : sygge T)* 1153. *u* findet sich in *A: ifult : ibuld (ifuld : ibuld V C)* 1078, und ausserhalb des reimes *fur (fir C)* 1182 ubereinstimmend haben (ausserhalb des reimes) *u* alle hss. in *fulle* 451, neben *fulle : wille* 853 (wo *C fulle* im innern des verses hat) *prid : wid (þi uud V)* 632.

Das praeteritum von *dôn* schreibt *C* mit *u*, doch ist wohl *i* anzusetzen. *dude (C, dide A T)* 465. *dude (C, dide T, dede A)* 856, *duden (C)* 1281, *dude (C)* 406 ebenfalls dem schreiber von *C* zuzuschreiben ist *u* statt *i* in *bluþeliche (C, blyþeliche A, blethly T)* 797, vgl. 468, 148; doch *bliþe : sniþe* 551, vgl. 493. ae. *þyllic = þilke (C)* 711, *(C)* 789, gewohnlich aber schreibt *C þulke*, vgl. 846, 1202. fur ae. *yfel* schreibt *C uuel*, *A euel*, *T euyl*

(855). ae. *myrhþ* lautet *mirezþe* in *C* (1125), doch mit *u murie (C)* 562, vgl. 411, daneben *merie (C)* 691.

Fast immer mit *i* erscheint in *C* der acc. si. fem des personalpronomens der 3 person: *hue (C, here A, hur T)* 1255, vgl. 1007, 987, 990, 1020, 1025, 1083, 1088, doch *huie (C)* 954, vgl 1035, 996, 999.

4. *o.* ae. *â* ist zu *o* geworden, das mit dem *o* aus ae. *ô* und mit ursprünglich kurzem *o* reimt. *wisdom : slon* 690, *so : forão (soo : doo T)* 721, *sone : mone* 627, *brod · ibod* 1271. — *knaweþ* mit *a* steht vereinzelt *(A)* 682 vgl. *knowestu (C A T)* 934, *know : low T* 11. neben *nozt (nôwiht)* hat *C* auch *nazt (nâwiht)*, vgl. 427, 1269, 967, 771 — *cume (C, come A) : sone* 1031 fur *cóme* zeigt die gewohnheit des schreibers von *C*, vor *m o* mit *u* zu vertauschen. mit *u* findet sich auch *gud* in *C* (744, 746), doch *gode* 797, *god : flod (C)* 465.

ae. *u* vor einfachem *m* und *n* gibt *C* ofter durch *u* als durch *o* wider, die andern hss. haben stets *o*. *sone (sunu) : icume (C, sone : icome A T)* 1229, *mome · icume (C, o · o A T)* 410, *mome : icume (C, o : o A, oo : o T)* 481. *icome (C)* 755. *sone : icome (V A T, u : u C)* 595. *cume* (infin.) . *frume (C, o : o V A)* 541, sonst hat *C* im infinit. und im ganzen praesens immer *o*, vgl 475, 478, 763, 1003, 1061, 991, 539, 875, nur einmal *cum* (imperat.) 920. auch vor anderen konsonanten schwankt *C*. *icome* (part.). *lune (C)* 1178, *lune · bune (C, o · o A T)* 707, vgl. 244; *lovie (C)* 1295. stets *u* hat *C* in *sume*, die andern hss. schreiben *o*, doch *summe* auch *V* 266 = *Ged.* 688. vor *nd* dasselbe schwanken in *C*. (s '*u*'.)

o = ae. *có* in *zongling* 1155.

Fur *éo* steht *o* nach *w*, doch auch hier setzt *C* zuweilen *u · uurthe (C, worþ T, woiht A)* 739, vgl. 722. *worþshippe (V)* 280, *wordles (C)* 458, vgl. 348. 274.

Nach *w* erscheint *o* fur *i* nur in *T*: *uoman*, wo *V wimmon* hat (247), vgl. 277, 1157.

Vor ʒ hat *C* einfach *o*, die andern hss. für *oʒ* meist *ou* oder *ow* oder *ouʒ*. *foʒeles (C, foulen A, fowcles V, fowelene V)* 691, *droʒ (C, drow A, drouʒ T)* 1127 neben *wiþdraʒe (C)* 1184, *bisoʒt · poʒt (C, -ouʒt A T, -ouht V)* 535 *uwroʒt (C, -owt A)* 817, *moʒ (C, -ow A)* 485, doch *lowe (C)* 1236 neben *loʒen (C)* 893. vokalisiert ist ʒ in *swouneþ (V, -ow T)* 267, neben *swoununge* 255

5 *u* = ae. *u*. vor *dn*, wo es mit *o* wechselt, ist häufig verlängerung eingetreten, was *A V T* durch die schreibung *ou* andeuten. *pund · sund (C, o : o A, ou : ou T)* 783, vgl 1280, aber *pond (C)* 1278. *bunde : funde (C, ou : ou A T)* 960. *ifunde (V, ifonden A)* 1025. *funden (C, founden A)* 470. *grunde (C, ou A) · honde* 717, *grunde : stunde (C, ou : ou A)* 1201. stets *u* schreibt *C* in *hundred*, die andern hss. schwanken zwischen *u* und *o*, vgl. 604, 534, 619

ae. *murnan* schreibt *C* stets mit *u*, *A* mit *ou*, *T* mit *o*, vgl. 446, 114, 498, 500, 577.

Über *brutte : putte* in *A T* (*Var.* 1193) s Mätzner, Wbch. I 361.

Immer *u* schreibt *C* in *muche*, vgl. 773, 1199. 588; *muchel (moche A, muche T)* 795. vgl. 937, 500, 690, 634.

Für ae. *û* schreibt *C* durchgehends *u*, die andern hss. *ou (ow)*, *V* zuweilen auch *u*. vgl 401, 1037, 660, 677, 953, 923, 1118, 595, 1002, 602, 1108, 611. neben *bute (C, but A)* schreiben *A V* zuweilen *bote, bot* vgl 670, 1222, 967, 448, 510, 738.

Eine eigentümlichkeit des schreibers von *C* ist die form *supe* (auch in *V: depe* 259), vgl. 560, 652, 694, 700, 774, 775, 795. die form des dichters ist durch den reim gesichert. *suiþe · bliþe* 806, · *lute* 1067, vgl. 1002, 722.

Dass *cupe* nicht ungenaue schreibung für *kipe* ('*VIII kipes or lepes*' Mätzner, Wbch. I 526, unter '*cupe*'; vgl. ae. *cýpa* 'kiepe') ist. sondern wirklich *cupe* mit *û* und somit ==

8*

iom *coupe* (Mätzner Wbch. I 527 'cuppe') anzunehmen ist, darauf deutet die schreibung *coupe* in *A*, vgl. 819, 853. 863 *(couppe A)*, 868, 887.

Vokalisation eines *w* liegt vor in *trupe (broud) (C, trewpe A, troup T)* 810, vgl. 545, neben *brewpe (C, brewpe A, brewth T)* 916.

Für reines französisches *o (ou)* schreibt *C* ebenfalls *u*, die andern hss. meist *ou. tu : fom (C)* 659, *flur : ponur (C, ou : ou A T)* 713, vgl. 795. für das nasale französische *o* schreibt *C* fast durchgehends *un* (in unbetonten silben auch *on*), die andern hss. *oun* oder *on*, *V* gelegentlich auch *un*, vgl. 999, 1000, 746, 1268, 932, 204. 1074 für französisches *u* steht *u* in *jugement (C A V T) : acupement (C, acoupement A T)* 1101.

6. *ai.* Für ae *sægde* hat *C* fast immer *sede*, nur dreimal *seide*; *A* schreibt *saide*, *V* *seyde*, *T* •*seide*. die reime (in *V* und *T*) zeigen, dass der dichter *sede* sagte. *sede . rede* 'lesen' *T* 22, 216, *sede (V, seyde T) : rede* 264, vgl. 52, 92. *seyde : mayde T* 140 kann auch *sede : mēde* sein. vgl. 448 und oben unter 'e' neben *mēde* steht *mayde . layde (T)* 342. — über *ei* = ae. *ǣng* 1279 vgl. Koch I², § 178.

Statt *ameral : consail* 1268 ist *amerail* einzusetzen, vgl. 728 *(A)*, 677 *(A)*. in unbetonten silben hat sich das romanische *ai (ei)* zuweilen vereinfacht. *concitus* 775 neben *concitus* 793. *resun* 750 neben *reisun* 670 *oreisun (A, orison V, orysone T, oresun C)* 999. in betonter silbe zeigt sich die vereinfachung ausnahmsweise in *burges (A)* 554 und in *chaumberlen (V)* 1030. mit *e* wechselt *ei* in *countrere : naye (A)* 519, 912, 68, 201.

7. *au.* In französischen wörtern schreibt *C* für französisches *a* vor *m* und *n* stets das anglonormannische *au. Blauncheflur (C, Blancheflur V, Blauncheflour A T)* 1010. vgl. 582, 1029 u. s. w.

8. *ou* entspricht ae. *êou* in *fou* *(C)* 660, doch vgl. *furlennizt* *(C)* 612, *forh* *(C)* 660, 783.

9 Unbetonte vocale. das auslautende unbetonte *-e* wird in vielen fällen noch als silbe gerechnet, in andern ist es bereits verstummt, oder wird vor folgendem vokal elidiert, vgl

725 *On whiche þe wélle fáreþ só.*

705 *Abóve þe wélle stánt a tré,* aber

715 *þe wél is óf so múchel eie.*

1018 *gólde nóm,* aber 1084 *of góld hire wízt.*

1118 *of úre lif nis nó socúr.*

431 *stille dréme*

968 *swéte Blaúncheflúr hit wiste,* vgl 1006.

1278 *of réde gólde,* aber 1011 *lónge demére.*

118 *éke red*

423 *perínne were,* aber 856 *perin : fin*

Zu vergleichen sind auch noch die reime *mutte : stitte* 767, *nuþe : nuþe* 734 (doch vgl. 267), ferner *(upon þe) ston : wisdom* 689, *(to his) rest : mest* 459

Über das end-*e* beim verbum, ebenso wie über die unbetonten endsilben -*en,* -*ed,* -*eþ,* -*est* siehe unter 'konjugation' ebenso ist in den bildungssilben -*el,* -*en,* -*er,* -*es* der vocal bald stumm oder zu verschleifen, bald hörbar, s. unter 'metrik' und vgl. 389, 457, 708, 660. 711, 723, 875; 575, 589, 595, 860, 863, 802, 602, 712, 583, 435, 467.

10. Unbetonte vokale im innern der wörter. nach *r,* dem *z* folgt, entwickelt sich in englischen wörtern nicht selten ein unorganisches *e* (*V* schreibt dafür auch *u, A* auch *o*). dieses *e* bildet keine besondere silbe, wie der vers dies deutlich zeigt, andrerseits finden sich in *C* selbst beispiele, in denen dieses *e* nicht geschrieben ist. *burz (C, bourz A, boruz V)* 629, *burz (C, boreue A, boruh V)* 620, *burez (C)* 647, *þourz (A, þoruh V, þrouzt T)* 617, *þurez (C, þourg A, þrouz T)* 833, *sorezen (die hs.*

hat *sorezeren (C, soroue A)* 1078, *amoreze (C, amorewe A)*
778, vgl. 163, *muezpe (C)* 1126 u. s. w.

Zuweilen hat sich auch zwischen die beiden glieder
eines zusammengesetzten wortes ein -*e* geschoben. *dire-
werpe* 703 (ae. *déoruyrpe*). für das versmass ist auch
hier -*e* geltungslos. in andern zusammensetzungen, wie
kinedom 1270, *sunnebeme* 650, *moretid* 976 (daneben
morezentide 988) ist das *e* etymologisch begrundet ohne
geltung für das versmass ist *e* in *foreward (C A, for-
wardes T)* 840. — zusammensetzungen ohne *e* sind *hor-
dom* 1088, *perfore* 566 u. s w.

In zusammensetzungen mit *liche* wurde das diesem
vorangehende *e* in vielen fallen noch als silbe gerechnet,
vgl. 467, 761, doch s. 797.

2. Konsonanten.

1. *p* und *b.* eingeschoben ist *p* zwischen *m* und *n*
in *nempne (C, neuene A)* 499, vgl. 511. mit *w* wechselt
b nur in *C* in den wortern *bipute, bipinne* und *bulmep* 719.
die verdoppelung des *b* ist erhalten in *habbe (C, haue
A T)* 767, *habbep (C, haue A)* 410, *habbe* (inf.) *(C, habben
V, haue T)* 1086, *nabbe (C)* 461, *libbe (V, libben A, leue T)*
692, *dubbede* 1249.

2 *f.* im anlaute zeigt *C,* und zuweilen auch *V,* für
f vereinzelt *v. uerden (C)* 414 neben *farep (C)* 721,
uaire (C, faue A, fene T) 482 neben *faire (C)* 440,
peruore (C, perfore A, perforne T) 1236 neben *perfore
(C)* 566, *uor (C)* 971 neben *for (C)* 1104, *biuore (C)*
1056, *uaruore (V, wherefore A)* 583, *uol (V)* 287. —
im inlaute hat sich ae. *f* erhalten in *lefdi (C, leuedi A,
lady T)* 429. — ausgefallen ist *f* in *poit (C, pount A)* 663.

3. *w.* für *wh* = ae. *hw* (wofür *V* zuweilen *w* schreibt),
hat *C* einfaches *h* in *ho,* ae. *hwâ, (who A V)* 1060. *w*
für *wh* schreibt *C* in *wuder* 522 neben *whider (C)* 654,

wuche 721 neben *whch (C, wich A)* 713 *wh* für *w* hat
C in *whare Var.* 879.

Für ae. *tw* schreibt *C tu* und *tw*, vgl. 619, 977, 614.
843, 908. neben *sw* hat *C* häufiger *su*, vgl 1041, 1201,
890, 867. *suche (C)* 772 neben *swiche (C)* 983, *supe (C)*
560, *suipe (C)* 806. ohne *w* stets *so*.

Inlautend hat *w* sich erhalten in *ouer (C, youre A T)*
950. als reiner vocal anzusehen ist *w* in dem französi-
schen *towaille* 981.

4. *m* beruht auf assimilation in *nammore, wim-
man* u. s. w.

5. Mit *d* wechselt *t* in einzelnen wörtern. *uente
(C)* 464 neben *wende (C, went T)* 407. *isend (C, sent
A T)* 1069, *culuart (C, coward A T)* 672, vgl. 749. *mar-
chaunt (C, marchaund T)* 436. durch assimilation ent-
standen ist *t* in *atte (C, ate A)* 791 neben *at pe (C)* 456.
mitte (C A) 767. ausgefallen ist *t* in *gesninge (C 82)*
neben *gestninge* 566.

6. *d* bieten alle hss. in den wörtern *moder, fader,
weder, whider, wuder, luder, puder, prder, peder, togadere*
admiral schreibt *C* stets mit *d*, die andern hss. ohne *d*.
tipinge C, tidinge A T, vgl. 477, 473. ae. *parf = dorf
(C, parf V, par T)* 647, vgl. *Var.* 733. neben *guld (C)*
1119 steht *gilt (C)* 1175. abgefallen ist *d* in *an = and
(C)* 717, 954, *(A)* 475, *loke* 997 (doch vgl. unten 'part.
pract. d. stark. v') , ohne *d* auch *parais (C)* 472 neben
paradis (C) 661. *dd* ist zu merken in *hadde (C)* 466
neben *hauede (C)* 566.

7. Für *þ* schreibt *C* zuweilen *th*, im auslaute auch
z, *A* in einzelnen wörtern *ht* *criez (C)* 635, *gez (C)*
459, *letez (C)* 864 u. s. w. *wiz (A)* 401, *bez (A)* 410,
forht (A, forþ C T) 407, *rathe (C)* 398, *hath (C)* 817,
wurthe (C, worht A, worþ T) 737 u. s. w. ausgefallen
ist *þ* in *worsschipe (A)* 1210 neben *worþshipe (V)* 214,
ferner in *knowestu, wiltu, hastu* u. s. w. eingeschoben ist

þ in *alpie*, ae. *ealra* 193. *alprest (A)* 121 neben *abe (C)*
383, 799, 621 (*V, alderest A*), 605.

8. *s.* für ae. *sc* schreiben *C A V sch, T sh sk* er-
scheint in *skete (A T)* 1172. *scarlet (A)* 514. für *scan-
tilonn (A T)* schreibt *C schauntillun* 715. für *she (T)*
hat *A zhe*, einmal (432) auch *zc.* im in- und auslaute
dienen *ss, ssch, chss, ssh* zur widergabe des 'scha'-lautes
vgl. 417, 489, 566, 718.

Für ae. *hs* schreiben *A V T sk, C* hat *x* vgl 991
(doch vgl. *waxe T* 133).

Merkwürdig ist die schreibung *mascun (C)* 746 ben-
iscun (V) 1000.

ss, das für altes *ss* oder *þs* steht, erscheint manch-
mal vereinfacht. *blisse* 1249 neben *blis* 932, vgl. 450. —
wissen (A, wisi V, wyssh T) 546 = ae. *wisian.*

Schwankend ist die schreibung folgender namen:
Floriz und *Floris* (399, 817) in *C, Florice* in *A, Florys,*
Floreys, Flores in *T, Floyres* in *V;* — *Clariz* und *Clarice*
in *C, Clarice* in *A, Clarys* in *T, Claris* und *Clarisse* in
V; — *Daris C, Darys, Darie A, Dares T.*

9. *n.* in den flexionsendungen hat sich *n* vereinzelt
erhalten. dass es hier meist nur noch archaistische eigen-
tümlichkeit der schreiber, in wirklichkeit aber schon ab-
gefallen war, beweisen die reime und sonstige metrische
gründe. ein gleiches gilt überhaupt von *n* im auslaute
nach vokalen. *biputen (C, wipoute V, wipouten A, wipout T)*
1102 neben *bipute (C, wipouten V)* 1108, vgl. 766, 824,
binepen (C A, binepe V, binethe T) 1048, *seve (C, seuen*
A T) 1084, ygl 526, *maiden* 865 neben *maide.* — abge-
fallen ist *n* ferner in *aze (A, azen C)* 872 vgl. 1137
(aze C). renden (A, reden V) 546 ist schreibfehler in *A.*

Für *m* steht *n* in *pan* 837, 512, 891.

Schwankend ist *n* in dem unbestimmten artikel, *on,*
o, oo, a, an vgl. 685, 680, 1251.

un. neben *whanne (C)* 760 steht *whane (C)* 761. *whan (C)* 1213. *wenne (V, when T)* 241. zu merken ist *furtennizt (C)* 612.

10. *l.* umstellung des *l* findet statt in *wordles (C)* 456. im auslaut schreibt *C* durchgehends einfaches *l*, ausgenommen ist nur *uell* 920 (doch vgl. 898). vor folgendem end-*e* tritt regelmassig verdoppelung ein, unterblieben ist dieselbe nur ausnahmsweise *wile (Var.* 794), *wule* 797. 785, doch vgl 789, *nele* 679, *briddale* 1258, *smale* 697, *while* 837. in den letzten beispielen ist der vorhergehende vokal jedoch lang. sonst begegnet *ll* noch in *fulli* 838. *Babilloine* 543. *fallep* 713. — neben *litel* 770 steht *lite* 1028, neben *muchel* steht *muche* 795, 773, 937, 1199, 590, 500, 690, 634. — ae. *ealswā* erscheint in *C* als *also* und *ase*, vgl 401, 722, 1212, 1271, 1272 *(als A)*; 436, 572, 682.

11. *r.* neben *brenne* 395 findet sich *berne : laterne* 647; ferner ist *r* umgesprungen in *wrozt : throzt* 952.

12. *k* wechselt mit *ch* in ae. *pyncan. pinkep · drinkep* 436 neben *pinchep (C)* 573, vgl. *penchep (C)* 426. *penche (CV, penke A T)* 581.

13. *g* ist zu merken in *Spaygne (C, Spaine A, Spayne T)* 827, *compaygne (C)* 797, *babilloigne (C)* 525.

z neben *zate* schreibt *C* einmal *gate* 557; für *zaf* hat *T* zuweilen *gaf.*

Im inlaut schreibt *C* für ae *g* zwischen vokalen *z*, *A T V* haben *w (u)*, vgl. 691, 889, 914 (301), 893. 1184. 940, 778, 988 (976), 300, 1151, 48. in einem falle hat *C* auch *w* (1236). für ae. *h* vor *t* schreiben *C* und *T z*. *A* zuweilen auch *w*, *V* vereinzelt auch *zh* oder *h*, vgl. 468, 629, 427, 385, 495, 302 für *h* zwischen vokalen hat *C z* in *hize (C)* 659, und *hezeste (C)* 978, doch vgl. *heihe (A, heie V, hye T)* 631. im auslaute *droz (C, drow A, drouz T)* 1127, vgl. 485. *pei (A, pauz T)* 625, vgl. 456.

gg. neben *segge (C)* steht *seic (C)*, vgl. 801, 752, 803, 1059. in *naggene (A, nei V)* : *heihe* 632 zeigt der ıeim deutlich die altertumlichkeit der schreibung. — *bringge (A)* 413, *luddingge (A)* 473 sind orthographische eigentumlichkeiten des schreibers von *A.*

14. *ch* ın inlaut *adrenche (penche, pinchep), chirche, riche, seche, biteche, breche* (668), *reche, muchel, (fecche), liche, iliche, hendeliche* u. s. w. — das persönliche furwort der ersten person ae. *ic* schreibt *C ihe,* selten *ich,* daneben auch *i, V* hat *ich* und *i, A* selten *ich,* gewöhnlich *i, T y.*

15. *h* ist abgefallen in *oste* 531. ae. *héah* schreibt *A* mit *h: heihe (A, heic V, hye T)* 631, vgl. 555, 881 (259), 1040, 933, 897, 871, 404, 1198, 798, 746 (378).

b) **Flexionslehre.**

1. Deklination der substantiva.

Reste der alten flexion finden sich in *sipe* (ae. *sidum*) 1084, *fote (C, fot A)* = ae. *fotum* 807, *pinge (pingum)* 445, vgl. 941, *londe (londum)* 755, *kinge (V* = ae. *cyningum, kinges C T)* : *gestninge* 604, *wise,* ae. *wisum* 581, *eie (éagum)* 1046. *zate (A T V* = ae. *geatu, zates C)* : *ate* 614, *childre (cildru)* 1249, 1145, doch vgl. 1055. *schillinge (scillinga)* 530, *zore* 578, *mile (mila)* 612 In *honden* (acc. plur) *(C)* 982 liegt ein übertritt in die *n*-deklination vor. vielleicht als gen. mit übertritt in die *n*-deklination ist *fowelen (V, foulen A)* 691 anzusehen, (*C* hat *fozeles, T foules*).

Umlaut zeigen *men, wimmen* 1157, *breche* 668, *fet* 1260. unflektiert erscheinen *marc* 768 und *pund* 1278.

In bezug auf das organische und unorganische -*e* verhält sich das gedicht den im mittelenglischen, besonders ım Orrmulum geltenden regeln entsprechend

ohne -e erscheinen wörter wie *fir* 395, *red* 746. *slep* 1046.
wif 263 u. s w. mit -e sind zu merken *highede* (acc.)
747, *welle* 721, 693 neben *uel* 715. uber *drinke (C T,
drink A)* 434 vgl. Matzner, Wbch. I 677, und R. Sachse,
Das unorganische *i* im Orrmulum, Halle (Diss) 1881.
s. 7 § 1 anm.

Von langsilbigen femininis findet sich ohne -e nur
blis 932.

Nach präpositionen ist -e in den meisten fallen be-
reits abgefallen. *mupe : nupe* 401 neben *mup · cup* 1037,
huc 1068 neben *lif* 1118. *bedde* 951 neben *bed* 1045, vgl.
429, 876, 1018 (1084) u. s w des reimes wegen ange-
treten ist -e sogar an ein romanisches wort *sopere · chere*
574. Ohne -e erscheinen im dat. si. die ursprunglichen
feminina *tohning* 548 und *world* 636, 680 (vgl. Sachse,
s 13 § 11b, s. 18 § 18), ferner *gestning* (acc.) . *ring*
566, doch vgl. 473, 533, 603, 473, *moretid* (acc.) 976
(Sachse § 11a), *wil* (dat.) 397 (Sachse § 32a anm.)
neben *wille* (acc.) 1204.

2. Deklination des adjektivs.

Spuren ehemaliger flexion des adjektivs finden sich
in: *sumne (C)* 738, *ferren* (dat. plur.) 755, *ore (V)* 284.
alre s. unter 'Konsonanten' 7, *beue* 950. ein andrer rest
der alten adjektivdeklination ist -e, das sich in dem ge-
dichte nach den auch im Orrmulum geltenden regeln
gesetzt findet. zu merken sind ohne -e *oper* (nach vor-
hergehendem demonstrativpronomen) 412, 439, 504 und
mit -e *none* (dem subst nachgestellt) 461, 529, 509.
Nach präpositionen ist -e meist schon abgefallen, vgl.
418, 702, 977, 517, 841, 602, 890, 582, erhalten (in *C*)
398, 1278, 539, 829, 597, 842, 549, 759, 573, 811

3. Furworter.

Spuren von flektierten formen *pane (C)* 1291, *pan
(V)* 617, *(V)* 687, *for pan (C)*, 512, 837, *of pan (C)* 803,

under *þon (A)* 1055: *þo (A)* 1180, *þan (V)* 619. *þisse*
dat. *(V)* 1012, *(V)* 1016.

Gen. plur. *ure (C)* 579. *ower (C. zoure A T)* 950.

3 pers. si. masc für *he* hat *C* einmal *ha* 719. *hine*
acc. *(V)* 259. das femin. lautet im nom in *C* meist *heo*,
daneben auch *he (C, hi A, heo V)* 1011, vgl. 1015, ein-
mal *a (C)* 537; *A* hat gewöhnlich *zhe*, selten *hi (A, he C,
she T)* 722, vgl. *Var.* 714, 1032, *V* hat *heo*, vgl. *heo : beo
(V)* 226, wo *T*, das sonst durchgehends *she* hat, *hee : bee*
liest. dat. und accus. *huc V C, hire, here, her A, hur T.*
der gen (possess.) *her* oder *here* und *hire (C)* teils ein-
silbig, teils zweisilbig, vgl. 392, 508, 520, 510, 864, 596,
724. — plur.. *hi* in *C*; in *V hy (. cri* 250), *hei* 338, *hi*
311, *hij, hii* 1058. in *A T þei, þay* dat. und accus *hem
A T C V.* —

þat ilke 661, *þat ilche (A, þilke C)* 674, vgl. 816:
euerechone (C, echone A) 698, *euerich (A, euery T,
eche C)* 678. *þilke* 711, 907, 789, 607, 450, 1264, *þulke
(C)* 1210.

al ist si., teils substantivisch ('alles'), teils adjek-
tivisch ('ganz, all'), 415, 811, 822, 922, 428; nach prä-
positionen steht meist auch *al*, vgl. 1139, 1175, 1216,
zuweilen jedoch auch *alle*, vgl. 1030 mit 1043, 407. ad-
verbial steht *al*, 402, 1146. 942, 992, ausgenommen *wiþ-
alle* 652, 949, 1080. der plur. lautet stets *alle*, 420,
479, 1079, 1227. 1236, auch wohl 445, 549.

4. Verba.

Der infinitiv zeigt noch mehrfach (in *C, V* und *A*)
die endung *-en*, die teils als besondere silbe gerechnet
wird (vgl. *Ged* 416, 547, 681, 840. 850, 866, 1231, 511,
1252, 1007, 546, 1263) teils verschleift wird (vgl. 1264,
761, 695, 604 u. s. w.). durch den reim gesichert, viel-
leicht auch durch den reim herbeigeführt, findet sich *-n*
nur in *gon : anon* 924 und 1056, andere kontrahierte
formen begegnen 480, 406, 689, 815 u. s. w. in den

meisten fallen jedoch ist -*n* abgefallen; das nunmehr
auslautende -*e* wird meistens noch als besondere silbe
empfunden: vgl. 395, 427, 475, 592, 726, 735, 752, 767,
836, 838 u s w., vor vokalischem anlaut tritt häufig
(nicht immer, vgl. 794, 718, 811, 839 u s w.) elision
ein. 444, 451, 458, 518, 807, 849, 685, 692, 756,
777 u. s. w.; verstummt oder beim vortrage zu ver-
schleifen ist -*e* in anderen fällen 385 *(télle zou nózt)*,
478 *(come to pál)*, 521 *(máke min hérte)*, 579 *(abide þe dai)*,
892 *(erie bigán)*, vgl. 808, 714, 734, 763, 779, 786, 800,
806 u. s. w. — ae. -*an* hat sich in *C*, *A* und *V* ge-
legentlich noch erhalten als -*en*, -*e*, -*i*, -*y* : 836, 1120,
1064, 1121, 396, 888, 662, 546, 1007, 773 (doch vgl. 518),
806, 1295 (doch vgl. 904), 838, 733, 804 (doch vgl. 753),
758, 305: vgl jedoch den reim *pole : bifore (C)* 1191. —
[*C* und *V* zeigen einige male infinitive mit der vor-
silbe *i*-, vgl. *Var.* zu 538, 791, 1098, 456 (vgl. 317),
609 (vgl. 1031), 579, 540, 689; auch in *A* (*Var.* zu 806).
für das versmass nötig ist dies *i*- wohl nur in *(C)* 1140].
ein beispiel des flektierten infinitivs ist *gonde (C,
zonge V)* 612, *done (A V) Var* 1024.

Praesens ind — die 1. pers. si. endet auf -*e* · *penche
(C)* 581, *wene (A)* 573, *worpe* 737, *drede* 836 einmal
steht -*i* in *C: ponki (C, panke A, ponke T)* 957, vgl 611,
1173. eludiert ist dies -*e* in· 1013, 842, *(C) Var.* 904,
(C) Var. 585, zu verschleifen ist -*e* in. 905, *(C) Var.* 733.
— die 2 si. endet auf *est* 542, 432, 543, 934, 298,
1124; 794 *(lest)*, 323 *(seist* 'sagst'), 1268 *(dost)*. — die
3 si. hat die endung -*eþ* (in *T* gelegentlich -*iþ*), die in
den meisten fällen als volle silbe gemessen wird: 673,
399, 553, 645, 649, 771, 721, 682, 1116. verschleift 668,
1008 *(buddeþ C; A* und *V* lesen *bit)*, 650, 731. zusammen-
gezogene formen *geþ* 601, *sit (C A; sittes T)* 433, *net
(C, etez A, eteþ T)* 435, *fint (A, fyndeþ T)* 1036, *lyþ :
bysiþt (V)* 258, vgl. 434, 705, 630, 1035, 600, 599, 632,
527, 757, 1009. *forze (C)* 913 ist wohl verschrieben für

forzet oder *forzit* vgl. *(A)* 434. *sikþ (V)* 254 = ac. *sihþ.*
vereinzelt steht in *C* und *A z* statt *þ: gez (C)* 459, doch
vgl. 601, 835; *elez (A)* 435, *þinkez (A)* 436. zu merken
ist noch. *sigges (A)* 1295, vgl. 433 *(T)*

Der plural endet auf *-eþ* (daneben vereinzelt auf *-ez*
(C) 864), das meist vollgemessen erscheint. 656, 710,
894, 1250, 926; verschleift in. 875, 1158, 864, 732 u. s. w.
neben *-eþ* haben *A* und *T* zuweilen *-e(n)* oder *-yn (T):*
haue (A, hauyn T, habbeþ C) 410; zu merken ist noch
han (A) 409, vgl 1082. vor dem personalpronomen fällt
þ ab: *nabbe we (V, haue T)* 319. betrachtet man jedoch
die reime, so erscheint es zweifelhaft, ob wirklich *-eþ*
und nicht vielmehr *-e* als endung des plur. praes. ind.
anzusetzen ist. an der einzigen sicheren stelle (1114)
liest *V bringe* ohne *þ* im reime auf *wepinge*, *A* hat da
den ungenauen reim *bringeþ : wepinge, C* fehlt ganz und
T ändert. 1111—1112 werden *sendeþ : tendeþ* wohl als
singulare zu fassen sein, der singular nach *me* ('man')
ist ja ziemlich häufig und auch in diesem gedichte zu
belegen, vgl 689. (so wird auch *bringeþ : wepinge (C)*
1149 als si. anzusehen sein, übrigens ist die lesart in *C*
korrumpiert.)

Praesens conj. — im si und plur. *-e.* vollgemessen
675, 811, 771, 769, 839; elidiert 778, 549 (wo *T help*
schreibt), 579 (*T* hat einfach. *let)*, 682; verschleift: *legge*
(C A; lay T) 786, *lete* 911 zu merken *granti (C,* voll-
gemessen) 1216.

Imperativ. — der si. geht in den meisten fällen auf
den wurzelkonsonanten aus. 1269, 920, 772, 547, 744,
793, (doch *bere A)*, 748, 754 (doch *speke A)*, 1012, 747,
743 (doch *wende A T*, vgl. 841), 237. 1177, 562, 744
(doch *take T* 653). ohne *-e* steht ferner *plei (C, plai A)*
766. mit *-e: dwelle (A)* 1269, *segge (C, saie A, sey T)*
752, *seie (C, sai A)* 1059, vgl. 803, 797, 754; *answare*
(C) 753, vgl. 797. 787; *leue (A) Var* 772, *lohe (T)* 772,

haue (C) 547, *grante (C)* 779, *dute (C, doute A, douʒt T)* 394. — der plural endet auf *-eþ: awrekeþ (C)* 1094, *-þ* fällt ab vor dem personalpronomen: *dute ʒe (C)* 950

Das particip. praes. endet auf *inge* und zweimal, 567 und 1198 auf *inde* in *C;* auf *inge* in *V;* auf *ing(e)* oder *ende* in *A,* auf *yng* oder *aund(e)* in *T;* vgl. 991, 567, 433, 1198, 402, 1145, 1146, 992. im reime kommt es einmal vor: *uepinge: þinges* 942

Praeteritum ind. der starken verba. — die 1. und 3 si. geht, ausgenommen in *T,* das gelegentlich *-e* hat, stets auf den stammkonsonanten aus. von der 2. si. findet sich kein beispiel. — der plural endet auf *-e* und *-en,* die teils als volle silbe gemessen teils verschleift werden, *-e* kann auch elidiert werden, vgl. 917, 1055, 494, 1056, 404, 863, 861, 853, 1236, 971, 1193, 494, 855 *(A* hat *bad* ohne *-e),* 470, 927, 928, 893, 250. der stammvokal im plur. ist verschieden von dem im si., vgl. *bad* 1071, *beden* 855, *bede* 971; *fond* 558, 1035, 1088, *funden* 470, *glide* (plur.) 917; vgl auch *schulle* (plur.) 712, 1180, 1182.

Das praeteritum ind der schwachen verba lautet in der 1. und 3 si. und im plur. auf *-de(te)* oder *-ede* aus, doch schreiben *A* und *T* zuweilen das end-*e* nicht. vollgemessen ist dieses *e* in 401, 1215, in andern fällen tritt elision (1025, 867, 929, 449, 1283, 1219, 1083, 1200, 872, 874 (')), 1024 *(C* 602), 1019, 928, 877) oder verschleifung ein (1022, 552, 1276, 1000, 266, 1199, 249, 915, 526, 994 (vgl. 1024), 281, 507) — die 2. si. endet auf *-est:* 291, 1126, 292, 938. auf *-en* ist zu merken *uerden* (plur.) 414 *(C).*

Praeteritum conj. — die starken verba zeigen *-e:* 462 (?), 326 *(e)* die schwachen verba haben in der 2 si. *-est:* 591 (vollgemessen).

Das partic. praet. der starken verba hat das *n* fast überall eingebüsst, beispiele mit *-en* sind *funden (C)*

698, *wisen* (*A*, *wise* *V* *C*) 1026, *women* (*A*, *come* *T*,
wume *C*) 1027, *sfonden* (*A*, *sfunde* *V*) 1027 u s. w. das
-*e* wird teils als volle silbe gerechnet (z. b. *wone* 1106,
sfunde 963), teils elidiert (z B. 1222, wo *A* *forzwen* hat.
275), teils verschleift (z b. *ibede* (*V* *T*) 999, *wome* 755).
— das partic praet. der schwachen verba endet auf
-*(e)d* (oder -*t*, z. b. *aligt* 221, *went* 729, *wlupt* 1036).
formen auf -*e* finden sich nur folgende m *C* *waste* (plur.)
(*C*) 1071, *aquate* (*C*, *A* hat *quade*) 610 und mit abfall des
d: *lohe* (· *bohe* *C A T*, oder ist dies nicht = ae. *locod*?
sicher hielt es der schreiber von *V* (*dloked*) dafür) 997.

c) Die mundart des gedichtes.

'Wie es scheint, dem suden' gehorte nach ten Brink
(Gesch. der engl. litt s. 291) der dichter des englischen
Floris und Blauncheflur an. noch tiefer nach suden als
den King Horn möchte Lumby das gedicht setzen. sud-
liche kennzeichen bieten allerdings die von ihm ver-
offentlichten bruchstucke des gedichtes (d. h. die hss. *C*
und *V*) in grosser zahl. der uberwiegende teil derselben
jedoch fallt, wie die vorangegangene untersuchung uber
die lautverhältnisse und die flexion des gedichtes dar-
gethan hat, sicher den abschreibern zur last und ruhrt
nicht von dem dichter selbst her. gegen die sudliche
mundart als die sprache des verfassers spricht vor allem
entschieden der umstand, dass ae. *y* (der umlaut von *u*)
in den reimen uberall als *i* erscheint. ae. *eo* ist, wie die
reime zeigen, unzweifelhaft zu *e* geworden, wenn auch
in *V* *C* meist das sudliche *eo* dafur geschrieben ist das
mittelland allein kann demnach als die heimat des Floris
angesehen werden. damit stimmt auch das verhalten
von ae. *â* in unserem gedichte. was ae. *ea* vor *ld* an-
geht, so findet sich einmal (nur in *V*) *e* gesetzt, *bihelde* :
elde 302, m allen andern fallen steht *o*. *biholde* : *wolde*

866, 888, *holde : scholde* 476, vgl. ferner *told : sold* 825,
1227, 593, *holde . tolde* 474, *cold : told* 960, ferner 747,
840. die flexionsendungen der konjugation (*-e*, *-est*, *-ep*
im si., *-e* im plur. des praes., *-est* in der 2. si. praet.
der starken verba), weisen auf das östliche mittelland, die
südlichen eigentumlichkeiten (*he* als pron. der 3. pers.
si. fem., *hi* im plur., ac. *þêr*, *wære*, *wâron* = *þere*, *were*;
der ablaut im plur. praet. u. s. w.) deuten auf den süd-
lichen teil desselben. dass die heimat des Floris nörd-
licher sein muss, als die des King Horn, darauf hat
Wissmann, der in seiner Untersuchung der lautverhält-
nisse des King Horn auch die des Floris fortwahrend
zur vergleichung mit herangezogen hat, bereits in über-
zeugender weise hingewiesen. es scheint daher nicht
nötig, das von Wissmann gesagte hier noch einmal zu
widerholen. wenn nun seine annahme, dass Essex als
das entstehungsland des King Horn anzusehen sei, richtig
ist (und sicherlich ist die heimat des King Horn nicht
weiter nach suden zu setzen), so muss Floris and
Blauncheflur in einem nördlich von Essex liegenden ge-
biete, oder in einer von der heimat des King Horn nicht
allzu weit abliegenden gegend entstanden sein, deren
sprachliche eigentümlichkeiten einen etwas ausgeprägte-
ren mittellandischen charakter trugen, als die mundart,
der King Horn angehört, und die sich gleichzeitig nicht
allzusehr vom suden entfernt. denn dass die heimats-
gegenden beider gedichte einander benachbart, oder sich
wenigstens ziemlich nahe gelegen haben mussen, zeigen
— abgesehen von einzelnen verschiedenheiten (über
ac. $y = e$ im King Horn vgl A. Brandl, Litteraturbl.
f. germ. u. rom. phil. 1883, nr. 4) — die vielfachen über-
einstimmungen beider dichtungen in ihren lautverhält-
nissen (soweit sie sich aus den reimen ergeben, denn
die hss, besonders die hs *C*-Floris und die hs. *C*-King
Horn, stehen sich in vielen punkten noch näher als die
sprache der dichter).

d) Die zeit der abfassung des gedichts.

Die regierungszeit Heinrichs III. (1216—1271) bezeichnet ten Brink als die entstehungszeit unseres gedichtes. da die älteste erhaltene aufzeichnung desselben (die hs. *C*) noch spuren der unterscheidung des grammatischen geschlechts aufweist [1]) und noch durchgehends *u* für ae. *â* hat, während in der zweitältesten *(V)* die neue schreibung *(ou)* bereits die oberhand gewonnen hat, und demnach *C* wohl nicht weit von 1250 entfernt und eher in das dritte als in das letzte viertel des dreizehnten jahrhunderts zu setzen ist, so wird die annahme wohl berechtigt erscheinen, dass das gedicht von Floris and Blauncheflur um die mitte (vielleicht auch in dem zweiten viertel) des dreizehnten jahrhunderts entstanden ist.

e) Die schreibung des textes.

Bei der schreibung des textes ist im allgemeinen die orthographie von *C* befolgt worden. abgewichen ist von derselben nur da, wo es nach der vorausgehenden untersuchung unzweifelhaft erscheint, dass der schreiber von *C* die schreibweise seiner eigenen südlichen mundart oder andere von der sprache des dichters verschiedene, archaistische neigungen bekundende schreibungen angewandt hat. geregelt ist ferner der gebrauch von *i* und *j*, *u* und *v*, die zeichensetzung und die anwendung der grossen anfangsbuchstaben.

---

[1]) s. die anm. zu 861

IV. Metrik.

1. Der reim.

Das gedicht ist in kurzen reimpaaren abgefasst. wenn auch zuweilen einsilbige (stumpfe) reime mit zwei-silbigen (klingenden) alternieren, so ist dieser wechsel doch keineswegs durchgehend oder regelmässig, oft steht eine ganze reihe einsilbiger reimpaare hinter einander (z. b 725—732, 737—716. 385—396, 769—776, 931--940 u. s. w.), andere stellen zeigen mehrere klingende reimpaare in unmittelbarer aufeinanderfolge (z b.397—404, 282—310, 800—816, 1163—1176, 537—544 u. s. w.). drei-silbige (gleitende) reime finden nicht statt.

Die reime sind in den meisten fällen genau.

Beispiele ruhrenden reimes sind folgende. *Blanche-flur : flur* 919 (933). *unwise . wise* 1015, *alle · wipalle* 1079, *wite* 'wissen' *wite* 'schutzen' 1214.

Erweiterter reim liegt vor in *seler : boteler* 173, *lycoris : lov' is* 119, *largeluhe : blipeliche* 467, *lemman is : paradis* 471, *þe be : þe me* 569, *and preie : and pleie* 777, *orisun : benisun* 999, *for þe · for me* 1124, *make þe : lire þe* 329, *tipinge tolde : feste holde* 473.

Gleichen reim zeigen. *noldest : noldest* 288, *oþer : oþer* 425, *inne : inne* 615, *hadde · hadde* 1204.

Auch der grammatische reim findet sich *woldest scholdest* 335.

Zuweilen zeigen zwei (selten mehr) hinter einander stehende reimpaare denselben reim, vgl. die verse 391—394, 411—414, 443—446, 473—476, 1219—1224. derselbe reimvokal bei sonst verschiedener konsonanz in unmittelbarer aufeinanderfolge findet sich auch, vgl. 1215—1218, 487—490, 607—610, 625—628, 115—118, 419—421 u s w.

Nicht sehr zahlreich sind die ungenauen reime

1. Reime mit verschiedenem vokal

honde . grunde 718, *stonde . grunde* 864, ferner *scarlet : whit* 513, doch ist an dieser stelle die lesart zweifelhaft (s. die anm.). andere ungenauigkeiten, wie *wipalle : welle (C)* 650 (lies *walle,* s. die anm. und vgl. noch 1047, 547), *underzete (C A V) : wde* 974 (lies *underzute* und vgl. 310, 1027: 1100), *wytte put T* 26 (lies *pit*) fallen nur den schreibern zur last, in der sprache des dichters waren, wie die vergleichung mit anderen stellen oder die varianten ergeben, diese reime genau.

Diphthonge reimen mit einfachem vokal.

a : ai. ameral : counsail 1267. es ist *amerail* zu lesen, *amerail* und *ameral* wechseln oft mit einander, so stehen beide formen in einem und demselben gedichte im reime in Rich. C. de Lion 3366 *(amyrales : vassales)* und 6846 *(amorayle : fayle),* vgl. auch s. 116.

e : ai. muchelhede : maide 448, lies *mede* und vgl. s. 111 und 116.

e : ei. rede : seide 21, 51, 91, lies *sede* und vgl. s. 111.

e : eo. für *eo,* eine eigentumlichkeit des schreibers von *C,* ist stets *e* einzusetzen. s. s. 110 2.

i : ei. seith · withe T 106, lies *sip (= syhp) : wip,* vgl. *sikp* 254 *(V).*

2 Reime mit verschiedenen konsonanten.

m : n sehr häufig, vgl. 286, 311, 367, 461, 595, 771, 575, 975, 677, 689, 1125, 1255, 1031, 797, 827, 954, 957, 1229, 595.

d : t bed : zet 1189

l : r. pole : bifore 1191.

p . k. clepe : speke 1169.

p : t. worpshipe : buwrite 213 *(T).*

v : p live : swipe 1001, 1068.

n : v. sone : love 23, wohl verderbt.

mn : vn. nempne : stevene (lies *stemne* oder mit *A neuene)* 449 vgl. s. 118. 1.

nd · ng   honde : fonge 810, sonde : longe 1260.
st : rst.   liste . fiiste 788.

3. Reime, deren einer eine flexionsendung hat, die
dem andern fehlt

þoo · goon 32, lies go und vgl go · mo 837 u. s. w.
wend : ende 347 (T), lies wende, und vgl. unter 'infinitiv'.
prys : deryse 360, þinges · wepinge 941, zates (lies zate) · ate
612, stones : one 697, topaces . grace 701, flures : amur 904,
clopes : boþe 1072.

4. Falsche reime·
oþer : Blauncheflour T 121, corrumpiert.

2. Der vers.

Der vers enthält vier hebungen, beispiele von versen
mit mehr als vier hebungen sind wohl 827, 883. schwer
mit vier hebungen lesen sich auch verse wie 896, 755.
nur drei hebungen haben die verse 653—657.

Der vers beginnt meist mit einem einsilbigen auf-
takt, der jedoch auch fehlen kann, z. b. 385, 391, 406,
407, 408, 410, 413, 421, 433, 434, 438, 439, 462,
612 u. s. w. zweisilbiger auftakt findet sich auch 411,
481, 508, 513, 575. 625, 671, 838, 848, 867, 905 u s. w.

Der regel nach folgt jeder hebung eine senkung:
beispiele von versen mit fehlender senkung sind 881,
416, 423, 835, 453, 459 u. s. w. zweisilbige senkung findet
sich mehrfach: 397, 412, 413, 114, 165, 517, 534, 535,
780, 601, 704, 713, 747, 678, 628 u s. w. verschleifung
zweier senkungen (besonders bei -es, -ed, -en vor vokal
oder h, oder in der ableitungssilbe -er, -el vor vokal und
konsonant) begegnet häufig. 388, 628, 626, 857, 893,
409, 519, 392, 435, 466, 583, 590, 593, 596, 601 u s. w.

-e vor vokalischem anlaut kann stets elidiert wer-
den: 387, 393, 404, 443, 446, 395, 481, 672. das u von
þu wird elidiert in 755, 448 u. s. w.

Über das e in wortern wie *sorez, moreze, mirezpe, purez* ist bereits gehandelt worden. *jozeles* 691 ist zwei-silbig, ebenso *makede:* 421, 507, 878, *louerd* ist einsilbig (131, 192) oder zweisilbig (491, 503, 812), *precious* 697 zweisilbig, *mani* vor folgendem vokal ist einsilbig (*i* ist da konsonantisch) 703, ähnlich verhalt sich *merie* 691, vgl. auch 856.

Betonung. dem verse zu liebe findet zuweilen eine verschiebung des regelmassigen wortaccentes statt. die beispiele zeigen jedoch keinen von den sonst bekannten erscheinungen dieser tonversetzung abweichenden fall; für englische wörter vgl. 819, 685. 767, 566, 130, 433, 446 (507), 511, 518, 640, 572, 1155, 1236, 1219. 1161 u. s. w.: für romanische 833, 436, 442, 533, 534, 663. schwebende betonung findet sich 415, 437, 599, 690, 758 u. s. w.

V. Verhältnis des englischen gedichtes zu dem französischen original.

Das englische gedicht ist eine übertragung einer französischen vorlage. bekanntlich unterscheiden sich die beiden gestaltungen[1]) des französischen gedichtes nicht nur durch den ton der erzählung und in ihrer dar-stellungsart ziemlich bedeutend von einander, es enthält die II. gestaltung mehrfach auch andere namen als die I. und mehrere, der ursprunglichen (den beiden gestal-tungen zu grunde liegenden original-) dichtung zum teil fremde episoden.

---

[1]) Vgl. s. 6.

Von all diesen der II. gestaltung eigentumlichen abweichungen bietet der englische text keine einzige. es fehlt ihm die in der II. version (373 ff.) berichtete (und vielleicht auch der ursprunglichen fassung angehorige) geschichte von dem angeblich von Blancheflor vergifteten braten mit allen den sich daran schliessenden folgen. es fehlt dem englischen gedichte die der II version eigene (II 1831, s. 179) erwahnung des kampfes, den Flore auf seiner irrfahrt nach der geliebten zu bestehen hat. es fehlt ihm der zweikampf Flores mit dem feindlichen Emir, wodurch der erstere den Sultan von einem gefährlichen feinde, sich selbst und Blancheflor vom feuertode befreit (II 3053, s. 215) u. s. w.

Auch an stellen, an denen inhaltlich die I. gestaltung mit der II. ubereinstimmt, verleugnet das englische gedicht seine grosse verwandtschaft mit der I. version nicht. die verschiedenheit der englischen dichtung von der II. version, und die art seiner anlehnung an die I. französische gestaltung mag folgende gegenuberstellung veranschaulichen

Engl. 987—1040, siehe im text.

Frz. I. 2269—2336.

Par un matin se fu levee
La preus Claris, et courace,
Blanceflor la bele apela,
El respont 'Alez, g'n ai ja'
En dormillant li respondi,
Et maintenant se rendormi.
Ele est à l'amirail venue.
Il li demande de sa drue
Por quoi ne vient, et or n'est ci
Claris respont. 'Sire, merci!
Toute nuit a lut en son livre,
Que à joie peussiez vivre,
Qu'à paine de la nuit dormi.
Contre le jor se respert.'
"Est çou voirs, Claris?" — 'Sire, oil'. —

"Moult est franche chose", fait il.
"Bien doit estre cele m'amie
Qui veut que j'aie longe vie"
La amirals en ot pitie.
Por çou si l'a ensi laissié
El endemain tout ensement
Lieve Claris premierement.
Blanceflor doucement apele
'Trop avons ci demeuré, bele'
Cele respont 'Jou me coroi,
Amis de vous i serai, jou croi'
Atant ses amis la racole,
Et ele lui, si fait que fole
Et puis l'a baisie, et il li,
En baisant se sont rendormi
Ensamble dorment bouche à bouche

Que l'une face à l'autre touche
Claris fu el piler alee,
El bacin a l'aigue verser
Quant ele revint, se l'apele,
Quatre fois li dist 'Damoisele'
Quant ele rien ne respondoit,
Dont cuide bien qu'alee en soit.
Ele vient au lit son signor
Quant la vit 'Ou est Blanceflor?
Par foi', fait il, 'moult poine cnient
Que tant demeure et que ne vient.'
En Claris n'ot que trespenser
'Par foi' ci la cuidai trover,
Sire; car ains de moi leva
Quant n'est venue, ja reva
Venue fust, s'ele peust,
S'autre oquison trové n'eust.
Li amirals en a pensé,
Son chambrelenc a apele

'Va', fait il, 'haste Blanceflor,
Que tost descende de la tor.'
Cil ne s'est mie aperceus
De Claris, sus en est venus
Quant vint à la chambre maniere,
Par mi l'arvol de la verriere
Le lit a tost aperceu
Vis li est qu'il i a veu
Blanceflor la bele et Claris
Por quoi ne li fust il a vis?
Floires en face n'en menton
N'avoit ne barbe ne grenon,
N'en la tor n'avoit damoisele,
Qui de visage fust plus bele
Quant il les vit tant doucement
Gesir andeus, pitiés l'en prent.
Esbahis fu, si s'en revait
A son signor conte cel plait

Frz. II. 2825—2866.

Or est la termine venue
Que Blancheflor ot atendue.
Li amirax la fist garnir
Qu'ele soit preste du servir
En la premiere matinee
En fu ele molt mal menee.
Quar la nuit vint à son ami
Li uns de l'autre lassa si,
Et de joer, et d'envoisier,
Et d'acoler, et de baisier
Quant ce vint que il ajorna,
Li uns et l'autre s'oublia·
Estroit se tienent enbracie,
Molt estoient estroit coschie
Quant l'amiraut se fu leve,
Si a un serjant apele
'Diva', fait il, 'vient Blancheflor?'. —
"N'issi encor hui de la tor." —
'Ge croi molt bien', dist l'amire,
Que je sui trop matin leve,
Lons est li jois, corte la nuit

Respit ait, quai achoison truis''
Quant il vit le soleil haucier,
Et le joi crestre et essaucier,
Lors a un vallet apele,
Et puis si li a comandé
'Or tost va dire Blancheflor
Que malement sert son seignor
Estrangement a demoré;
Ne l'en saurai hui mais bon gré'
Et cil en monte les degrez,
Qui a merveille s'est hastez.
En la chambre s'en est entrez,
Devant le lit s'est arrestez,
Si regarde les dos enfanz
(He! Diex! com il sont avenanz!')
Regarde les, si li est vis,
Que il s'entrebaisent toz dis,
Quida que ce fussent puceles
Por les coulors qu'avoient beles
Il ne les osa esveillier,
A l'amiral le vait noncier.

Man vgl. weiter engl. 390—410 mit frz. I 1001—1026 und II 1833—2206; engl. 155—208 mit frz. I 414—516 und II 1351—1426; u. s. w.

Es fragt sich nun, ob eine, und welche, der drei hss.,[1]) in denen die I. gestaltung des französischen gedichtes überliefert ist, dem englischen dichter vorgelegen hat. in betracht kommen können hier nur, da frz. C sich als abhängig von frz. A erweist,[2]) frz A und frz. B.

Ist nun frz. A, oder ist frz. B die quelle des Engländers gewesen? oder ist es keine der beiden?

Zunächst sehen wir, dass an vielen stellen das englische gedicht abweicht von frz. A, dagegen mit frz B übereinstimmt.

So stehen z. b. die verse engl. 961—964 'Nou uper hap oper itold Of here sorze and care cold, þat hi hadde ifunde þo Sippe hi were ideld atwo' nicht in frz A, sondern nur in frz. B (Du M. s. 91, anm. 6). 'Apres a l'un l'autre conté Com fetement il ont erré Des ice jour qu'il departirent Dusqu'à celui qu'il s'entrevirent'. —

Nach einem fünfjährigen unterricht können Floris und Blauncheflur lateinisch sprechen und schreiben im englischen gedichte (31), wie in frz. B 261, in der hs. frz. A steht. ens en un an.

Die verse 171—172 'And in þe pomel peron Stood a charbuncle stoon' geben genau die lesart von frz B wider (177) 'El poumel desus est assis Un escarbouele de grant pris'. frz. A liest dafur. 'Li coupiers est chers et vaillans D'escarboucles resplendissans'.

Ferner stimmen genau zu frz. B (Du M s. 12, anm. 1), abweichend von frz. A, die verse 395—398, s. die anm. zu 395.

----

[1]) S oben s 6.
[2]) Vgl hier und ofter im folgenden Sundmachers abhandlung

Vers 600 'And for a fol he him halt' steht nur in frz. B, 'Mes ce sachiez, com fous criez'; in A lautet derselbe 'Sachiez por voir cui fous serez' (Du M. s 62 anm 2).

918 'pan hit were to me bifalle' ist eine übersetzung von frz B 2193 'Se ensement m'ert avenu', nicht von A, das an dieser stelle liest 'Seurement iert consentu'.

Engl. 1017 'Claris to pe piler com' = frz B 2301 'Claris fu el piler alee' frz. A liest da palais statt piler

Engl. 1067—1068 'Hi crie him merci bope suipe pat he gaf him respit of here liue' == frz. B 2419—2420 'Flores à l'amiral deprie Que respit lor dont de la vie'. für diese 2 verse liest frz. A: Et li senescaus au roi prie Biax sire, nes ocies mie' [1])

Trotz dieser — und mehrerer anderer — übereinstimmungen des englischen gedichtes mit frz. B, kann frz. B doch nicht die quelle des Engländers gewesen sein an einzelnen stellen weicht es ab von frz. B, und stimmt zu frz. A.

Engl. 1200—1201 'Al wepinge he turnde away, His swerd fel of his hond to grunde ..' ist eine widergabe der sich nur in frz. A findenden (Du M. s. 112, anm. 4) französischen verse 'Quant Blanceflor a esgardee, De la pitié li chiet l'espee'.

Engl 981 'pat oper [scholde bringe] towaille and bacin' == frz. A (Du M 1681) 'L'une sert de l'eve doner Et la touaille tient son per'. für diese zwei verse liest frz. B: 'Il le servent a grant doutance Chaucune selonc sa poissance'.

Engl. 667—668 'Ac ne mot per non ben inne pat in his breche beieþ þe ginne' = frz. A (1681) 'Les genitaires pas nen ont'. frz. B liest dafur 'Chaucune nuit grant noise font'.

---

[1]) Erwähnt werden muss hier noch, dass sich von der in frz A enthaltenen langen episode von dem zauberer Barbarin und dem selbstmordversuch Flores in der löwengrube (Du M s 33. anm 1, s 229—237) im englischen gedichte nichts findet.

Engl. 617—618 'Eche dai in al þe gere þe feire is þere iliche plencie' = frz. A (Du M. 1581). 'A toutes est la fone plaine En tous les jours de la semaine'; frz. B hat dafur 'Tous les huit jors de la semaine'. — u. s. w.

Demnach kann weder frz. A, noch frz. B dem englischen umdichter vorgelegen haben. diese unmoglichkeit erhellt auch noch aus stellen, an denen das englische gedicht weder mit frz. A, noch mit frz. B, wohl aber mit einer oder mehreren anderen versionen ubereinstimmt. diese ubereinstimmung mit dem mhd. oder dem mndl., oder mit diesen beiden gedichten, die ebenfalls auf eine hs. der I. gestaltung des franzosischen gedichts zuruckgehen, gewahrt uns die gewissheit, dass diese stellen in der franzosischen vorlage gestanden haben mussen.

Z. b engl. 937—938 'Du willst dein gluck ganz allein besitzen, es mit niemand anders teilen'. derselbe gedanke findet sich bei Fleck und bei Diderik, nicht aber im franzosischen, s die anm. zu v 937.

Engl 517—518 'þu schalt beren him a ring On mine helve to tokning' erinnert wörtlich an Fleck 3617 'und bringent im min vingerli ze wortzeichen', Diderik 2045 'te littekene'. der franzosische text (1347—1348) hat bloss· 'Icest anel li porterez Et de moie part li direz'.

Engl. 257—316 (= Fleck 2204, Diderik 1113) fuhrt die königin Flore zum Grabe; im franzosischen heisst es (703) 'La rois à la tombe l'enmaine'. u s w

Die französische vorlage des englischen dichters ist aber durchaus nicht mit der von Fleck oder der von Diderik benutzten identisch; vielmehr zeigt das englische gedicht, ganz abgesehen von den vielen kurzungen und dem ganz verschiedenen tone der darstellung, mehrfache abweichungen, sowohl von Flecks dichtung wie von Diderik van Assenede. hier nur einige beispiele.

Ebensowenig wie im französischen findet sich im englischen gedichte (194—200) eine spur von der bei Fleck (1687—1866) ausfuhrlich gegebenen schilderung,

die die mhd. dichtung (abweichend vom französischen,
s. Sundmacher, s. 44, V. 5) mit Diderik (712—829) ge-
mein hat.

Engl 603 ist in übereinstimmung mit dem fran-
zösischen (s. die anm. zu 603) von 150 königen die rede,
bei Fleck (s. Sommer zu Fleck 1679) sind nur 70 dem
admiral unterthan.

Engl. 1276—1282 beschenkt Floris vor seiner ab-
reise Claris, Daris 'und alle die für ihn etwas thaten';
nach frz. *A* (Du M. s. 121, anm. 2) beschenkt er den
admiral, Daris, Licoris, bei Fleck (7723—7768) ebenso
wie bei Diderik (3931—3943), und wie in frz. *B*
(2909—2920) erhält umgekehrt Flore geschenke von
dem admiral.

> Aus allem gesagten geht hervor, dass die
> französische vorlage des englischen um-
> dichters eine handschrift der I. gestaltung
> des französischen gedichtes war, die auf
> einen älteren oder reineren französischen
> text zurückgeht, als ihn die hss. frz. *A* und
> frz. *B* bieten.

Anscheinend hat diese von dem Engländer benutzte
aufzeichnung den vorlagen Flecks und Dideriks näher
gestanden, als den hss frz. *A* und frz. *B*. nicht ganz
genau ist daher. was Du M. über das englische gedicht
(s. lviii) sagt '*C'est une traduction du poème publié par
Bekker*' (Bekkers ausgabe = frz. *A*).

Die vergleichung der oben angegebenen abschnitte
des englischen gedichtes mit den entsprechenden stellen
der I. fassung der französischen dichtung hat die art,
wie der Engländer seine quelle behandelt, zum teil
schon erkennen lassen. der Engländer ist nicht so aus-
führlich, nicht so weitschweifig, wie der Franzose. lange
schilderungen kürzt er, oder unterdrückt sie ganz, frei-
lich nicht immer zum vorteile seiner eigenen dichtung.

so vergleiche man noch engl. 457—472 mit frz. I
1117—1194 (91). die 79 verse der vorlage gibt die
nachdichtung in 16 versen wider. die anschauliche
schilderung der meeresfahrt (1161—1186) findet in dem
englischen gedichte keine stelle. das französische ge-
dicht führt uns vor, wie sie, als wind und wetter zur
fahrt günstig, die schiffe ins meer ziehen, wie sie die
masten aufrichten. die rahen aussetzen, die segel empor-
hissen, wie der wind sich hineinlegt in die leinwand und
sie alsbald hinaustreibt auf die hohe see. statt dessen
sagt der Engländer einfach 'Er begab sich auf die salz-
flut. wind und wetter waren ihm günstig' (465—466).
wir erfahren nichts von dem namen der stadt, in deren
hafen sie landen, nichts von ihrer lage hoch oben auf
dem schwarzen felsen, von dem aus man bei hellem
wetter hundert wegstunden weit ausschauen kann, und
von dem aus dann Flore mit seinen saumtieren und seiner
begleitung in vier tagen Babylon (= Alt-Kairo) erreichen
kann, wenn er unterwegs nicht belästigt wird. ein
einziges wort ('reichlich') allgemein unbestimmter be-
deutung genügt dem Engländer zur angabe der im fran-
zösischen bestimmt aufgezählten belohnung, die Flore
dem schiffsmanne gibt. engl 'þe mariner he ʒaf large-
liche' = frz. 'Son loier quiert li notoniers, Floire li done
volentiers: Vint marc d'or fin et vint d'argent Li fit doner
joiousement'.

Bezeichnend ferner für die art des englischen
dichters ist engl. 589—611 = frz. I 1501—1570. von
diesen 70 versen seiner vorlage hat der englische dichter
nur 18 (1501—1504, 1536—1537, 1547—1518, 1555—1562,
1567—1568) mehr oder minder genau, und auch noch
verkürzt (in 17 versen), widergegeben, all die übrigen,
die allerdings zum teil widerholungen aus vorher in ähn-
licher weise erzähltem bringen, gibt er nur inhaltlich.

Wenngleich nun der englische dichter längere schilde-
rungen kürzt, ausführliche beschreibungen oft nur kaum

andeutet, nebenumstande unerwahnt lasst, so sehen wir
ihn in den hauptereignissen der erzahlung doch genau
seiner vorlage folgen. da schliesst er sich derselben
ziemlich eng an, und haufig finden sich dieselben worte
und wendungen des franzosischen gedichtes genau an
der entsprechenden stelle im englischen wider.

Engl.	Frz.
402 Weping hi departeþ nuþe	1013 Là les veissiez mout plorer
	Et del doel faire au departir.
459 þus hermne his ender day	1081 Autretel ri jou l'autre jor
471 þe amiral wolde feste holde,	1135 Qui de l'amiral terre tienent
Erles and baruns þer comen	Tres tous ensamble à sa cor
scholde	vienent,
Al þat wolde of him lond	A une feste qu'il tendra
holde	
484 þe lord of þe inne was wel	1200 Qui riches hom ert .
riche	
501 . þinke i . .	1240 Jou pense . . .
502 oþer þing	1240 . tout el
504 ender dai	1242 l'autrier
518 þu mai þonke hit Blauncheflur	1260 Et Blanceflor gre en sachiez
671 At þe gate is a gateward	1693 Cil qui garde l'uis de la tor .
He nis no fol ne no culward	De la tor garder n'est pas fol.
727 Ac zif þei eni maiden is	1829 Et se il a o soi pucele
þat þe amiral loveþ mest of	Que il mieus aime et soit plus
pris,	bele,
On hir schal he þat flur went,	Son li fait par enchantement
þurz conjureson and chante-	La flor can à son talent
ment.	
712 þe best rede þat I can	1858 Le millor conseil que jou sai
744 Also þu were a god ginur	1860 Com se fuissiez engigneor.
749 þe porter is colward and felun	1863 La portiers a le cuer felon
777 zerne he wile þe bidde and	1892 Del revenir vous proiera.
preie	
þat þu come amorze	
905 .. gabbe	2129 .. gabez .
1008 hat he zaf him respit of here	2420 Que respit lor doint de la vie,
lue.	Tant qu'en sa cort, roiant sa
After his barnage he haþ	gent,
isent	Les ocie par jugement
To awreke him wiþ jugement	

1101 *Hit nere nozt rizt jugement* 2489 *De l'encouper, si com j'entent,*
  Wiþuten answere to acupe-   *Sans respons n'est pas juge-*
    ment   *ment*
1255 *þe annnal hire nom to quene* 2532 *La prent l'amiral a oissor*

u. s. w

Nicht unerwähnt bleiben soll hier der umstand, dass an einzelnen stellen, an denen französische wörter in den englischen text mit hinübergenommen sind, die eine oder die andere hs. gelegentlich dafür den entsprechenden englischen ausdruck bietet. offenbar empfand ein späterer schreiber das bedürfnis, den eindringling, dem der dichter durch aufnahme in den englischen text das indigenat hatte auferzwingen wollen, als immer noch nicht eingebürgert und dunkel auszumerzen, und den verständlicheren, heimischen ausdruck dafür einzusetzen. man vgl. hier die lesarten zu 618, 1252 u. s. w.

Reden und gegenreden beginnen nicht selten im englischen mit demselben worte und zeigen denselben gedankengang wie im französischen an der entsprechenden stelle.

Engl.   ### Frz.

442 *'Sire', he sede, 'numestu no zeme,*   1069 *'Sire', fait ele, 'avez veu*
  Hu þis child mariinge sit?'   *Com cus enfes s'a contenu?'*
717 *'Daris' he sede*   1849 *'Dares, buaus ostes. '*
901 *'Away, Claris', quaþ Blaunche-*   2125 *'Avoi' fait Blanceflor, 'Claris'*
    flur
940 *'Certes', quaþ Blauncheflur to*   2179 *'Kieles!' fait Blanceflor, 'Claris.*
    Claris,
  'þis is min ozene Floris'   *Ja est çou Floire, mes amis.'*

vgl. noch die anm. zu 1005, 499, 581 u. s. w

Eine ganz besondere vorliebe zeigt der Engländer für die französischen reime und reimwörter, die er, soweit es eben die englische sprache zulässt, ohne jede änderung in seine übersetzung mit hinübernimmt, besonders häufig bei eigennamen, bei denen es ihm manchmal freilich schwer werden mochte, andere reime zu finden.

5 *þe king understod þe grete*	207 *La rois aperçoit bien l'amor*
amoure	
Bytwene his son and Blaunche-	*Que ses fius a vers Blanceflor.*
floure	
57 *And þat he lese not his honour*	307 *Et qu'il ne perde pas s'honor*
For þe mayden Blaunchefloun	*Por l'amistie de Blanceflor*
65 *Sir, we shul oure soon Florys*	311 *'Sire', fait ele, 'envoions Floire,*
Sende in to þe londe of Mount-	*Nostre fil, aprendre a Montoire'.*
argis	
179 *And brouзt it in to Lumbardy*	491 *Si la dona, en Lombardie,*
And gaf it Lavyne his amy	*A Lavine qui fu s'amie*
749 *þe porter is coleard and felun*	1853 *Li portiers a le cuer felon*
Forþ he will sette þe a resun	*Sempres vous metra à raison*
793 *He wile be wel coveitus*	1913 *De la coupe iert moult covoiteus*
And hire to bigge angussus	*Et de l'acater angoisseus*

Man vgl noch 217, 246, 248, 265, 457, 639, 648,
699, 730, 933, 939, 1061, 1070, 1101.

Demnach ist das englische gedicht anzusehen als
eine freie übersetzung, eine freie nachdichtung der fran-
zosischen vorlage, deren hauptzuge überall getreu wider-
gegeben sind, die aber im einzelnen manche einbusse
erlitten, manch schonen zug abgestreift hat zuthaten
eigener art, eigene lange reflexionen, wie der deutsche
nachdichter Konrad Fleck[1]) dies gethan. hat er in seine
ubersetzung nicht hineingebracht er ist eben keiner
jener parodistischen übersetzer, denen wir in Frankreich,[2])
in Deutschland begegnen, und die durch hineinlegen
neuer gedanken, durch aufstellung anderer gesichts-
punkte das zu übersetzende werk umzugestalten, ihm
ein ganz anderes geprage aufzudrucken bestrebt sind —
die trifft man um die zeit uberhaupt wohl nicht auf eng-
lischem boden an, alles, was er, der Engländer, wollte,

---

[1]) Ubrigens wird wohl bei eingehenderer vergleichung des mhd
gedichtes mit den italienischen fassungen (und mit der griechischen)
noch einiges von dem, was Sundmacher als eigentum Flecks bean-
sprucht, als in dem ursprunglichen gedichte vorhanden und der
französischen vorlage entlehnt anerkannt werden mussen.

[2]) S. Scherer, Deutsche litt, s. 147.

war, den lieblichen gegenstand der franzosischen dich-
tung, wie er auf ihn eingewirkt hatte, wie er ihn in sich
aufgenommen hatte, so seinen eigenen landsleuten wider
vorzufuhren. so ihn auf andere wirken zu lassen. und
dies ist ihm, was den gesamteindruck seiner dichtung
angeht, nicht ubel gelungen in eine einfache gewandte.
leicht dahinfliessende sprache gekleidet ist seine dar-
stellung anmutig und nicht ohne lebendigkeit. zu diesem
lebendigen, frischen tone tragen nicht wenig bei die vielen
reden und gegenreden — es sind deren an 80 — durch
die der dichter abwechslung in die erzählung gebracht.
und die fast die halfte aller verse des gedichtes aus-
machen. trotz seines bestrebens, die vorlage zu kurzen,
nebensachliches unberucksichtigt zu lassen, situationen
öfter in groben strichen mehr anzudeuten als auszu-
malen, kann man doch dem englischen bearbeiter die
fahigkeit nicht aberkennen, auch schildernde und be-
schreibende partieen gut durchzufuhren. im gegenteil.
neben den reden und gegenreden nehmen gerade die
beschreibungen einen hervorragenden teil ein in dem
englischen gedichte so sind denn die grundlinien der
ursprunglichen erzahlung in dem englischen gedichte
ebenso treu bewahrt wie in dem franzosischen, und der
sudliche, orientalische hauch in ton und darstellung, wie
er sich ausserlich in der beschreibung schoner garten
und dergleichen geltend macht, der uns aus dem fran-
zosischen gedichte entgegenweht, ist auch aus dem eng-
lischen noch nicht verflogen.[1]) mehr als hundert verse
verwendet der Englander auf die schilderung der stadt
Babylon, ihrer mauern, turme, garten. springbrunnen.
wasserkunste, baume, vgl. 603—732 man lese weiter

---

[1]) ten Brink, Engl litt , s 296 — unverstandlich ist mir ge-
blieben, was ten Brink mit den worten meint 'wie es scheint, ent-
stand nicht lange nachher eine neue bearbeitung aus dem franzosi-
schen, wahrend die erste nachdichtung sich auch nach dem norden
verbreitete.'

die beschreibung des bechers (163—187), die des pferdes
und des sattels (382—389), u. s. w. ganz mit unrecht
sagt daher Du Méril (s. lviii) von der englischen uber-
setzung sie sei 'dépourvue d'imagination et d'esprit'. man
nehme nur die scene. wo die beiden liebenden nach ihrer
entdeckung im turme dem feuertode uberantwortet sind
und jeder zuerst sterben will (1111—1226). die macht
der schonheit. mit deren fehlern und vergehen uberall
die herzen mitleidsvolle nachsicht uben. hat auch hier
die herzen der umstehenden geruhrt. zum mitleid. zum
vergeben gestimmt, nur des Sultans entnervtes gemut
vermag sie nicht zu beeinflussen. wohl aber ruhrt ihn,
den stolzen. wutigen mann. die macht der liebe. die
macht der alles aufopfernden. selbst das leben hin-
gebenden liebe; — die macht der bis in den tod ge-
treuen liebe, sie entwaffnet auch seinen zorn das
schwert. das er gezückt. die liebenden zu treffen, ent-
fällt seiner hand, und seinen augen entquellen thranen
der ruhrung so finden wir auch bei dem Englander
die verherlichung der treuen liebe, der unwandelbaren
treue wider. freilich hat er nicht notig. wie Fleck, der
die treue in der liebe zu seinem thema. zum haupt-
gesichtspunkte seiner dichtung gemacht hat. dieselbe
immer von neuem wider hervorzukehren. immer von
neuem mit betrachtungen und reflexionen darauf hinzu-
weisen, das lob der liebe und treue ergab sich ihm aus
der erzahlung, wie sie vor ihm lag, aus dem gegenstande
ganz von selbst

> 'Ac þilke day ne schal nevre be.
> Ne schal men nevre atwite me,
> þat ich be of love untrewe,
> Ne chaunge lore for no newe' (907—910).

Man vergleiche noch die 261—348 geschilderte scene.
auch ihr wird man lebendigkeit in der darstellung nicht
absprechen konnen. auch in ihr kommt die macht der

unwandelbaren treue, der keine hindernisse noch gefahren
scheuenden liebe zum ausdruck.

> *'Nu me þenchep, moder, þat y lere may,*
> *Ne schal y reste nizt ne day,*
> *Nizt ne day ne no stunde,*
> *Tyl y have my lemon funde,*
> *Hun to seken y woll wende*
> *þauz it were to þe worldes ende.'*

VI. Inhaltsangabe des englischen gedichtes.

Schonere kinder brauchte man im lande nicht zu suchen die
Christin pflegte sie und erzog sie zusammen. gar sehr liebte sie beide
als sie sieben jahr alt sind, will der konig seinen sohn einem lehrer
ubergeben, 'im buche die buchstaben zu lernen' weinend bittet
Floris 'soll Blancheflur nicht mit mir lernen? nicht kann ich zur
schule gehen ohne Blancheflur, nicht singen, nicht lesen ohne
Blancheflur.' zur schule werden beide gebracht, ein wunder war
es, wie schnell sie lernten auffalliger noch war ihre liebe so
liebten sie einander, dass sie sich nie trennten. als sie funf jahre
zusammen gelernt, verstanden sie genug latein und wohl zu schreiben
auf pergament

Der konig bemerkte seines sohnes grosse liebe zu Blancheflur
'was wird daraus werden, wenn Floris erst mundig ist, und sich
eine standesgemasse gattin nehmen soll? wird er von der liebe zu
Blancheflur lassen?' dieser gedanke beschaftigte seinen bekummerten
sinn. 'frau', sagt er zur konigin, 'ich will Blancheflur toten lassen
wenn das madchen erst nicht mehr am leben ist, wird Floris bald
sie vergessen und eine vernunftige heirat machen' die konigin will
die maid am leben erhalten. 'herr', sagt sie, 'besser ware es, wenn
einer das madchen raubte, als dass wir sie erschlagen wir wollen
Floris nach Montargis schicken zu meiner schwester, der herrin des
landes. wenn sie erst weiss, weswegen wir ihn fortgeschickt haben,
wird sie alles thun, was in ihrer macht liegt, beider liebe aufzu-
losen. des madchens mutter soll sich krank stellen, das wird dann
ein grund sein, dass sie nicht von ihrer mutter gehe'

Gar betrübt sind beide kinder, Floris weint vor dem könig
'all meine wonne ist zu weh geworden, da wir nun nicht zusammen
gehen sollen' der könig verspricht, sie ihm in vierzehn tagen nach-
zuschicken, mag ihre mutter am leben oder tot sein 'ist sie bei
mir, dann kümmert's mich nicht, wohin du mich sendest', versetzte
der knabe seinem kämmerling übergibt ihn der könig, und sie
brechen auf in feierlichem zuge wie es einem königssohne zu-
kommt der herzog Orgas, der der könig jener burg war, und
seine tante nehmen ihn wohl auf, doch stets dachte er an Blanche-
flur, kein spiel erfreut, kein lied ergötzt ihn, da er sein lieb nicht
sieht seine tante bringt ihn zur schule, zusammen mit anderen
kindern, mädchen und knaben er aber lernt nicht, nur seufzen
kann er und trauern um Blancheflur, sein süsses lieb als die vier-
zehn tage vorüber sind, sie aber immer nicht gekommen, befällt
ihn neuer kummer, er rührt nicht speise an, nicht trank, hinsiecht
sein leib Der kämmerling schreibt dem könig von dem zustande
seines sohnes kaum hat der das wachs erbrochen und den inhalt
gelesen, da ergrimmt er in seinem gemüte. 'lass die maid holen',
ruft er in zorniger wut der königin zu, 'ihr haupt soll sie lassen'.
— 'um gottes willen gnade, herr', fleht die königin, 'kaufleute sind
da im hafen, reiche kaufherren aus Babylon, die werden sie gerne
kaufen reiche schätze werdet ihr so für sie erlangen, und wir
brauchen sie doch nicht umzubringen' gern ist der könig hiermit
zufrieden er lässt einen bürger kommen, einen gewandten, höf-
lichen mann, der erfahren war im kaufen und verkaufen und viele
sprachen wusste ihm übergibt er das mädchen, im hafen verkauft
der sie für zwanzig mark roten goldes und für einen reichen pokal
in den napf war eingemeisselt die geschichte des Paris wie er die
königin entführt, und auf dem deckel gemalt war ihrer beider liebe
in dem knopfe darüber strahlte ein karbunkelstein, der leuchtete
so hell, dass er dem büttler hatte leuchten können im tiefsten keller,
wenn er hier abzapfte oder wein Eneas, der edle könig, erwarb
ihn in der schlacht vor Troja, brachte ihn von da nach der Lom-
bardei und schenkte ihn seiner geliebten Lavinia. ein dieb stahl
ihn aus dem schatz des königs Caesar, derselbe dieb gab ihn jetzt
dahin, um Blancheflur zu gewinnen über die see segeln die kauf-
leute davon in ihr land, nach Babylon an den admiral von Babylon
verkaufen sie die schöne maid für das siebenfache ihres gewichtes
in gold. der meinte sie zu seiner königin zu machen und in seinen
turm brachte er sie zu seinen andern mädchen

Der bürger hat dem könig das gold und den pokal gegeben, und der
liess in einer kirche ein grab errichten und einen stein darauf setzen
mit den worten. 'hier ruht die süsse Blancheflur, die Floris liebte'

210 Um die zeit kehrt auch Floris zurück in sein vaterland in
seines vaters halle steigt er ab, er grusst seinen vater und seine
mutter, die komgin er fragt nach seiner freundin, als er keine
antwort erhält, stürzt er in ihr gemach und fragt ihre mutter 'ich
weiss nicht, herr' — du scherzest mit mir o sag mir, wo ist
meine geliebte?" — 'tot, herr', ruft weinend die mutter — "tot?"
— 'ja, herr, tot, seit sieben tagen ruht sie unter der erde' ohn-
mächtig bricht Floris zusammen, der schöne, der edle auf der
Christin geschrei eilen der komg und die komgin herbei wider zu
sich gekommen, fleht er die mutter an, ihn zu der statte zu führen,
wo die maid ruht an dem grabe bricht er wider ohnmächtig
nieder, lange weint er dann, und klagt. 'Blanchefiur, susse Blanche-
fiur, nicht ist deines gleichen auf erden, keine frau ist so schön,
keine so voll gute unrecht hat der tod gehandelt, an einem tage
wurden wir beide geboren, wir sollten auch sterben zusammen in
einer nacht tod, du neider, du verrater, mein lieb hast du mir
genommen, sie wollte noch leben, du aber wolltest es nicht, gerne
wollte ich nun sterben, du aber wolltest nicht nicht länger will
ich mein leben tragen, doch nach dir will ich nicht länger rufen,
noch vor abend will ich bei ihr sein' sein messer zieht er aus der
scheide: er traf das herz, hatte seine mutter nicht die waffe ihm
315 entrissen und ihres kindes leben so gerettet. weinend klagt die
gute komgin ihr leid dem komg 'von zwölf kindern ist nur er uns
geblieben, sollen wir ihn nun auch noch verlieren? o, habt gnade,
o herr, besser wäre es, sie wäre sein gemahl' der komg lässt sich
rühren, auch ihm ist es lieber, sie sei sein weib, als dass er seines
kindes leben verliere froh eilt sie zurück zu dem sohne 'heitre
dich auf, Floris, dein lieb lebt, du wirst sie sehen', und von anfang
bis zu ende erzählt sie ihm die geschichte, wie sie die maid ver-
kauft hatten den stein walzten sie ab und Floris sah, dass die
maid nicht in dem grabe war. "o liebe mutter, nun, da mein lieb
noch lebt, rasten will ich nicht tag noch nacht, rasten will ich nicht
tag, nicht stunde, bis ich mein lieb hab' widergefunden, suchen sie
bis ans ende der welt" vergebens will ihn der vater zurückhalten.
'sünde wär' es, zu bleiben', versetzt Floris, und so stattet der komg
ihn reich aus zur reise, sieben saumtiere gibt er ihm mit, zwei sind
mit silber- und goldsachen beladen, zwei mit geprägtem gelde, drei
mit reichen gewandern sieben männer, drei knechte und des komgs
eigener kämmerling ziehen mit, sie alle als kaufleute verkleidet
den goldenen pokal auch gibt ihm der komg, den er für Blanche-
fiur erhalten hatte. ein reitpferd lässt er dem sohne satteln, halb
war es weiss wie milch, halb rot wie seide, von reicher arbeit war
der sattel, die sattelbogen aus feinem golde, eingelegt waren kost-

bare steine, mit golde verbrämt die königin zog von ihrem finger
einen kostbaren ring 'solange er dein ist, lieber sohn, fürchte du
nichts, feuer soll dich nicht brennen, wasser dich nicht ertränken,
nicht eisen, nicht stahl dich verletzen, früh und spät wird er dir
nützen'.

100 Floris nimmt abschied, sanft küsst er sie auf den mund, weinend
scheiden sie von einander werden sie sich je wiedersehen? er zieht
von dannen mit seiner begleitung, und mit ihm sein kämmerling
in dem hafen nehmen sie herberge, in demselben hause steigen sie

415 ab, in dem vor kurzem Blancheflur geweilt hat ein reiches abend-
essen ward da angerichtet, und einen fröhlichen abend hatten sie
Floris sparte kein geld fleisch liess er kaufen, fisch, weiches brot,
weisswein und rotwein der wirt hatte Floris den besten sitz ein-
geräumt an seiner seite, froh essen alle und trinken, nur Floris
isst nicht, trinkt nicht Blancheflur ist all sein sinnen, sein denken.
die wirtin merkt, dass Floris traurig dasitzt 'das ist kein kaufmann',
sagt sie zu dem wirte 'was mag dir sein, Floris, dass ich dich so
traurig sehe? gerad' so traurig sass neulich hier Blancheflur, die
schöne maid, die die kaufleute gekauft hatten, um sie dem könige
von Babylon zu bringen'

419 Als Floris sie von seinem lieb reden hörte, liess er ihr einen
becher mit wein füllen 'dein sei der wein, dein der goldne becher,
o frau, dass du mir von meiner freundin sprachest, an sie dachte
ich, ihretwegen trauerte ich, jetzt soll kein wetter mich abhalten,
sie zu suchen bis in Babylonien

4.. Zur ruhe geht Floris jetzt, doch ruhe findet er lange nicht, an
Blancheflur dachte er, bis der feste schlaf ihn übermannt

Als es tag war, zieht er weiter, davon über die salzflut wind
und wetter sind ihm günstig reichlich belohnt er den steuermann,
der ihn hinüberbrachte, hinüber zu dem lande, in dem seine ge-
liebte weilt, ihm däucht, er wär' im paradies

Dort erfährt er, dass der admiral ein fest halten wolle, grafen
und barone und alle, die land von ihm hielten, sollten da erschei-
nen. froh ist Floris über diese kunde, er hofft auch zu dem fest-
gelage zutritt zu erhalten und in der halle unter den gästen allen
auch sein lieb zu sehen.

Zu einer reichen stadt sind sie gekommen ihr wirt war ein
gar reicher, weitgereister mann, Floris setzt er neben sich auf den
allerbesten sitz froh sprechen alle der speise und dem tranke zu.
nur Floris ass nicht, trank nicht, Blancheflur war all sein sinnen,
all sein denken der wirt sieht, wie er traurig dasitzt, 'so sass
Blancheflur hier neulich, die schöne maid, um Floris klagte sie,
ihren geliebten gefahrten' als Floris ihn seine geliebte nennen

horte, liess er ihm einen silbernen becher und einen mit grauem buntwerk besetzten scharlachmantel bringen. 'danken magst du es Blancheflur, die ich gekommen bin hier zu suchen, der kann mir das herz erfreuen, der mir sagen konnte, wohin sie gebracht wurde' — 'nach Babylon ward sie gefuhrt', versetzte der burger, 'der admiral hat sie gekauft'

Zur ruhe geht Floris jetzt, doch ruhe findet er lange nicht, an Blancheflur denkt er, bis der feste schlaf ihn übermannt.

Als es tag war, zieht er weiter, hundert schillinge gibt er dem wirt, der empfiehlt ihn an einen freund in Babylonien. 'kind, zu einer brucke wirst du kommen, der bruckner ist mein treuer freund überbring ihm diesen ring von mir, um meinetwillen wird er dir dann helfen mit rat und that' dankend nimmt Floris den ring, gegen mittag gelangt er in die nähe der brucke. auf einem marmor-stein sass der bruckner, Dayres war sein name, Floris grusst ihn gar artig, übergibt ihm den ring und erhält gute aufnahme. alle
575 sind vergnügt und froh, nur Floris seufzt und klagt. 'bist du krank oder missfällt dir die herberge?' fragt ihn Daris 'eine so gute her-berge hatte ich lange nicht, mag es mir vergonnt sein, dir es einst zu vergelten. ich denke jetzt viel an meine ware, um die ich hier-hergekommen bin, ich furchte, ich finde sie nicht sogleich, und dass, wenn ich sie finde, ich sie alsbald verliere' — 'erzähle mir', ver-setzte der burger, 'deine besorgnis, dir zu helfen wird mir lieb sein.'
593 jetzt hat er ihm alles erzählt, wie Blancheflur verkauft ward, wie er, der konigssohn, aus liebe zu ihr dahergekommen sei, um durch list irgendwelcher art seine geliebte Blancheflur wiederzugewinnen Daris halt Floris fur toll. 'willst du dich selbst in den tod sturzen? hundert und funfzig mächtige konige kommen jetzt zu dem feste des admirals, doch keiner von ihnen wurde je sich erkühnen, die maid gewinnen zu wollen, und wenn der admiral das von einem er-fuhre, wurde der sofort seines lebens verlustig gehen. und Babylon ist sechzig meilen im umkreis, hundert und vierzig thore sind in seiner umwallung, und zwei turme sind darin, in denen jeden tag im jahre markt ist. ausser diesen zwei turmen sind in der burg noch über siebenhundert turme. der allerschwachste dieser turme kann selbst dem kaiser widerstehen. und wenn alle manner, die geboren sind, bei ihrem auge es verschworen hatten, sie wurden die maid ebenso schnell gewinnen, wie vom himmel herunter sonne und mond. und mitten in der burg steht ein gar mächtiger turm, hundert klafter
633 ist er hoch und hundert klafter breit, der mortel ist so fest, dass kein eisen, kein stahl ihn zerbrechen kann. in dem turm ist eine wasserleitung von silber und kristal, und über der leitungsrohre steht gar zierlich gearbeitet ein knopf, der einen karbunkelstein

fragt, der tag und nacht leuchtet in dem turme brennt nicht fackel
es noch laterne, wie die sonne leuchtet der knopf bei nacht durch
alle stockwerke wird das wasser geleitet, von den frauengemachern
bis zur halle.

Vierundvierzig frauengemacher sind in dem hohen turme wenn
da ein mann hätte drin wohnen können, nach dem paradiese würde
er der sich nicht mehr sehnen. der thorwart ist ein gar barscher
mann, er schlagt jeden, der ohne erlaubnis der vormauer nahet

Der admiral lebt mit seiner frau immer nur ein jahr, um sich
eine neue königin zu wählen, lässt er all die edlen mädchen herunter-
bringen in einen schönen baumgarten die mauer um den garten
ist aus edelsteinen erbaut, lieblicher vogel gesang erschallt darinnen
und ein brunnen durchfliesst den garten, der kommt aus dem para-
dies, und sein bett sind edelsteine, saphire, sardonyxe, chalcedone,
hyacinthen und topase und onyxe über dem brunnen steht ein
baum, er heisset der baum der liebe und grünet und blühet immer-
dar unter diesen baum werden die mädchen geführt, und auf
welche die erste blume fällt, die wird königin sein ist aber eine
maid nicht mehr unschuldig, und sie beugt sich nieder, ihre hände
zu waschen in dem brunnen, so wirbelt das wasser auf und er-
scheint blutrot und die so betroffene wird alsbald getötet und
wenn der admiral eine maid ganz besonders liebt, so fällt durch
zauberei auf diese zuerst die blume so wählt er durch die blume
sich sein weib, wie wir hören, soll es in diesem jahre Blancheflur
werden.

Dreimal wird Floris ohnmächtig, endlich sagt er weinend und
klagend zu Daris: 'hilf du mir, oder ich sterbe' — 'gehe morgen
zu dem turme, angethan wie ein baumeister mit winkeleisen und
streichmass besieh dir die höhe des turmes und schreite mit
den fussen die breite ab. der thorwart wird dich für einen späher
halten und dich zu rede stellen. sag du ihm dann in bescheide-
ner weise, du seiest aus fernen landen gekommen, und wolltest in
deiner heimat nach dem muster dieses turmes einen gleichen bauen
wenn er dich so sprechen hört, wird er dich einladen mit ihm
schach zu spielen. nimm dir zu dem zwecke zwanzig mark mit,
und wenn er dir etwas abgewinnt, überlass es ihm alles auf den
nächsten tag wird er dich dann wider einladen, du nimm dir
dann vierzig mark mit, und vierzig pfund und einen goldenen
becher am dritten tage nach dem becher wird er gar grosses ver-
langen zeigen, schenk ihm ihn, sage, du hättest noch mehr gold
und silber, seiest bereit es ihm zu überlassen dann wird er dir zu
fussen fallen und sich dir ergeben empfange sein treugelöbnis aus
seiner hand und gib ihm dann deine absicht zu erkennen.'

817 Floris that wie Daris ihm geraten, und durch den becher und durch geschenke ist der thorwart sein mann geworden. alles hat er ihm erzahlt, wie die maid verkauft ward, und wie er, der spanische konigssohn, aus liebe zu ihr dahergekommen sei, um durch list irgendwelcher art sie widerzugewinnen.

Als der thorwart dies vernommen, ruft er 'verrat' verraten bin ich durch dein geld; doch wenn ich auch soll den tod erleiden, zu dir will ich halten in treue. geh nun zuruck, Floris, zu deiner herberge, und komm am dritten tage wider, bis dahin will ich uberlegen, was ich thun kann'.

847 Der thorwart lasst blumen pflucken auf dem anger, kiepen lasst er mit den blumen anfullen und sie in die gemacher der madchen schaffen. in eine dieser kiepen steckt er Floris hinein. die zwei burschen, die sie hinauftragen und die last schwer empfinden, fluchen auf den, der so ubermassig viele blumen da hineingethan. sie verfehlen dabei Blancheflurens gemach, in einem andern zimmer, links von Blancheflurens zimmer, setzen sie die kiepe nieder. eine maid kommt herzu, die blumen zu beschauen. Floris, in dem glauben, es sei sein susses lieb, springt aus der kiepe hervor, sodass das madchen vor schreck aufschreit und kreischt. schnell fahrt Floris wider in die blumen zuruck, aber funfzehn madchen sind herbeigesturzt. ihnen erwidert die maid (die sich inzwischen bedacht, es mochte dies Blancheflurens geliebter sein, von dem diese ihr oft erzahlt) ein schmetterling sei ihr aus den blumen heraus ins auge geflogen, darum sei sie so erschreckt worden. lachend ziehen sich die madchen wider zuruck.

869 Claris hiess die artige maid, sie eilt zu Blancheflurens zimmer 'willst, liebe Blancheflur, du eine gar schone blume sehen? nicht wuchs sie in diesem lande, die blume, die ich dir bringen will'.

'O weh, Claris, was spottest du mein? du weisst, dass der admiral mich haben will, doch nimmer soll man mir vorwerfen, dass ich meinem geliebten untreu geworden bin. kein anderer als der susse Floris soll mich sein nennen' — 'Blancheflur, traute gefahrtin, liebe, susse Blancheflur, komm und sieh die schone blume' — sie gehen zu den blumen. Floris, der alles mit angehort, springt ihr entgegen, er schliesst sie in seine arme und kusst sie. so umschlungen bleiben sie lange und weinen thranen der freude.

901 Scherzend bemerkt Claris zu Blancheflur 'kennst du nun die blume, Blancheflur? eben noch wolltest du sie nicht sehen, jetzt willst du nicht von ihr lassen'. — 'mein Floris ist's', versetzte Blancheflur. Claris verspricht ihnen, sie nicht dem admiral zu verraten. sie bringt beide in das bette, das aus pfeiler und seidenstoff gemacht war. dann haben sie einander erzahlt von ihrer sorge,

von ihrer not und froh sich geherzt und geküsst. Claris hat ihnen
gar treu gedient; einen andern himmel wünschten sie sich nicht,
als immer solch leben zu führen.

975   Zu dem admiral mussten jeden morgen zwei mädchen in den
turm kommen, die eine mit kamm und spiegel, sein haupthaar zier-
lich zu ordnen, die andere mit becken und handtuch, um seine
hände zu waschen; jeden morgen gingen andere mädchen hinauf,
meistens thaten es aber Claris und Blancheflur.

Claris stand auf zur morgenzeit und rief Blancheflur, mit ihr
in den turm zu gehen; 'ich komme schon', antwortet diese noch
ganz im schlaf; im turme fragt der admiral nach Blancheflur; 'Herr',
sagt Claris, 'die hat die ganze nacht gewacht und in ihrem buch
gelesen und zu Gott gebetet, dir segen und langes leben zu geben;
jetzt ist sie wider eingeschlafen.'

1000   Am andern morgen schilt Claris Blancheflur, dass sie so lange
zögere; 'steh auf! wir wollen zusammen gehen' — 'ich komme
schon', spricht Blancheflur, da beginnt Floris sie zu küssen, sie
küsst ihn, und beide schlafen wider ein; an dem pfeiler nimmt
Claris das goldene becken und ruft noch einmal nach Blancheflur;
da sie keine antwort erhält, glaubt sie, Blancheflur wäre bereits
voraus; in dem turme fragt der admiral wider nach Blancheflur;
'herr, ich glaubte sie hier zu finden, ist sie denn noch nicht hier?'
da befiehlt er seinem kämmerling, nach dem grunde zu forschen,
weshalb sie nicht gekommen; in ihrer kammer findet dieser zwei
in ihrem bette; der admiral greift nach seinem schwerte und eilt
selbst hin mit dem kämmerling, er sieht, dass der eine ein mann
ist; die kinder erwachen und sehen den admiral vor sich mit
blossem schwerte; 'wer machte dich, lieber freund, so kühn', sprach
der admiral, 'hier in den turm zu kommen und bei Blancheflur zu
liegen? sterben sollst du dafür', er liess sie ankleiden und ge-
fesselt ins gefängnis werfen.

1075   Alle seine barone beruft er, seinen palast füllen die grafen und
herzoge; 'ihr herren', spricht der admiral zu ihnen, 'gehört habt ihr
von Blancheflur, das siebenfache ihres gewichtes gab ich in gold
für sie, und wollte sie zu meiner königin erheben; jetzt fand ich
nun bei ihr im bett einen nackten burschen, erst wollte ich beide
toten, doch ich hielt zurück und eurem urteilspruch überlasse ich
es nun, mich zu rächen.'

1095   Ein könig des landes bemerkt, man müsse die kinder auch ver-
nehmen, ehe man über sie aburteile. 'nein, herr', ruft der könig
von Nubien, 'es ist nicht brauch, dass schurken, die auf frischer
that ertappt sind, noch zum verhör zugelassen werden.'

1111 Zwei schergen werden abgeschickt, die kinder zu holen, sie
sollen verbrannt werden trauernd beklagen sie ihr schicksal 'um
meinetwillen', sagt Floris zu Blancheflur, 'musst du jetzt den tod
erleiden mein ist die schuld' er zieht den ring, den seine mutter
ihm gegeben, vom finger und reicht ihn Blancheflur. 'nimm diesen
ring, mein lieb, der tod kann dich nicht treffen, solange er dein
ist' — 'nicht soll der ring mich retten', versetzt Blancheflur, 'wenn
dadurch tod dich trifft' er schiebt ihr den ring zu, sie aber weist
ihn zurück, da wirft er den ring auf sie, sie aber schleudert ihn
von sich ein herzog sah dies und hob den ring auf

Fest gebunden werden die kinder und in das feuer geworfen
1170 Der herzog aber, der den ring gefunden, kam zum admiral und er-
zählte allen, was er gesehen da lässt der admiral die kinder
wiederum rufen und fragt Floris nach seinem namen. Floris nennt
ihm den und erklärt, sein war' die schuld, ihn müsse er toten, nicht
aber die maid 'tote du mich', ruft Blancheflur, 'und lass ihn am
leben' — 'ihr sollt beide sterben', versetzt der admiral er zieht
sein schwert aus der scheide, Blancheflur streckt ihren nacken vor.
Floris aber zieht sie zurück 'ich bin ein mann, ich muss zuerst
sterben', doch wie Floris seinen nacken vorstreckt, zieht ihn Blanche-
flur zurück alle umstehenden sehen dies mit rührung, der admiral
selbst lässt sich erweichen, das schwert entfällt seiner hand der
herzog, der ihren ring hatte, spricht noch weiter für sie 'gar wenig
kann dir daran liegen, herr admiral, diese schonen kinder zu toten,
besser wäre es, du erführest, wie Floris hineinkam in den turm,
um so besser konntest du dich dann schützen' der admiral gibt
dies zu Floris hat ihm nun alles erzählt, wie Blancheflur verkauft
ward, wie er, der königssohn aus Spanien, aus liebe zu ihr daher
gekommen sei, um sie durch list irgendwelcher art wiederzugewinnen,
wie durch den becher und durch die geschenke der thorwart sich
ihm ergeben habe, und wie er in der krepe in den turm getragen
sei alle lachten darüber, Floris aber fällt dem admiral zu füssen
und fleht ihn an, ihm seine geliebte zu schenken der admiral ge-
währt sie ihm und alle danken ihm dafür

1241 Der admiral vergibt beiden, Floris lässt er vor sich treten und
schlägt ihn zum ritter beide fallen nieder, seine füsse zu küssen

Er lässt sie zu einer kirche bringen und mittelst eines ringes
beide vermählen, und auf Blancheflurens rat nahm der admiral
Claris zur königin die hochzeit wird gefeiert mit hohen freuden

Bald darauf gelangte an Floris brief und botschaft, dass der
konig, sein vater, gestorben wäre. der admiral sucht ihn zurück-
zuhalten und verspricht ihm ein königreich so gross und breit wie
das seines vaters doch Floris zieht es vor, in die heimat zurück-

kehren, er verabschiedet sich vom admiral und bedankt sich bei Claris — zwanzig pfund roten goldes gibt er ihr, und zwanzig pfund schenkt er auch dem Daris — sie alle empfiehlt er gott unserem herrn, und als er heimgekehrt, lässt er sich zum konig, Blancheflur zur konigin kronen — er nimmt das christentum an aus des priesters handen und dankt gott für alle seine gaben

VII. Text.

Ne thurst men never in londe
After fewer children fonde.
þe cristen woman fedde hem þoo,
Ful wel she loeyd hem boþ twoo.
5   So longe she fedde hem in feere,
þat þey were of elde of seven zere.
þe king behelde his sone dere
And seyde to him on this manere,
þat harme it were muche more,
10 But his son were sette to lore
On þe boh letters to know,
As men don both hye and lowe.
'Feue sone', she seide, 'þou schalt lerne,
Lo, þat þou do ful zerne.'
15 Florys answerd wiþ wepyng,
As he stood byfore þe king;
Al wepyng seide he:
'Ne shal not Blancheflour lerne wiþ me?
Ne can y nozt to scole goon
20 Wiþout Blancheflour', he saide þan.
'Ne can y in no scole syng ne rede
Wiþout Blancheflour', he seide.

þe king seide to his soon·
'She shal lerne for þy loue'
25 To scole þey were put,
Boþ þey were good of wylle.
Wonder it was of hur lore
And of her loue vel þe more.
þe children louyd togeder soo,
30 þey myʒt neuer parte atwoo.
When þey had v. ʒere to scoole goon
So wel þey had lerned þoo.
Inouʒ þey couþ of latyne
And vel wryte on parchemyn.
35 þe king understod þe grete amoure
Bytwene his son and Blauncheflour,
And þouʒt, when þey were of age,
þat her loue wolde noʒt swage,
Nor he myʒt noʒt her loue wiþdrawe,
40 When Florys shuld wyfe after þe lawe.
þe king to þe queene seide þoo   T. bl. at 98
And tolde hur of his woo,
Of his þouʒt and of his care,
How it wolde of Floreys fare.
45 'Dame', he seide, 'y tel þe my reed·
I wyl, þat Blaunchefloure be do to deed
When þat maide is yslawe
And brouʒt of her lyfdawe,
As sone as Florys may it underʒete.
50 Rathe he wylle hur forʒete:
þan may he wyfe after reed.'
þe queene answerd þen and seid
And þouʒt wiþ hur reed
Saue þe mayde fro þe deed.
55 'Sir', she seide, 'we auʒt to fond,
þat Florens lyf wiþ menske in lond,
And þat he lese not his honour
For þe mayden Blaunchefloure.

Who so myȝt reve þat mayde clene,

60 þat she were brouȝt to deþ bydene,

Hit were muche more honour,

þan slee þat mayde Blancheflour.'

Unneþes þe kyng graunt, þat it be soo:

'Dame, rede us what is to doo'.

65 'Sir, we shul oure soon Florys

Sende in to þe londe of Mountargis

Blythe wyl my suster be,

þat is lady of þat contree,

And, when she woot, for whoom

70 þat we haue sent him us froom,

She wyl doo al hur myȝt

Boþ by day and by nyȝt

To make hur love so undoo,

As it had never ben soo.

75 And, sir', she seide, 'y rede che,

þat þe maydens moder make hur seek:

þat may be þat other resoun

For þat ylk encheson,

þat she may not fro hur moder goo.'

80 Now ben þese children suyþ woo,

Now þey may not goo in fere,

Drewryer þinges never noon were.

Florys wept byfore þe kyng

And seide: 'Sir, wiþout lesyng,

85 For my harme out ȝe me sende

Now she ne myȝt wiþ me wende,

Now we ne mot togeder goo,

Al my wele is turned to woo.'

þe kyng seide to his soon apIyȝt:

90 'Sone, wiþynne þis fourtenyȝt,

Be her moder quykke or deed,

Sekerly' he him seide,

þat mayde šhal com þe too'.
"&yogh;e, sir", he seide, "y pray &yogh;our, it be soo:

95 &yogh;if þat &yogh;e me hur sende,
I rekke neuer, wheder y wende."
þat þe child graunted, þe kyng was fayn
And him betau&yogh;t his chamburlayn
Wiþ muche honoure þey þeder coom

100 As fel to a ryche kynges soon.
Wel feire him receyuyd þe Duke Orgas,
þat kyng of þat castel was,
And his aunt wiþ muche honour,
But euer he þou&yogh;t on Blauncefloure.

105 Glad and blythe þey ben him wiþe,
But for no ioy, þat he seiþ,
Ne my&yogh;t him glade game ne gle,
For he my&yogh;t not his lyf see.
His aunt set him to lore,

110 þere as oþer children wore:
Boþ maydons and grom
To lerne mony þeder coom.
Inou&yogh; he sykes, but no&yogh;t he lernes,
For Blaunchefloure euer he mornes.

115 Yf eny man to him speke,
Love is on his hert steke,
Love is at his hert roote;
þat no þing is so soote,
Galyngale ne lycorys

120 Is not so soote, as hur love is,
Ne nothing ne non other.
So much he þenkeþ on Blaunceflour,
Of oo day him þynkeþ þre,
For he ne may his love see

125 þus he abydeþ wiþ muche woo,
Tyl þe fourtenygt were goo.
When he saw, she was nou&yogh;t ycoom,
So muche sorow he haþ noom,

þat he loveth mete ne drynke,

130 Ne may noon in his body synke.

þe chamberleyn sent þe king to wete

His sones state al ywrete

þe king ful sone þe ware tobrake

For to wete, what it spake.

135 He begynneth to chaunge his mood,

And wel sone he understode,

And wiþ wreth he cleped þe queene

And tolde hur alle his teene,

And wiþ wraþ spake and sayde:

140 'Let do bryng forþ þat mayde,

Fro þe body þe heved shal goo.'

þenne was þe quene ful woo,

þan spake þe quene, þat good lady:

'For goddes love, sir, mercy.

145 At þe next haven, þat here is,

þer ben chapmen ryche guys,

Marchaundes of Babylon ful ryche,

þat wol hur bye blethelyche.

Than may ȝe for þat lovely foode

150 Have muche catell and goode,

And soo she may fro us be brouȝt,

Soo þat we slee hur nouȝt.'

Unnethes þe king graunted þis,

But for soþ so it is:

155 þe king let sende after þe burgeise,

þat was hende and curtayse

And welle selle and bygge couth

And moony langages had in his mouth.

Wel sone þat mayde was him betauȝt,

160 An to þe haven was she brouȝt.

þer have þey for þat maude ȝolde

xx mark of reed golde,

And a coupe good and ryche,

In al þe world was non it lyche

P blatt 100 a

165 þer was never noon so wel graue:
He þat it made, was no knaue
þer was purtrayd on, y weene,
How Paryse ledde awey þe queene,
And on þe couercle aboue
170 Purtrayde was þer both her loue,
And in þe pomel þeron
Stood a charbuncle stoon,
In þe world was not so depe soler,
þat it nold lyʒt þe botelere
175 To fylle boþ ale and wyne.
Of syluer and gold boþ good and fyne....
Eaneas þe kyng, þat nobel man,
At Troye in batayle he it wan,
And brouʒt in to Lumbardy
180 And gaf it Lavyne, his amy.
þe coupe was stoole fro king Cesar,
A þeef out of his tresour hous it bar,
And sethe þat ilke same þeef
For Blaunchefloure he it ʒeef,
185 For he wyst to wynne suche þree,
Myʒt he hur bryng to his contree.
Now þese marchaundes sayles over þe see
Wiþ þis mayde to her contree.
So longe þey han undernome,
190 þat to Babyloyn þey ben coom,
To þe amyral of Babylon
þey solde þat mayde swythe soon:
Rath and soone þey were at oon,
þe amyral hur bouʒt anoon
195 And gafe for hur, as she stood upryʒt,
Seven sythes of gold her wyʒt;
For he þoʒt wiþute wene   r blatt 6a, spalto 1

180 Lavyne] his leman T. — 191 Babyloyn T. — 197 hier be-
ginnt V, V 2 = 197, vorher noch ein vers in V, der sich nicht in

To habbe þat maide to his quene.
Among his maidenes in his tur

200 He dide hire wiþ muchel honur.
Nu þese marchans þis may forlete   *T blatt 100 b*
And ben bliþe mid here byȝete.

Nu lete we Blauncheflur be
    And speke of Floris in his contre,

205 Nu is þe burgeis to þe king icome   *V 10*
Wiþ þe gold and his gersome,
And haþ to þan king iȝolde
þe selver and þe cupe of golde.
And hi lete at one chirche

210 A swiþe feire birles wirche,
And lete legge anovenon
A new feire painted ston,
Wiþ letters al abute write
Wiþ ful muchel worþshipe.

215 Who so cuþ þe letters rede,   *J 20*
þus hi spoken and þus hi sede.
'Here liþ swete Blauncheflur,

T findet· [..] su dere. *von V 2 ist nur* [ ] wiþ þoute wene *zu lesen* || þouȝt *T* || wiþout weene *T* — 198 [.] þ m. t h. q. *V* || þat faire mayde haue t Queene *T*. — 199 [Among] *V* || maydons *T* || vp in is *V* || bour *T* — 200 [.] h w. m. h. *V* || He hur dide w. muche honour *T*. — 201 [.] m. þ. maide f *V* || Now *T* || merchaundes *T* || þat *T* || belete *T*. — 202 [..] bliþe m h b *V* || And ben glad of hun byȝ *T* — 203 [...] we blanchef be *V* || Now let w. of B. b. *T*. — 204 [ ] floyces i h cuntre *V* || Florys *T* || contree *T* — 205 [...] t. þ k. ic *V* || Now *T* || Bugays *T* || coom *T* — 206 [.] g & þisse gausome *V* || garyson *T* — 207 [ ] þan k. iȝ. *V* || A h. take þe k to wolde *T* — 208 [ ] þo c o g. *V* || coupe *T*. — 209 [.] let a. o. chirche *V* || And] /. *T* || þey l make i a ch *T* — 210 [.]iles werecle *V* || As swithe lene graue wyrcle *T* — 211 [..] te anouen (?) *V* || ley þci vppon *T* — 212 [.] e painte sto .. *V* || peynted *T*. — 213 [ ] hi write *V* || aboute wryte *T*. — 214 [..] hele w. *V* || muche worshipp *T*. — 215 [ ] rede *V* || couth *T* — 216—218 [ ] *V*. — 216 þey *T* || sede *T* — 217 lvth *T* || blauncheflonre *T*.

11*

þat Floris loved par amur.'
   Nu Floris haþ undernome,
220 To his fader londe he is icome.
In his fader halle he is aliȝt
His fader he grette anon riȝt,
His moder þe quene he grette also.
Unneþe haþ he his gretinge ido,
225 þat he askeþ, where his lemman be.
Nonskinnes answere targeþ he.
So longe Floris haþ undernome,
In to þe bure he is icome,
þe maidenes moder he asked riȝt
230 'Where is Blauncheflur mi swete wiȝt'
   "Sir", he sede, "for soþe iwis,
I ne wot, where he is,"
He biþoȝt hire on þat lesing,
þat was ordeyned bifore þe king.
235   'þu gabbest me', he sede þo,
'þine gabbinge deþ me wo,
Tel me where my lemman be'.
Al wepinge answerede he

²¹⁸ Florys louyd par amoure *T* — ²¹⁹ [.] aueþ vnd *V* ‖ Now
Florys *T* — ²²⁰ [.] f. l. h. is ic. *V* ‖ And t. h fader h i coome *T*.
— ²²¹ [.] h. h is alyȝt *V* ‖ lyȝt *T* — ²²² [ ] he gi a ryȝt *V* ‖ hm
gr. anoon iȝt *T* — ²²³ [. .] þ q h. gi a. *V* ‖ And h m þ Queene
also *T* — ²²⁴ [..] haueþ his gi ido *V* ‖ But vnneþes myȝt he
þat doo *T*. — ²²⁵ [..] askeþ war þat maide beo *V* ‖ þat he ne asked
where h leman bee *T*. — ²²⁶ [.] were nou t. heo *V* ‖ Nonskyns answ.
chargeþ hee *T* — ²²⁷ [..] ies hit haueþ vnd *V* ‖ S l. he is forth
noom *T* — ²²⁸ [ ] bome a is ic. *V* ‖ In to Chamber h. i. coom
T — ²²⁹ [.] to line anon riȝt *V* ‖ maydenys *T* ‖ ryȝt *T*. —
²³⁰ [ ]ncheflur mi su w *V* ‖ wyȝt *T* — ²³¹ [...] ful iw *V* ‖ she
sede *T* ‖ sothe y wys *T*. — ²³² [..] war heo [.] *V* ‖ woot *T* ‖ she
T. — ²³³ f. *V (abgerissen)* ‖ She beþouȝt hur *T* ‖ lesyng *T*. —
³³⁴ f *V* ‖ byfore *T*. — ²³⁵ f *V* ‖ þou *T* ‖ seyde þoo *T*. — ²³⁶ þy
gabbyng doþ me muche woo *T*. — ²³⁷ war *V* ‖ lemmon *V*, leman
T ‖ heo *V* — ²³⁸ wepyng *T* ‖ onswerede *V*, sede þenne *T* ‖ heo *V*,
shee *T*.

"Sire". he sede. "ded". — 'Ded'' quaþ he. ı ɪₒ

240 "Sire", he sede. "for soþe, ȝe."

'Alas. whenne deide mi swete wiȝt?' *T* bl ɑtı 101.ɑ

"Sire, wiþinne þis seveniȝt

þe erþe hire was leid above,

And ded he is for þine love."

245 Floris, þat was so fair and gent.

He fel iswoȝe on þe pavement,

And þe cristene wimman gan to crie

To Jesu Crist and seinte Marie.

þe king and þe quene iherdde þat cri. ı ₀ₒ

250 In to þe bure þo urne hi,

And þe quene herde hire bifore

On swoune þe child, þat he had bore.

þe kinges herte is ful of care.

þat he sihþ his sone for love so fare.

255 Whene he awok and speke miȝte,

Sore he wep and sore he siȝte.

Anon his moder he bisiȝþ

'Dame, led me, þer þat maide liþ.'

þider he hun broȝte on hie, ı 60

---

²³⁹ Sir *T* || heo seyde *V*, shee seide *T* || deed *T* || seide *I*, quad *V* — ²⁴⁰ Sir *T* || shee seyde *T*, heo seyde *V* || sothe *T* — ²⁴¹ Allas *T* || wenne *V*, when *T* || ded *T* || þat sw. wyȝt *T* — ²⁴² Su *T*, S heo seyde *V* || Fontenyȝt *T*. — ²⁴³ þe erth *T*, þat viþe *V* || was leide hun aboute *T* — ²⁴⁴ deed *T* || heo *V*, shee *T* || was *T* || thy *T* — ²⁴⁵ Floyres *V*, Flores *T* || fene *T*, layı *V* — ²⁴⁶ iswoune vp on *V* || Sownyd þere verament *T*. — ²⁴⁷ And] *f T* || cristen *T* || woman *T*, wimmon *V* || gon *V*, began t crye *T* — ²⁴⁸ ıhu *T*, *f V* || seynt Marye *T*, to seyntemarie *V* — ²⁴⁹ Queene herde *T* || crye *T* — ²⁵⁰ hy *V* || chamber þey ronne on hye *T* — ²⁵¹ Queene *T* || herde] *f V* || her byforn *T*, ate frome *V* — ²⁵² sowne *T* || childe *T* || she had born *T* || By wepeþ hire dere sone *V* — ²⁵³ & þ *V* || hert was al m e *T* — ²⁵⁴ he] *f T* || sikþ *V*, sawe *T* || son *T* — ²⁵⁵ When h. awooke *T*, Anon he of swoninge awok *V* || miste *V*, moȝt *T*. — ²⁵⁶ wept *T* || syȝt *T*, syȝte *V*. — ²⁵⁷ [.] on h m h bysiþt *V* || And seide to h m. y wys *T*. — ²⁵⁸ D. he sayde *V*, *f. T* || Lede *T* || þaı *V*, þere *T* || lıþ *V*, is *T*. — ²⁵⁹ þ heo hine *V*, þeder þey hun *T* || brouȝt *T*, broute *V* || o. hıȝe *T*, wel suþe *V*.

260 For care and sorze he wolde die.
    Anon þat he to þe birles com.
    Wel zerne he biheld þer on.
    And þe letters bigan to rede.
    þat þus spek and þus sede
265 'Here liþ swete Blaunchcflur,
    þat Floris lovede par amur.'
    þre siþes Floris swouneþ nuþe,
    Ne speke he mizte nozt wiþ muþe
    As sone as he speke mizte,
270 Sore he wep and sore he sizte.   r 70
    And gan Blaunchcflur bimene
    Wiþ teres rive ase a seur of rene,
    'Blaunchcflur,' he sede, 'Blaunchcflur.
    So swete þing nas never in bur,
275 For þu were bore of gode kinne   r blatt 6b spalte 1
    . . . .
    For in worlde nis nere non
    þine imake of no wimman,
    Inoz þu cuþest of clergie
280 And of alle curteysie.
    Litel and muchel loveden þe   r 80

²⁶⁰ Vor V || sorwe V, sorow T || h wold dyze T, of hire deþe V — ²⁶¹ As sone as h. T || burles V, graue T. — ²⁶² W z] Sone þere T || h bihul V, behelde he T || þeron V, þen T. — ²⁶³ þe] f V || letteres V || bigon V. — ²⁶⁴ þat] f. V || spake T || seide T — ²⁶⁵ H. lyth T, þat þar lay V || suete blaunchcflur V. — ²⁶⁶ [þat] V || Florys T, floyres V || louyd T || amoure T. — ²⁶⁷ [.] swouneþ nouþe V || sithes Florys sownydde nouth T — ²⁶⁸ f. V || myzt not T || mouth T. — ²⁶⁹ Ic adone (?) ase V || he awoke and speke myzt T || myzte V — ²⁷⁰ wept T || syzt T, syzte V — ²⁷¹⁻²⁷² f. T (vgl 274) || gon V || Wit V. — ²⁷³ Blaunchcflur V || seide VT — ²⁷⁴ swete a T, sute V || was T || boure T. hiernach in T noch (vgl 271) Of Blaunche-flour is þat y meene. — ²⁷⁵ Vor þou w ib V, For she was com T || good T || kyn T, cunne V — ²⁷⁷⁻²⁸⁰ f. T — ²⁷⁷ Vor V || worle V || nes V. — ²⁷⁸ wimmon V — ²⁷⁹ Inouz V. — ²⁸¹ [..] muchel a. 1 hit louede þe V || muche T.

For þi fayïhede and þï bunte.
ʒif þat deþ were ideld ariʒt.
We scholde be ded boþe in ore niʒt;
285 For in one daye ibore we were
Mid riʒte we scholden deie ifere.   *T* 280)
Deþ', he sede, 'ful of envie   *T* blatt 101 b
And ful of alle tricherie,
þu me hast my lef binome.
290 To bitraie þat folk hit is þi wone.
He wolde libbe and þu noldest,   *V* 90
And fain wolde i die and þu noldest
Whider me wolde þat þu were,
Neltu no wiʒt come þere,
295 Oþer me wolde þat þu ne come,
þer þu wilt come ilome.
þat ilke, þat boste best to libbe.
Hem þu stikest under þe ribbe,
And, ʒif þer is eni forlived wrecche,
300 þat of his live noʒt ne recche.   *V* 100
þat faʒe wolde deie for elde.
On hem neltu noʒt bihelde
No lenger ich nelle mi lef bileve,
Ichille be mid hire ere eve.

---

282 Vor *V* || goodnesse and þy beaute *T*. — 283 þat] *f. T* || dalt aryʒt *T*. — 284 sholden *V*, shuld *T* || be deed *T*, habbe idiʒed *V* || boþ *T* || on oo nyʒt *T* — 285 Vor *V*, *f T* || On oo day *T* || born *T* — 286 We shul be ded boþ in feere *T*. — 287 Deeþ *T* || seide *T*, seyde *V* || vol *V* || enuye *T*. — 288 vol *V*, *f. T* || trechoryc *T* — 289 Refte þou hast me my Leman *T* || Mid traisun þou m. h in l. bin *V* — 290 For soth he seide þou art to blame *T*. — 291 Heo *V*, She *T* || haue leuyd *T* || þou *T* — 292 y dye a þou woldest *T* || þou nelt me slen and ihe wolde — 293—304 *f. T*. — 293 Wiþ þere *V* || þou *V*. — 294 Nultu (?) *V* — 295 þou [rasin] ne c *V*. — 296 þou wolt *V*. — 297 þ[.] tike (?) *V*. — 300 is *V* || nouʒt *V*. — 301 fawe *V* || sorewe & elde *V*. — 302 neltou nouʒht *V* — 303 lengore *V*. — 304 I chulle *V*.

305 After deþ clepe no more ı nille.
Ac mi selve aslen ich wille'
As a man. þat doþ him selve to deþe,   *T 290*
His knif he droz ut of his schepe,
And to his herte hit hadde ismite.
310 Nadde his moder hit underzite.
Ac þe quene him fel upon.   *F 110*
And þis knif he him binom.
He reft him of his litel knif
And saved þere þe childes lif.   *L blatt 66 spalte 2*
315 Forþ þe quen ran al wepinge,
þat he com bi þe kinge.
þanne sede þe god lady
'For godes love, sir, mercy.   *T 300*
Of .xii. children nabbe we non
320 Nu a live. but þis on.
And bet hit were, he were his make,
þane he were ded for hire sake.'   *V 120*
    "Dame, þu seist soþ", þo sede he,
"Nu hit nele non oþer be.

305 Nou after d *V* || deeþ *T* || clepe *V* || nomore] *f. V* || y nylle *T*, ich þe nulle *V* — 306 sulue *V* || But slee myself now y w *T*. — 307 Ase a mon þat drazh him sulue to de *V* || Himself he wolde haue doo to deth *T (290)* — 308 drazh *V*, braide *T* || out *VT* || sheth *T (289)* — 309 heit *T* || he had it smeten *T*, hit wolde habbe ismite *V* — 310 Ne had *T* || it *T* || underzeten *T*, underhete *V*. — 311 Ac þ. q his moder groo ı vpon *V* || þen þe Queene f h vppon *T*. — 312 heo h bin *V*, fro h. noom *T*. — 313 She ı *T*, Heo binom *V* || of] *f. V* — 314 [.] *V* || sauyd *T* || lyf *T* — 315 [. .] *V* || Queene ianne *T* || wepyng *T* — 316 þat heo com bi [. ..] *V* || Tyl she c. to the kyng *T* — 317 [ ] spac þe quene [ ] *V* || þan seide þe good Lady *T* — 318 goddes *T* || & seyde to þe kinge sire broþer . *V* — 319 Sire of xii. *V* || haue w. noon *T* — 320 Nou (non?) al. *V*, On lyue now *T* || bote *V* || oon *T*. — 321 better *T*, bote *V* || it *T* || þat hit wer [.] *V*, she were h m. *T*. — 322 þan *T* || h. w. deed *T*, eyþer dezede *V* || f. hur s *T*, vor oþer [.] *V* — 323 þou *VT* || þo] *f. T* || seide *T*, seyde *V*. — 324 Sen it may noon other *T* || he *T*, bot *V*.

325 Levre me were, he were his wif,
þane ihc forlore mi sones lif."
    Of þis word þe quen was fayn,
And to hire sone he ran agayn   *I* 310
'Floris, sone, glad make þe.
330 þi lef þu schalt on live se.
Leve sone, þurz enginne,
Of þi fader rede and mine,   *V* 130
þis grave let we make.
Leve sone, for þi sake,
335 zif þu þat maide forzete woldest,
After ure rede wive þu scholdest.'
Nu ord and ende he haþ him told,
Hu hi habbe þat mayde sold.   *T* 320
'Is þis soþ, mi moder dere?'   *T* blatt 102 a
340 "ze, for soþe, he is nozt here."   *V* 140
    þane ston þanne adun hi leide,
He sez, þat þere nas nozt þe maide.
'Nu me þencheþ, moder, þat i leve may,
Ne schal i reste nizt ne day,

325 Leuer *T*, Leuere *V* || þat heo wote *V*, she w. h wyf *T*. — 326 þan y *T* || lost *T*, for lore *V* || my sonnes lyf *T*, mine sone *V* — 327 Of þisse wordes [. .] *V* || Queene *T*. — 328 To floyres [   ] *V* || her soon she *T*. — 329 Floyres *V*, Floryes *T* || soon *T* || the *T*, [.] *V* — 330 [..] et þou schalt þi lef [..] *V* || þy l þou sh. o lyue see *T* — 331 Leue sone [..] *V* || Florys son þrouz engynne *T* — 332 [   ] fader rede & [. .] *V* || Of þy Faders reed a myne *T* — 333 [.] wo [   ] *V*. — 334 Leue sone to [.] *V* || son *T* || thy *T* — 335 Vor [   ] *V* || þou *T* || forgete *T* — 336 [.] vie rede [   ] *V* || oure reed wyf þou *T* — 337 [   ] word & ende him [   ] *V* || Now euery word she h h tolde *T* — 338 Hou her habbeþ *V*, How þat þey *T* || mayden *T* || solde *T*, [.] *V*. — 339 & is *V* || soth *T* — 340 ze f s heo [.] *V* || ze) f *T* || For soþ she seide she is not h *T* — 341 þ. stond *V*, þe rouz stoon *T* || hu þanne [.] *V*, adoun þey leyde *T* — 342 He isay *V*, And sawe *T* || þere] f *T* || was *T* || not þe mayde *T*, [   ] *V* — 343 N m þ [..] *V* || Now moder y þink þat y l. m. *T* — 344 [. .] ne schal ihc [....] *V* || N sh y rest nyzt n. d *T*.

345 Nizt ne day ne no stonnd,
   Tyl y have my lemon founnd,
   Hur to seken y woll wend,
   pauz it were to þe worldes ende'   *T* 330
      To þe king he goþ to take his lere,
350 And his fader bade him byleve.
   'Sir, y wyl let for no wynne
   Me to bydden it were ete synne.'
   þan seid þe king: 'Seth it is soo,
   Seþ þou wylt noon other doo,
355 Al, þat þe nedeþ, we shul þe fynde,
   Jesu þe of care unbynde.'
      "Leve fader," he seide, "y telle þe
   Al, þat þou shalt fynde me: *T* 340
   þou must me fynde at my deryse
360 Seven horses al of prys,
   And twoo ycharged uppon þe molde
   Boþ wiþ selver and wyþ golde,
   And twoo ycharged wiþ moonay
   For to spenden by þe way,
365 And þree wiþ clothes ryche,
   þe best of al þe kyngryche:
   Seven horses and sevyn men
   And þre knaves wiþout hem   *T* 350
   And þyn own chamburlayn,
370 þat is a wel nobel swayn:
   He can us both wyssh and reede.
   As marchaundes we shull us lede."
      His fader was an hynde king,
   þe coupe of golde he dide him bryng,
375 þat ilkeself coupe of golde,
   þat was Blauncheflour for zolde,
   'Have þis, soon,' seide þe king,
   'Herewiþ þou may þat sucte þing   *T* 360

345 [. .] ne da[.] V ‖ Nyzt *T.* — 346—539 *unleserlich in V.* —
356 Ihu *T.*

Wynne, so may betyde, *T* blatt 102 b

380 *Blaunchcflour wiþ þe white syde,*
Blaunchcflour, þat faire may.'
  þe king let sadel a palfray,
  þe oon half white, so mylke,
  And þat oþer reed, so sylk:

385 I ne can telle ʒu noʒt. *A* blatt 100
  Hu richeliche þe sadel was wroʒt:
  þe arsuns were of golde fin,
  Stones of vertu set þer in. *T* 370
  Bigon abuten wiþ orfreis.

390   þe quen was hende and curteis
  He tok forþ a wel fair þing *C* seite 1, spalte 1
  Of hire finger, a riche ring.
  'Mi sone', he sede, 'have þis ring.
  Whil he is þin, ne dute noþing. *A* 10

395 þat fir þe brenne, ne adrenche se
  Ne ire ne stel ne mai þe sle.
  And be hit erli and be hit late,
  To þi wil þu schalt habbe whate.'
  Floris nimeþ nu his leve,
400   No longer nolde he bileve *C* 10, *T* 380

384 sylk, *T* — 385 kan *A* || ʒow *A f. T* || nowt *A*, nouʒt *T*. — 386 Hou *A*, How *T* || rychelȝ *T* || þat *T* || wrouʒt *T*, wiout *A* — 387 þe Arson was of gold fyn *T* || were gold pur and fin *A*. — 388 stode þeryne *T* — 389 abouten *A*, aboute *T* || wiȝ *A* — 390 þe Queene w. kynde a curtays *T* — 391 Heo *C, f. T* || Cast hir toward þe kyng *T*, ʒhe cast her hond to hire fingre *A* — 392 Ryng *C* || And of hur fynger she brayde a ryng *T*, And drouʒ þer of a riche ringe *A*. — 393 heo *C* || Haue now þis ylke ryng *T*, Haue now sone here þi *A* — 394 While *A T* || it *T* || þou hit hast *A* || ne] *f. A T* || douʒt *T*, doute þe *A* — 395 fur *C* || Of fire brennyng ne water in þe see *T*, Ne fir þe brenne ne drenchen in se *A* — 396 steil *C* || Ne iren (yren *T*) ne stel (steele *T*) shal derie (deie *T*) þe (thee *T*) *A T*. — 397 *f. T* || And to þi wil þu schalt habbe grace *C* — 398 *f. T* || Late and rathe in eche place *C* || wille þou *A* || haue *A* — 399 *f. A* || He took his leue for to goo *T*. — 400 *f. A* || þer was ful muche woo *T*

He kiste hem wiþ softe muþe.
Wepinge hi departe nuþe.
Hi makede for him non oþer chere.
Bute he were deid on bere.
165 For him ne wende hi nevre mo
Eft to sen, ne dide hi no.
Forþ he wende wiþ al his mein.
And wiþ him his fader chaumberlein.
Fort to þe havene hi ben icome
410 And þer habbe here in inome.
At þe selve huse hi ben aliʒt,
þat Blauncheflur was þat oþer niʒt.
Riche soper þer was idiʒt,
And merie hi ferden þer aniʒt.
415 Floris ne let for no fe
To finden al þat ned be.
Of fless, of fiss, of tendre bred,
Of whit win and eke red.
þe lord of þe inne was wel hende.
420 þe child he sette next his ende.
In þe alre fairest sete.

401 ſ T‖ He custe C, And kiste A 16‖ wiʒ A‖ mouþe A — 402 ſ T‖ Al w hi departeþ C‖ Weping þai departed nouþe A 15 — 403 þay (þey T) made A 17 T‖ for] ſ. T‖ other T‖ Ne makede his Moder n o ch C — 404 Bute also C‖ þan her soon were leide in b. T, þan þai seʒe him ligge on b A — 405—406 ſ. AT‖ neuere C‖ dude C — 407 Furþ he went T, Nou forht þai nime wiʒ alle main A‖ mayn T — 408 Wiþ him went þe chamb T, Him self and his chaumb A. — 409 hauene hi beoþ icume C, So haue þey her hauyn nome T, So longe þai han undernome A — 410 habbeþ C‖ þat þey ben to þe hauyn come T, To þe hauene þai beʒ icome A — 411 ſ AT‖ buþ C — 412 þere Blaunchefloure was alniʒt T, þer Blauncheflour lai a niʒt A — 413 Wel rychely þey ben dyʒt T, Richeliche þai were idiʒt A — 414 ſ AT‖ murie C‖ uerden C — 415—418 ſ AT — 415 Floriz C‖ ne feo C — 416 neod beo C — 419—422 ſ C. — 419 loueid A‖ ynne T, hous A‖ welle T. — 420 n h. hende A, n þe ende T — 421 In al þe feirest T, In þe alþiest ſ A‖ seete T.

Gladlıche hi dronke and ete,

Al þat þerinne were.

   Al hi makede glade chere   *A 30*

425 And pleıde and gamenede che wiþ oþer.

Ac Florıs þencheþ al on oþer

For he net ne dronk rıȝt noȝt,

On Blauncheflur was al his þoȝt.

   þe lefdi of þat ınne underȝat,

430 þat he murninge sat,

To hire loverd he sede wiþ stille dreme

'Sıre, nimestu no ȝeme,

Hu þıs child murnınge sıt?

Mete and drinke he forȝit,   *C 40 A 40 T 400*

435 Lıtel he eteþ and lasse he drınkeþ, *T blatt 10; ...*

Nis he no marchaunt, as me þinkeþ.'

"Florıs", he sede, "what mai þe be,

þus murnınge as ihc þe se.

þus hermne þis enderday,

440 Sat Blauncheflur, þat faire may.

Heder was þat maiden broȝt

⁴²² þaı *A* ‖ Alle þey dronken and al þey ȝete *T* — ⁴²³ /. *T* ‖ þat weren wıþ hem ın þe halle *C (30).* — ⁴²⁴ /. *T* ‖ þaı made *A* ‖ Glad and blıþe hı weren alle *C* (29) — ⁴²⁵ / . *T* ‖ And ete and dronk echon w o .*A* — ⁴²⁶ /. *T* ‖ florız *C*, Florıce .*A* ‖ þouȝte .*A* ‖ anoþeı *A* — ⁴²⁷ Ete ne drınke mıȝte (myȝt *T*) he nouȝt *AT.* — ⁴²⁸ þouȝt *AT.* — ⁴²⁹ lenech .*A*, lady *T* ‖ þeı ınne *C* ‖ ınne] /. *T*, hous .*A* — ⁴³⁰ Hou *A* ‖ þe childe *T*, þıs child .*A* ‖ mournıng .*A*, mornyng *T* — ⁴³¹ heo *C* ‖ And seide here louerd *A* ‖ And seide to heı lоɾd *T* — ⁴³² Syr *T*, Sue ȝe saide *A* ‖ nımstou no *A*, nym now good *T* — ⁴³³ Hou *A*, how *T* ‖ þe *T* ‖ mournıng *A*, mournyng *T* ‖ sуttes *T* — ⁴³⁴ M ne drınke he naht *C* ‖ drynke *T*, drınk .*A* ‖ forȝetes *T* — ⁴³⁵ He net mete ne he ne d. *C* ‖ lytel *T*, lıtel *A* ‖ eteȝ .*A* ‖ drınkeþ *T*, drınkeȝ *A*. — ⁴³⁶ He nıs no *A*, He ıs a *T* ‖ ase *C* ‖ þınkeȝ .*A* — ⁴³⁷ Florız *C*, heo *C*, beo *C* ‖ To Florıce (Flores *T*) þan (þen *T*) spak (seıde *T*) ȝhe (she *T*) *AT.* — ⁴³⁸ seo *C* ‖ Child (Al *T*) ful of mournıng ı (y *T*) þe (the *T*) se (see *T*) *AT* — ⁴³⁹ þous sat *A*, þeı sate þer *T* ‖ oþer *C*, -sender *T*. — ⁴⁴⁰ sat / *TA* ‖ swete *T* — ⁴⁴¹⁻⁴⁴¹ ın *C gekürzt* Ord and ende he haþ hım told, Hu blauncheflur was þaɾınne ısold — ⁴⁴¹ hermne .*A* ‖ mayde *T* ‖ brouȝt *T*, bowȝt .*A*.

Wiþ marchaundes þat her hadde boȝt.
To Babiloyne hi wille hire bringe
And will eft selle hire to þe kinge.

445 þu art hire dich of alle þinge,
Boþe of semblaunt and of murninge,
Of fairnesse and of muchelhede,
Bute þu ert a man and he a maide."
þo Floris iherde his lemman nempne

450 So blisful him þuȝte þilke stevene,
He let fille a cupe of win,
'Dame', he sede, 'þis haïl is þin,
þat win and þat gold eke,
For þu of mi lemman speke.

455 On hire i þoȝte, for hire i siȝte,
For i not wher hire seche miȝte
Ne schall no weder me assoine.

---

442 hui had bouȝt T ‖ And ouer þe se ȝhe was ibrowȝt A — zwischen
442 und 443 in AT noch 2 verse Hei inne (heder T) þai (þey T)
bouȝte (brouȝt T) þat maden (mayde T) swete | And wille hei eft selle
(þey wold haue solde hur T) to (for T) biȝete — 443 þay A, þey
T ‖ wyll T ‖ hui T ‖ bring AT — 444 / T, And selle hire to kaisar oþer
to king A — 445 / T ‖ þou A ‖ ilich here A — 446 Boþe /. A, Boþ
T ‖ semblant AT ‖ mourning A, mornyng T — 447 /. AT ‖ muchel-
hede C. — 448 / T ‖ But A ‖ þou A ‖ art A ‖ heo C, ȝhe is A —
zwischen 448 und 449 þous þe wif to Florice saide A. — 449 When
T ‖ herde AT ‖ neuene A ‖ herd speke of his Leman T. — 450 So
bliþe he was of þat steuene A ‖ Was he neuer so glad a man T
— zwischen 450 und 451 þat (And in T) his herte (heit T) bigan
alliȝt (to liȝt T) AT. — 451 fulle C ‖ A coupe of gold (þe coupe T)
he let fulle iȝt (anoon iȝt T) AT — 452 saide A, seide T ‖ þe
fessel is þyn T — 453 Boþe þe gold (coupe T) and þe win, Boþe
(/. T) þe gold (wyn T) and þe win (gold T) eke AT. — 454 Leman
T — 455 For hire C ‖ hir A, hur T ‖ iþout A, y þouȝt T ‖ here A,
hui T ‖ siȝt A, syȝt T — 456 And wist ich (I ne wyst T) wher
(where T) hire (I hur T) finde (fynde T) miȝt (myȝt T) AT —
457—458 lauten in C Hire to seche ihe wille iwende, þez heo beo
at þe worldes ende — 457 scholde A ‖ Wynde ne weder shal me
assoyn T

þat i ne schal seche hire at Babiloine.'
   Floris geþ to his rest,
460 On Blauncheflur he þozte mest.
Ac reste ne mizte he nabbe none.
Foit þe dede slep him nome.

A moreze so sone so hit was day,   1 70
  He tok his leve and wente his way,
465 And dide him in to þe salte flod,
He hadde wind and weder ful god   ' 70
þe mariner he zaf largeliche,
þat brozte him over bliþeliche
To þe londe þer he wolde lende. —
470 For hi funden him so hende —
To þe londe þer his lemman is.
Him þuzte he was in parais.   A 80
   Anon me him tiþinge tolde,
þat þe admiral wolde feste holde,
475 Erles baruns þer come scholde,
And al þat wolden of him holde.   C 80

458 here seche A || hur T || m B T — 459 Floriz gez C || Florice (Now Florys T) rest (resteþ T) him þere (ƒ T) al nizt (al a nyzt T) AT — 460 ƒ. AT — 461 ƒ AT — 462 ƒ AT || dide C — 463 Amorewe A, At morn T || whanne hit A, when it T || dai lizt AT. — 464 ƒ AT. — 465 He dide T || dude C || to ƒ A || wylde flood T. — 466 Wind and w he hadde A, Wynde a w with him stond T. — 467 ƒ. T || To þe mariners A — 468 ƒ T || brouzten B || bliþeliche C, bleþeliche A — 469 ƒ T || To þe l. þai he wold l A, þer hi wolden hem self alonde C — 470 ƒ T || þai founden A || hem C — zwischen 470 und 471 Sone so Florice com to londe Wel zerne (þere T) he þankede Godes (goddes T) sonde AT. — 471 lond CA || lyf ynne T. — 472 þouzte A, þouzt T || paradis A, paradyse T. — 473 Wel sone men Florice tiddingges told A, Sone to Florys tydyng men tolde T. — 474 þat ƒ A || amerail A, Amyral T || wold fest T || h[..] C, hold A — 475 His Eils T || þer ƒ TA || comyn T || And kinges an dukes to him c s A || sch[...] C — 476 And ƒ A || al ƒ C || w. o h. h[...] C, of him holde wolde A, wold o h lond holde T — Zwischen 476 und 477 For to honure his hezhe feste And also for to heren his heste A 85—86, For to herkyn his hest And for to honoure his feest T.

Bliþe was Floris of þe tiþinge,   *C seite 2 spalte 1*

He hopede come to þat gesninge,   *T 440*

Wel he hopede among hem alle

480 His lemman sen in þe halle.

    To a riche cite hi ben icome,   *T bl dv 103b*

    Faire hi habbe here in mome

At on palais, nas non his liche

þe lord of þe inne was wel riche,

485 Him fel god moʒ to honde.

Boþe in water and in londe.   *C 90   A 100*

Floris ne sparede for no fe.

Inoʒ þat þer ne scholde be

Of fisse, of flessch, of tendre bred

490 Boþe of whit win and of red.

þe loverd hadde ben ful wide.

þis child he sette next his side.

In þe alre fairest sete

Gladliche hi dronke and ete,

---

477 Glad *T* ‖ þat tydyng *T* ‖ þo Florice herde þis tiding *A*. —
478 hoped to corn *T* ‖ gestnyng *T* ‖ þan gan him glade in alle thing
A — *zwischen 478 und 479.* And in his herte þouʒte he þat he wolde
at þat feste be *A [blatt 100 ; spalte] 89—90* — 479 For wel he h (ʒif he
myʒt *T) A* ‖ in þe (þat *T)* halle *AT* — 480 leman *TA* ‖ see *T* ‖ among
hem alle *AT* — *zwischen 478 und 480:* ¶ So longe Florice haþ under-
nome *A 93* — 481 huþ icume *C* ‖ Now to þat citee Florys is com
T ‖ To a fair cite he is icome *A* — 482 Uane *C* ‖ habbeþ *C* ‖ Wel faire
men haþ his *A* ‖ Feire he hath his ynne ynoom *T* — *zwischen
482 und 483* Ase men scholde to a kinges sone *A*. — 483 one *C*, a
TA ‖ palaise *T* ‖ was *AT* ‖ it lyche *T*, him iliche *A* ‖ paleis suþe
riche *C*. — 484 þer inne *C* ‖ þat yinne *T*, þe louerd of þe hous *A* ‖
w. fulle ryche *T*, nas non his liche *C*. — 485 f. *T* ‖ feol gold *C*
And god mow him com *A* — 486 f. *T* ‖ bi w *A* ‖ be l *A* —
487—490 f *CT*. — 488 Inow *A*. — 491 louerd *A* ‖ He hadde ilad
his lif *C* ‖ wel w *A* ‖ He hadde ben ferre and wyde *T* — 492 þe
AT ‖ set *T* ‖ bi h. s *A* — 493 alþer ferste *A* ‖ In al þe ferrest seete
T ‖ Glad and bliþe hi weren alle *C* — 494 Gl þai dronken *A* ‖ Alle
þey dronken *T* ‖ So fele so were in þe halle *C*.

495 Ac Floris net ne dronk riȝt noȝt,
Of Blauncheflur was al his þoȝt.   A 110

þe lord of þat inne underȝat,
þat þis child murninge sat
'Child', he sede, 'me þinkeþ wel,

500 þi þoȝt is muche on þi catel.'   T 460   C 100
— "Nai, sir, on catel þenke i noȝt,
On oþer þing is al mi þoȝt."

þanne spak þe loverd of þat inne
'þus sat þis oþer dai herinne

505 þat faire maide Blauncheflur.
Boþe in halle and eke in bur,   T 470
Evre he makede murning chere
And biment Floris, hire leve fere.
He nadde in herte joie none,

510 Bute of Floris was hire mone.'
Whanne herde he nempnen his lemman
Bliþe he was iwis for þan,

Zwischen 494 und 495 Al þat peiȝnne were Al þey made good chere þey ete and dronke echoon wiþ other But Florys þouȝt al an other *T 451—454.* — 495 riȝt / C || Ac Fl et an drank riȝt nowt A || Ete ne drynke he myȝt noȝt *T.* — 496 On Bl A*T* || m þouȝt A — 497 of þeinne C || þan bispak (spake *T*) þe burgeis A*T* — 498 þat hende was (þ w. h. *T*) fre (f. *T*) and cuiteys A*T.* — 499 Floriȝ C || Ow child *T* || he sede *f. T.*A || þinkkeȝ swiþe (f. *T*) wel A, what mai þe beo C — 500 þout A || mochel A || þat muche þou þynkest on my c *T* || þus murninge þat the þe seo C. — 501—502 *f. C* — 501 Nai on mi c. is hit nowt A. — 502 þink A || On blaunchefloui was al his þ. *T* — *zwischen 502 und 503:* Mi þouȝt is (But y þynke *T*) on alle wise Mochel on (For to fynde *T*) mi marchaundise And ȝit that (it *T*) is mi (þe *T*) meste (most *T*) wo ȝit (When *T*) ich (y *T*) hit fuide and (y *T*) schal (shal it *T*) forgo A*T* — 503 *f. C* þan *T* || lord *T* — 504 þous A || þus heiinne þis oþei d C || þis sender day þei sate h *T* — 505 Sat bl. þat l. may C. — 506 ek A, *f. T* || In halle ne in bui ne at boid C. — 507 Euere (Euei *T*) ȝhe (she *T*) made A*T* || mourning A, moinyng *T* || Of hire ne herde we neure a word C. — 508 *f. C* || lyf *T* — 509 C stellt um = C 106 || Joye ne blisse made (ne hadde A) ȝhe (she *T*) n. A*T* — 510 = C 105 || Ac on A || al here A || But for F she made hei moon *T* — 511—512 *f. T.*A.

He het bringe a cupe of selver whit.
And a mantel of scarlet, A 130
515 Ipaned al wiþ meniver, C 110
And gaf hit his hoste þer
'Have þis', he sede, 'to þin honur.
þu mai þonke hit Blauncheflur.
Stolen he was ut min contreie,
520 Her ich hire seche bi þe waie.
He miȝte make min herte glad,
þat cuþ telle me whider he was lad.' 7 450
    þanne sede þe burgeis,
þat was wel hende and curteis
525 'To Babiloine he was ibroȝt,
þe admiral hire haþ iboȝt.' A 140
    Nu Floris geþ to his rest,
On Blauncheflur he þoȝte mest; C 120
Ac reste ne miȝte he habbe none, Seite 2 spalte 2
530 Fort þe dede slep him nome.

511 | .. .]t br. C || Florice het min (toke T) AT || silver TA, whiȝt (f C) A, clere T. — 514 f. C || A mantyl of scarlet wiþ menynere T — 515 f T || [.. ..] a pane of menuuer C — 516 f CT || hit f A || hostesse A. — 517 Houe þis sir T || [. ..] he sede C, ȝhe saide (f. T) A || þine A — 518 And þou hit miȝte þ Bl A || [.] þu speke of bl. C. — 519—520 f TC — 519 ȝhe A || out mine countreie A. — 520 here A. — 521 [..] test make C || make A || heorte ful C, heit T || glade T. — 522 [...] le me wider heo were ilad C || coupe A || me telle A, me tel T || wheder T || ȝhe was A, she is T || ladde T. — 523—524 f TA, vgl. A 111—112. — 523 [. .] sede C. — 524 [.. .] wel C. — 525 [. .]lloigne C || Child to B. TA || ȝhe (she T) is A T. — 526 [. .]iral C, And Ameral A || haȝ C, had A. — zwischen 526 und 527 in A und teilweise in T· He ȝaf (gaf T blatt 104a) for hire (hur T) ase ȝhe (she T) stod upriȝt Seuen sithes here gold of (of g hur T) wiȝt TA, For hire faired and for hire scbere þe ameral hire bouȝte so dere A, For he þenkeȝ (þenkeþ T) wiȝ outen (out T) wene (weene T), þat faire (feire T) mai to (f. T) hauen to quene (Queene T), Amang (Among T) oþei (his T) maidenes in his toin He haþ hire ido (He hur dide T) wiþ mochel (muche T) honour AT — 527 [ ]eþ to C || Nou Florice rest (resteþ T) him þere al niȝt AT — 528—530 f AT — 529 [. .]eflin C. — 530 dide C

A moreȝe so sone so hit was dai, T 490 A 150
   He nom his leve and wende his wai.
   And for his niȝtes gestinge
   He ȝaf his oste an hundred schillinge.
535 And ȝerne he haþ his oste bisoȝt. ᵗ blatt 7a späte 1
   þat he him helpe wiþ al his þoȝt· ᵛ 152
   ȝif he a frend in Babiloine hadde,
   þat him wisede and wel radde, ᶜ 130
   Hu he miȝte mid sume ginne
540 His lemman Blauncheflur awinne.
   To one brigge þu schalt come.
   þe briggere þu findest ate frome. A 160 T 500
   His palais is ate brigges ende,
   Curteis man he is and hende. ᴵ 100
545 Mi felaȝe he is þureȝ truþe ipliȝt,

. . . .

⁵³¹ On morewe whan hit was dai liȝt A, T\l on þe morow þe
day was lyȝt T — ⁵³² nem C ‖ hue C ‖ He aros (roos T) up (/. T)
in (on T) þe morewninge (morowning T) AT — ⁵³³ /. AT. —
⁵³⁴ And ȝaf A, He gaf T ‖ hoste A, Ost T ‖ hondred A ‖ shelving T —
zwischen 531 und 534 To his hoste and to hes (his T) hostesse, And
nam (toke T) his leue and gan hem (feire did T) kesse (kysse T) AT.
— ⁵³⁵ had A ‖ ostesse A ‖ A. ȝ. his ost he besouȝt T von hier ab
ist V wider teilweise leserlich [. .] by souht V 151 — ⁵³⁶ ȝhe
A ‖ mid al his mauht V, ȝif ȝhe (he T) mouȝt (myȝt ouȝt T) AT.
— ⁵³⁷ /. AT [. .] frend i b. h V ‖ In Babilloine oþer wher a beo C —
⁵³⁸ /. AT [. ...] wisede V ‖ þat he miȝte hine iseo C. — ⁵³⁹ [....] ihte
V, ȝif he T ‖ wiþ sum A, mid ein V, wiþ any T. — ⁵⁴⁰ |... | blanche-
flour iwinne V ‖ þe (þat T) fane (lene T) maiden (may T) to him
awinne (wynne T) AT. — ⁵⁴¹ C stellt um = C 136 ‖ [| one
longe brugge þou V ‖ Child (Childe he seide T) to one (a T) brigge
þou AT ‖ cume C — ⁵⁴² = C 135 ‖ [. .] gere finde þer ate frome V|
At babilloine ate frume C ‖ A burgeis þou (The seupere T) findest
(fynde T) ate frome (at hoom T) A. — ⁵⁴³ |... | e is ate brugge
e. V ‖ His paleis is (He woneth T) ate (at þe T) brigges e AT
Whane þu comest to þe ȝate, þe porter þu schalt finde parate C. —
⁵⁴⁴ [... | mon V ‖ Wel hende man and fair he is, He is icluped
sire daris C. — ⁵⁴⁵ [....] breþeren & treweþe ipliht V ‖ We beȝ
(am T) breþren and treuþe (trouthes T) ipliȝt (pliȝt T) AT

12*

And he kan rede þe ariȝt.
þu schalt beren him þis ring.
On mine halve to tokning,
þat he þe helpe in alle helue,
550 Ase he wolde me selve.'
    Floris herof was wel bliþe
And þonkede his oste wel swiþe.
He takeþ þe ring and nimeþ leve,
No lenger nolde he bileve.   *T* 40 *A* 170 *C* 150
555 Bi þat hit was undern hiȝ,
Floris was þe brigge niȝ.   *J* 170
  Whanne he was to þe brigge icome,
    þe briggere he fond ate frome
Sittinde on a marbel ston,
560 Swiþe fair and hende mon.
þe burgeis was ihote Dayre;   *A* blatt 101
Floris him grette wel faire,

⁵⁴⁶ [...] wisi & reden wel riht *V* || He þe can (can þe *T*)
wissen (wryssh *T*) and rede (renden *A*) ariȝt *AT*. — ⁵⁴⁷ [..] bere
him neseno (?) ring *V* || Haue and ber *C* || a r. *AT* — ⁵⁴⁸ [.. .] to
toking *V* || Fram (Fro *T*) mi selue in (to *T*) tokning *AT* —
⁵⁴⁹ [.....] on eche halue *V* || i a. halue *C*, in eche helue *A* || þat he
help þe in boure and halle *T*. — ⁵⁵⁰ [*V* unlcserlich] So hit were
bifalle mi selue *A* || As it were myself befalle *T*. — ⁵⁵¹—⁵⁵² nur in
C. — ⁵⁵¹ [...] & takeþ his l *V* || Florice tok (takeþ *T*) þe ring
and nam (nemeþ *T*) his (f *T*) l *AT* || Feire of him he nimeþ l. *C*.
— ⁵⁵⁴ lengur *C* || [...] þer byleve *V* || For þeie (f *T*) no (f *T*)
leng (long *T*) wold he hit (he nouȝt hel *T*) *AT*. — ⁵⁵⁵ [. . .]ondarne
heyȝ *V* || middai *C* || heghȝ *A*. — ⁵⁵⁶ [...]gge swiþe neyȝ *V* || þe brigge
he was (com he *T*) swiþe negȝ (nye *T*) *AT*. — ⁵⁵⁷ f. *T* || [...]
þane brugge icome *V* || When *A* || þe brigge inome *A* || þe he com
to þe gate *C*. — ⁵⁵⁸ f. *T* [....] bruggere ate frome *V* || þe burges
he fond ate fr *A* || þe porter he fond anon þerate *C*. — ⁵⁵⁹ f. *T* ||
Sittinde one *C*, Stonded on *A* || [.. ..] a Marbreston *V*. — ⁵⁶⁰ f. *T*.
[....] mon he was on *V* || Fair man and hende he w. on *A* || Suþe *C* —
zwischen 560 und 561 [.. ...] was of Muchel pris [..... .] teis him
sulf iwis *V*. -- ⁵⁶¹ f. *C* vgl. 544 || [...]ys was ihote doyre *V* || þe burgeis
was ihote daye *A* || þe senþeies name was Darys *T* — ⁵⁶² [...]s

And haþ him þe ring araȝt
And wel faire him bitaȝt.   *V* 159 *A* 159

365 Þureȝ þe tokne of þis ring
Floris þer hadde wel fair gestning.   *C* 160

Glade and bliþe hi weren alle.   *C* seite 3 spalte 1
So fele so weren in þe halle
Ac evre Floris siȝte ful colde.

570 Sire Daris gan þe child biholde
'Leve child, what mai þe be.   *T* blatt 104 b

So þoȝtful ase ihc þe se.   *
I wene þu nart noȝt al fere.
Þat þu makest þus doelful chere.   i 190 A 190 C 170

575 Oþer þe ne likeþ noȝt þis in?'
Þo Floris answerede him   i blatt 7 a spalte 2
'Sire', he sede, 'bi Godes ore.

him g. w. f *V* ‖ swiþe f. *A* ‖ gret h. w. f. ywys *T* ‖ And so him sede
child floriz Rest þe munie, sue daris *C*. — 363 f. *C* ‖ [. . .] him þane
ring arauht *V* ‖ And he him *T* ‖ nawt *A*. — 364 f *C* ‖ [. .] faire hine
him bitauht *V* ‖ ful f it him betauȝt (bitawt *A*) *T*. — 365 [.] þe
tockne of þe ringe *V* ‖ þourgh tokning *A*, þrouȝ þe token *T* ‖ of þat
ilke i *TA* ‖ And tok him to tokne þis ring *C*. — 366 [.] hadde
þer amiht wel gode gistinge *V* ‖ h (had *T*) þei (f. *T*) god (ful faire *T*)
g *A* ‖ And þerfore he hauede w. f. g. *C*. — zwischen 366 und 367 in
ATV 2 verse Of fichss (fyssh *T*) and (of *T*) flessch (flessh *T*) of (and *T*)
tendre bred (tender breed *T*) *A*, [....] of fles of tendre bred *V*
Boþe of whit win and of red *A* ‖ Of wyn boþe white and reed *T*
[. .]t win & eke of red *V* — 367—368 nur in *C* — 369 [..] floyles sike
& colde *V* ‖ And euer Florys sate f. c *T* ‖ cold *A* ‖ Ac floriz net ne
dronk noȝt On blaunchefllur was al his þoȝt *C*. — 570 [.] gon þat
chil by holde *V* ‖ And darys (Dares *T*) *AT* ‖ bygan *T* ‖ him bihod *A*
Sire daris underȝet þat floriz muninge set *C* — 571 [..] wat mai
þe be *V* ‖ þis be *T* ‖ Floriz he sede wh. m þe beo *C* — 572 [   ] þe
i see *V* ‖ þous carfoul *A*, þus þouȝtf *T* ‖ ase ihc (as y *T*) þe seo (the
see *T*) *C*. — 573 [..] al fere *V* ‖ Art þou nouȝt al in feere *T*
Me þincheþ bi þine chire *C* ‖ fer *A* — 574 [..]ele chire *V* ‖ þus
(þous *A*) sory chere (cher *A*) *T* ‖ þu neit noȝt glad of þi sopere *C*
— 575 f. *V* ‖ Or *T* ‖ þou (þe *A*) lykkest (likeþ *A*) *T* ‖ þin *A*. — 576 Bot
V, Nou *A*, þan *T* ‖ floyles *V*, Florice *A*, Florys *T* ‖ onswerede *V*,
answerede *C* — 577 ȝis (Nay *V*) sue *VTA* ‖ he sede f. *VTA*.

So god in nadde ihe wel ʒore.

Ure lord me lete ibide þe day,

578 þat ihe hit þe ʒelde may.

Ihe þenche, sire, on fele wise

Nu upon mi marchaundise,

Lest I ne finde noʒt atte frome

Wherfore ihe am hider icome.

585 And þat is ʒet mi meste wo,

ʒif ihe hit finde and schal hit forgo '

"Child", sede þat fre burgeis.

þat was wel hende and curteis.

"Fain ihe wolde þe rede and lere.

590 þat þu muche þe betere were,

ʒef þu toldest me þi gref,

To rede þe, me were lef."

Ord and ende he haþ him told.

Hu Blauncheflur fram him was sold.

---

578 me A, ƒ T || nauede C, hadde A, ne had T || wel ƒ A, mony day ʒore T || So god [. ..] w. ʒ V — 579 Ure ƒ. VTA || loueid C, God VTA || lete (late A, let T) me VTA || abide VT, bide A || þane V, þilke A, þat T — 580 ich VA, ϟ T || hit ƒ AT || ʒulde C, quyte T || wel may T — 581 Ac ich V, Ac i A, But y T || þenke AT || sire ƒ VTA || on (in A) alle VTA. — 582 Nu ƒ AV, Most T || Wpon A || mine V, my T, min owen A — 583 VA stellen um = V 199 || ƒ. T || last C || ich ne V || feynde hit V || hit nowt A || noʒt] ƒ V || atte frume C. — 584 = V 198 || ƒ T || Ware ʋore V, þat þing for whi C || ich VA || icume C, come A — 585 And þeʒ ihe hit finde, hit is my wo C || And ʒit is þat (it is T) mi (ƒ. T) meste (moost T) wo AT. — 586 When T || and ƒ T || sschal A, shal T, ƒ. V || hit ƒ A || Lest ihe schulle hit forgo C — 587 ƒ. VTA || þo sede daris þe freo b C. — 588—590 nui in C. — 591 Child woldest þou telle me of (ƒ. AT) þi gief (gryf T) VTA. — 592 helpe VA, hele T || ful l TA, wel l. V || lyf T — zwischen 592 und 593 þo floriz lugan his consail schewe And to daris beon iknewe C — 593 And nou floyres V, Nou (ƒ T) euerich (Euery T) word AT, Ord and ende C || he] ƒ. V || him haueþ V, had him A || itold V. — 594 þat mayd V, þe maide AT || from him wa V, was fram (fro T) him AT || from him ƒ C || isold C.

595 And hu he was a kinges sone.
For hire love þider icome,
To fonde þureʒ sume kinnes ginne
His lemman Blauncheflur biwinne.   A 210

Daris þanne Floris bihalt,
600 And for a fol he him halt.
'Child', he sede, 'I wot hu hit geþ.   I 210
þu ert abute þin oʒen deþ.   C 200
þe admiral haþ to his gestninge   C seite 3 spalte 2
Oþer half hundred of riche kinge.   T 530
605 Ne þer nis non so riche king,
þat dorste entermete of eni such þing.
þilke maide to awinne
Noþer wiþ strengþe ne wiþ ginne.
And þe admiral hit miʒte iwite.
610 þat he nere of his live aquite.   A 220
And Babiloine, ihe understonde.
Dureþ sixti mile to gonde.   C 210

595 was of spayne VTA ‖ one V ‖ sune C — 596 Uor V, And for A ‖ For grete loue T ‖ luue C ‖ þeder T ‖ icume C — 597 f V ‖ For to f A ‖ þ s cunnes g C, wiþ som g A, wiþ quanytyse and wiþ g. T. — 598 f. V ‖ His lemman f. T ‖ þat faire maide to biw. A ‖ to biw. A, for to wynne T. — 599 Nou doyres V, Daris non A ‖ þat childe A, þat chil[.] V ‖ byhalt V ‖ Now seith Dares þou art alfolt T — 600 a froole T, more þane fol C ‖ he] f. C ‖ hine V, þe childe he T. — 601 Floriz C, f. T ‖ he seith A, f TV ‖ ise A, iseo C, nou ich wot V, Now y woot T ‖ al hou V ‖ hit f A ‖ gooth T, goʒ A — 602 Iwis (f T) þou ʒernest (welnest V, desirest T) TVA ‖ owene V, owen A, own T, oʒe C ‖ deeth T — 603 pameral A ‖ haueþ CV ‖ iustening A, iustisinge V justinges T. — 604 hondert V ‖ kinges TC, king A — 605 (And T) þe (þat A) alþer (alre V, alder T) richchest (richeste V, rychest T) king VTA — 606 Ne dorste VA, Durst not T ‖ entermeten C, beginne VAT ‖ eni f VAT ‖ swich (swch V, suche T) a þ VAT — 607—608 f. VAT. — 609 And mihste (For miʒte A) þe amirayl (pameral A) hit vndergete VA ‖ ʒif Amyral myʒt it vnderstond T — 610 Sone þou were of hue q. A ‖ Sone of his hue h. were quite V ‖ He shulde he drawe in his owne londe T ‖ hit C. — 611 Aboute babiloyne beþ to ʒonge wiþoute wene V ‖ Abouten B. wiþouten w. A ‖ About B. y w. T. — 612 D

Abute þe walle þer ben ate   V 220
Seve siþe twenti ȝate.

615 And tweye tures þer ben inne.
þat eche dai chepinge is inne.   r 60
Eche day in al þe ȝere
þe feire is þere iliche plenere.
Seve hundred tures and two.

620 Ben in þe burȝ wiþute mo   A 230
þe alre febleste tur
Nolde noȝt dute þe emperur.
For to come þer wiþinne.   V 240
Noþer wiþ strengþe ne wiþ ginne.

625 And þeȝ al þe men þat ben ibore   T blatt 10 r a
Hadde hit upon here eȝe iswore.   V blatt 7 b, spalte 2
Hi scholde winne þat mai so sone
Ase from heuen þe sonne and mone.
And in þe burȝ amidde riȝt

abute furtennȝt gonde C ‖ Sexti (Sixti V, Six T) longe mile (milen
A) and tene VTA. — 613 And ate w AV ‖ þat A ‖ beþ VA, buþ C.
At euery myle is a walle þerate T — 614 Seven AT ‖ siþes T ‖
tuenti VC ‖ ȝates C — 615 And] f A ‖ twenti AT ‖ touris A, toures
VT ‖ beȝ A, beþ V ‖ And ine þe burez amidde riȝt C — 616 euerich
A, euery T ‖ cheping A, chepyng T ‖ þ þe chepinge is eche d i V
Beoþ twe tures inȝt C — 617 Euery day and nyȝt T, Nis þei (no
A) day þourg þe (þoruh out. þan V) ȝer VA — 618 þat (f. T)
þe (f A) chepinge (scheping A) is (nis A) iliche (þeriune A) plener
VAT. — 619 f. T ‖ An A ‖ wiþ outen þan tuo V, also þer to A —
620 f. T ‖ Beoþ C, Beþ A, þer beþ V ‖ in þan V ‖ boruh V, borewe
A ‖ biþute mo C, and somdel mo VA. — 621 f CT ‖ þat alderest
feblest tour A — 622 f. CT ‖ Wolde kepe A, N. nouht duti V ‖ an
emp A, þe amperm V — 623 f CT ‖ Vor (f A) V ‖ comen al A. —
624 f. CT ‖ Noþer A ‖ wid V ‖ strengȝ A ‖ wid V — 625 f. C, [. .]
V ‖ þei A, þauȝ T ‖ alle A ‖ beþ A ‖ bore T — 626 f. C, [   ] vpon
here eȝen iswore V ‖ Adden A, Had T ‖ hit A, f. T ‖ deth iswhore A ‖
on hur lyf sworе T — 627 f. C ‖ þai scholde w A, To w T, [ ]
schal to iu V ‖ þat Mayd V, þe mai A, þat maide T ‖ al so s. V,
lene and free T. — 628 f C ‖ As A ‖ fram þe A ‖ heuene AV ‖ heȝ
þe sonne A ‖ Al shul þey die so moot y the T. — 629 And ine C.
As in A, In T, [..] V ‖ þat bour T, þe boruȝ V ‖ amide þe A,
[..]mid V, in mydward T ‖ rist V.

630 Þer stant a riche tur ipiȝt.
An hundred teise hit is heie.
Who so bihalt hit fer and neie·
An hundred teise hit is wid
And imaked wiþ muchel prid.
635 Of lym and of marbelston:
In þe world nis swich tur non.
Þat morter is imaked so wel.
Ne mai hit breke ire ne stel.
In þe tur is on kanel
640 Of selver and of crestel.
And þe pomel above þe lede
Is iwroȝt wiþ muchel rede.
On þe tur anovenon
Is a charbugle ston.
645 Þat ȝiueþ leme dai and niȝt.
Ne be hit nevre so derk niȝt.
In þe bureȝ ne darf me berne
Noþer torche ne lanterne.

---

630 [.laplyft V ‖ Beoþ twe tures ipiȝt C ‖ þer /. T ‖ Stondeþ T ‖ a riche a t. A, a t T ‖ þe aphȝt A, y the plyȝt T. — 631 f C. And T, A A [.] V ‖ þousang A ‖ teyse V, taisen A, fathum T ‖ þe his (it is T, þe toun is V) heiȝe (heie V, hye T) A — 632 /. C ‖ Wo A, [..] V ‖ so it bi alt A, [.] byhalt V, soo beholdeþ h T ‖ wit fer and negȝene (?) A, fur & nei V, fer or neie T — 633 /. C ‖ And an VA ‖ hondres A, hundret V ‖ taises A, fathun T ‖ he is w A, it is y feie T. — 634 /. C ‖ It is made T ‖ mochel p A, muchel pruid V, wiþout pere T — 636 In al þis w T, In cristiente (cristiante V) VA ‖ is T ‖ tur] f TAV. — 637 /. C ‖ And þe m is A, Now is þe m T ‖ maked A, made T — 638 f C ‖ No mai no man hit breke wiþ no stel A — 639 f ATV, C stellt um = C 231 ‖ o kernel C. — 640 (C 232) / ATV. — 641 / C ‖ And] f. T ‖ about V ‖ led A ‖ þe Pomel þat aboue is leide T — 642 f C ‖ Is iwrout A, Is iwrouht V, It is made T ‖ mit so [...] V, wiþ muche T, w so moche A ‖ red A, [.] V, pride T. — 643 /. ATV ‖ On þe tur anouenom C (233) — 644—646 / ATV. — 647 Ne þarl me amiht [..] V ‖ þat men ne t(?)erren amȝt beine A ‖ þat man ne þar in þe Toun b T. — 648 Lampe ne t. C, Neiþer t A, Nouþer T ‖ Nouther torche [   ] V.

Swich a pomel was never bigonne   r 250

650 Hit schineþ as doþ a dai þe sone.   (240

     In þe tur þer is a walle.

Swiþe cler hit is wiþalle.

He erneþ in o pipe of bras.

Whider so hit ned was

655 Fram flore into flore

þe stremes erne store.

Fram bure into halle

þe stremes of þis walle.   c 230

     Þer ben in þe hiȝe ture

660 Four and forti maidenes bure.

Wel were þat ilke mon.

Þat miȝte wonen in þat on.

Ne þorte he nevre ful iwis

Wilne more of paradis.   i 260

665   Þer ben serjauns in þe stage.

Þat serve þe maidenes of parage.   7 270

Ac ne mot þer non ben inne.

Þat in his breche bereþ þe ginne,

---

649 [..] a pomel [.] V || was þer byg. T || þat he ne ȝiueþ
liȝt and leme C — 650 [. .] V || Hit shyned amȝt T, f C || so doþ
þe soon T, amȝt so a dai doþ þe s. A || As doþ aday þe sunne beme C
— 651—658 nur in C (223—230) — 651 welle C. — 652 Supe C — 653,656 ur-
neþ C. — 656, 658 st'mes C. — 658 welle C. — 659 þer huþ C (249), [.]
beþ V, Nou beþ (ain T) AT || m þe hiȝe C, m þan [. .] V, þerinne
þat riche A, m þat ilk T || tur C, toure AT, [..] V. — 660 Foure
and fourti [..] V || Forti Maidenes and four C || Four and twenty
maidenes boure A, Twoo and fourty nobell boure T. — 661 So w.
A, [lat w. V || man AT, [.] V — 662 winnen C, wone V, woon T || m]
wiþ C — 663—681 in V unleserlich. — 663 Ne dust T, Now pount A ||
him neuere AT || more y w. T. — 664 Willen (Couete T) after more
blisse AT. — 665 þer huþ C, Nou beþ þe A, Now arn þer T || serιaunt(e)s
A(T) || m þat st. T — 666 þat (To A) serven AT, þ serueþ C || of
hyȝe p. T. — 667 But no serιeaunt may serue þerιnne T, Ne mai
no serιaunt be þerinne A. — 668 þat one þe br. C, þat b. m his
br. T || brech A || þer g. A, þat g. T'

Noþer bi daie ne bi niȝt.

670 Bute he also eapun be diȝt.   C 260

　　At þe ȝate is a ȝateward,

He nis no fol ne no eulvard

And ȝif þer comeþ eni man

Wiþinne þilke barbecan,   A 270

675 Bute he him ȝeve leve.

He wille him boþe bete and reve.

þe porter is prud wiþalle,   C seite 4 spalte 1

Eche dai he geþ on þe walle.

　　And þe Admiral is such a gome.

680 þat everich ȝer hit is his wone,   T 690
                                                 I blatt 7 b spalte 2

þat he will habbe an oþer wif,

þeȝ he love his quene as his lif.

Me schal bringe adun of þe stage   I blatt 105 b
                                         A 280 C 270

Alle þe maidenes of parage.   V 260

<hr>

669 Neiþer bi dai A || To serue hem day and n T — 670 But
he be ase (as a T) capoun (capon T) d AT || beo idiȝt C. —
671 f C || And at A. — 672 He is not a coward T || no coward
A || þe porter is culuart and felun C (247) danach in C (248)
He wule him sette areisun — 673 f. T || And f A || ef þer C
(243), ȝif þe A || ani A. — 674 f T || Biþinne C || þat ilche barbi-
can A — 675 f. T || But hit be bi his l A — 676 f. T || wule C. —
677 (= C 241) || He is wonder proude T — 678 Euerich A, Euery
T || goþ CTA || in palle A, in ryche palle T — 679 (= C 261) ||
Amerail A, Amyral T || gune C, so wonder a gome A, haþ a wonder
woon T — 680 [..] V || In al þe world nis such a sune C || þat he
þat is com of cristendom T. — 681 in C (263—266) geändert. Ne
bu his wif neure so schene Bute o ȝei ne schal heo beon his quene,
þeȝ heo luue him as hire lif þat he nele habbe anoþer wif — 681 To
chesen [.　　.] V, To chesen him a newe w A, Euery ȝere to
haue a new wyf T — 682 f A || vgl. C 265 || þeȝ V, þen T || louede
V, louiþ T || quene [...] V. — zwischen 682 und 683 in A And
whan he a newe wif underto, He knaweþ hou hit schal be do —
in C noch 2 verse (267—268) And floriz, undi þe telle fore Heo
schal beon his quene icore — 683 (= C 270) || Me schal tecche V ||
þanne scholle men fechche A || Then shul men bryng T || doun AT,
adoun V || toure T — 684 (= C 269) || of grete honoure T

685 And lede hem in to on orchard.
þe faireste of al þe middelard.
Abute þe orchard is a wal.
þe eþelikeste ston is cristal.   *T 649*
þer me mai sen upon þe ston
690 Muchel of þis werldes wisdom.
þerinne is merie foʒeles song.
Me miʒte libbe hem evre among.
        And a welle þer springeþ inne   *1 290*
þat is wroʒt wiþ muchel ginne.   *V 270 C 280*
695 Ihe mai seggen iwis,
þe stremes come fram paradis.
þe gravel is of precious stone,   *C seite 1, spalte 2*
And of vertu is evrech one.
Boþe saphirs and sardoines,
700 And swiþe riche calsidoines.
And jacinctes and topaces,
And onicle of muchel grace.

⁶⁸⁵ An *A* ‖ leden *C*, bringe *VT*, brenge *A* ‖ an *AT* ‖ orcharde *V*
— ⁶⁸⁶ al *f V* ‖ þe / *AT* ‖ Middellerd *C*, mydlerd *T*. — ⁶⁸⁷ *VAT* stellen
um ‖ þan orch *V* (265) ‖ goþ *A* ‖ walle *T*. — ⁶⁸⁸ þe weiste *A*, þe
towlest *T*, Summe of þe stones bo[...] *V*. — ⁶⁸⁹ *f. T* ‖ man *A*, me *V* ‖
sen on þe *A*, ise uppon a *V* ‖ Ho so wonede a moneþ in þat spray
C. — ⁶⁹⁰ *f. T* ‖ Mochel *A* ‖ Iwrite muchel of þe w[..] *V* ‖ Nolde him
neure longen away *C*. — ⁶⁹¹ þer is foulen (fowelene *V*) s. *A (284)*
V (263) ‖ mony *T* ‖ So merie is þerinne þe f. s *C*. — ⁶⁹² m wel l
V ‖ libben *A*, leue *T* ‖ þei among *A*, hem a [ ] *V*, þeryn ful long *T* ‖
þat ioie and blisse is eure among *C*. — ⁶⁹³ well *T* ‖ þat springeþ
[..] *V*, spr þerynne *T* ‖ In þe orchard is a welle *C* — ⁶⁹⁴ wrowt
A, imad *V*, made *T* ‖ mid *V* ‖ mochel *A*, muche *T* ‖ þat is suþe cler
wiþ alle *C* (*vgl. C 224, Ged 652*) — ⁶⁹⁵ [..] is [ ] Muchel [...] *V* ‖
þe welle (wel *T*) is of mochel (muche *T*) pris *AT*. — ⁶⁹⁶ *V unleserlich*
st'mes *C*, strem *A* ‖ comeþ *C*, com *AT* ‖ fioo *T* — ⁶⁹⁷ þat grauel
bi þe [..] *V* ‖ þe gr in (of *T*) þe grounde of (is *T*) preciouse stone
(stoones *T*) *AT* ‖ For in þe st'mes þe smale stones *C* — ⁶⁹⁸ An of
[..] eu [.] *V* ‖ And al of v. *T* ‖ iwis echone *A*, for þe noones *T* ‖
Hi beoþ þer funden eurech one *C*. — ⁶⁹⁹ *f T* ‖ Of safir & of [..] *V* ‖
Of saphires and of s *A*. — ⁷⁰⁰ *f. T* ‖ suþþe *C* ‖ cassidomes *C* ‖ Of [..]
& of [ ] *V* ‖ Of oneches and of calsidomes *A (297)*. — ⁷⁰¹⁻⁷⁰⁴ *f. TVA*.

And mani on oþer dereworþe ston.
þat ich nu nempne ne can.   *(290*

705   Above þe walle stant a tre.   *A 310*
þe faireste þat miȝte in erþe be.   *T 630*
Hit is ihote þe tre of love.
For lef and blosme ben þer bove.
So sone so þe olde ben idon,
710 þer springe niwe riȝt anon.
Alle þilke þat clene maidenes be
Me schal bringe under þat tre.
And which falleþ on þat firste flur
Schal be quene and fonge þonur.   *C 300*

715   þe wal is of so muchel eie.
ȝif þer is eni maide forleie.
An he stepe to þe grunde   *A 300*
For to wassche hire honde   *T 620*
He welmeþ up so he were wod
720 And chaungeþ fram water in to blod.

⁷⁰¹ dreweiþe C — ⁷⁰³ VTA stellen um ‖ ⁷⁰³—⁷¹⁴ unleserlich in V — ⁷⁰³ At AT ‖ walle C, welle heued A, walles hed T ‖ stondeþ T, þer stant A ‖ treo C, tree AT — ⁷⁰⁶ þat f. C ‖ fairest AT ‖ mai A ‖ þat on erthe may be T ‖ beo C — ⁷⁰⁷ icleped A, cleped T ‖ treo of hime C — ⁷⁰⁸ For f. T ‖ floures and blos(so)mes A(T) ‖ beþ A. beoþ C, spryngen T ‖ þer f. AT ‖ buue C, aboue T, ever aboue A. — ⁷⁰⁹ f AT ‖ beoþ C. — ⁷¹⁰ f AT ‖ springeþ C — ⁷¹¹ And þilke A, þen þey T ‖ may-dons clene T ‖ beo C, bene T. — ⁷¹² Men schal hem bi A, þey shul be brouȝt T ‖ Schulle sitte arewe C‖, treo C, þe tren T — ⁷¹³ so falleþ AT ‖ on f. T ‖ þe (þat A) flom TA ‖ furste C — ⁷¹⁴ heo C ‖ Hi schal ben chosen A ‖ quen A, queene T ‖ wiþ (wiþ muche T) honour AT. — ⁷¹⁵ (C 302) ‖ þe welle is of [....] V (277) ‖ Nou is þe waie (well T) A (298), T (617) ‖ so (f. T) mochel (muche T) A ‖ auȝt T. — ⁷¹⁶ ȝif þer come [.] V ‖ ȝet C (301) ‖ þer comeþ A, ȝif a woman come T ‖ þat is forleie (forlauȝt T) AT — ⁷¹⁷—⁷²⁰ unleserlich in V. — ⁷¹⁷ And AT ‖ heo C, hi A, she T ‖ howe A, he doo T ‖ to þe streeme T. — ⁷¹⁸ waschen A, wesshe T ‖ hir houndes clene T — ⁷¹⁹ Ha þulmeþ up C, þe water wille ȝelle AT ‖ als (as T) hit ware (were T) wode (wood T) AT — ⁷²⁰ And bicome AT ‖ reed as blood T, on hire so red so blod A.

On whiche þe welle fareþ so.
Also swiþe he worþ fordo.
And þilke þat ben maidenes clene,
Hi mai wassche þerin I wene,
725 þe water will erne faire and cler,
Nelle hit hem make no daunger.
    Ac ʒif þer eni maiden is,
þat þe admiral loveþ mest of pris.   *C 310*
On hire schal be þat flur iwent,   *A 320*
730 þureʒ conjureson and chauntement   *T 640*
þus he cheseþ his wif þureʒ þe flur,
Alle wene hit schulle be Blauncheflur.'
    þre siþes Floris swouned nuþe,   *T blatt 100, c*
Er he miʒte speke wiþ muþe.
735 Whane he awok and speke miʒte,
Sore he wep and sore he siʒte,
'Daris', he sede, 'Ihc worþe ded,
Bute if þu do me sumne red.'
    þo sede Daris. "Ful wel I se,   *A 330*

---

⁷²¹ wuche *C* ‖ On (*f. A*) Wich (what *T*) maiden þe water fareþ on (*f. T*) so *AT*. — ⁷²² swiþe *C* ‖ wurþ *C* ‖ Hi schal sone be f *A*. Sone she shal to deþ he doo *T*. — ⁷²³ *f. C* ‖ beþ *A* ‖ þoo þat ben *T* — ⁷²⁴ *f. C* ‖ þai *AT* ‖ wessh *T* ‖ hem w. of þe rene *A*. — ⁷²⁵ *f. C* ‖ woll stonde *T* ‖ stille and cl. *A*. — ⁷²⁶ *f. C* ‖ To hem makeþ it no daungere *T* — ⁷²⁷ ʒef *C* ‖ any *A (318) T (637)* ‖ ʒif any m þer is *T*. — ⁷²⁸ luueþ *C* ‖ þamerail halt of m. p *A*, telleþ of more p. *T* — ⁷²⁹ beo *C* ‖ þe flour schal *AT* ‖ on here he went *A*, he to her sent *T*. — ⁷³⁰ þourʒ art and þourgh *A*, þrouʒ art of *T* ‖ enchantement *AT*. — ⁷³¹ þous *A, f. T* ‖ he cheoseþ h w. *C*, þe Amyral cheseþ hem *T*, he ch. *A* ‖ h w.] f *A* ‖ þourʒ *A*, by *T* — ⁷³² weneþ *C* ‖ beo *C* ‖ And euere we (he *T*) herkneþ *AT* ‖ when hit be Bl. *A*, after Bl. *T* — ⁷³³ swouned nouþe *A*, sownyd anoon *T* ‖ Ihc wene ne darf me axi noʒt *C*. — ⁷³⁴ Riʒt byfore hem euerychoon *T*, If floriz were of þeri þoʒt *C*. — ⁷³⁵ *f C* ‖ When *T*, Sone *A* ‖ miʒt *AT*. — ⁷³⁶ *f C* ‖ wept *T* ‖ siʒt *AT* — ⁷³⁷ Darie he saide *A*, And seide Dares *T*, wuþe *C*, worht *A*, worth *T* ‖ now deed *T* — ⁷³⁸ But ich haue of þe help and red *A* ‖ But þat y hope of þe som reed *T* — ⁷³⁹ þanne se Daris þe freo burgeis *C*, *vgl 787* ‖ Leue child ful *A*, Leue soon *T* wel ise *A*, wil ʒe see *T*.

740 þat þu wilt to depe te.   *L 420*

Floris", he sede, "leve man,

þe beste red þat ihc þe can.

Wend tomoreʒe to þe tur,

Also þu were a god ginnur.

745 Ber wiþ þe squire and schauntillun   *(seite 5. spalte 1*

Also þu were a god masun.

Bihold of þe tur þe hiʒhede

And wiþ þi fot met þe brede

þe porter is culvert and felun.

750 Forþ he wil sette þe a resun   *L 330*

And bere upon þe felonie,

And segge þat þu art a spie.

Ansuare him wel hendeliche

And spek wiþ him wel sweteliche,

755 And seie þert come fram ferren londe

For to seche and for to fonde,

ʒif þi lif so longe ilast,

To make a tur after þis cast

---

740 þat þy trust is muche on me *T* || þat was wel hende and curteis *C* — 741 *f. AT* || Floriz *C*. — 742 þe best *A*, þen is þe best *T* || þe] *f AT. danach in AT* Oper red I ne can (ne can y noon *T*). — 743 Wende *AT* || morewe *A*, morn *T*. — 744 Ase *A*, As *T* || gud *C* || gunom *A*, gynome *T*. — 745 Take (And nim *A*) on (in *A*) þy honde (þin honds *A*) *AT* || scantilour *A*, scautlon *T* — 746 As *T*, Als þat *A* || gud *C*, *f. A*, free *T* || Mascun *C*, masoun *A*, mason *T* — 747 Bihold (Behold *T*) þe tour vp and doun *AT*. — 748 *f. AT*. — 749 culuert *C*, coluard *A*, cruel *T* || feloun *AT*. — 750 Wel sone *AT* || wule *C*, wyl *T* || setten his resun *C*, come to þe (the *T*) *AT. danach in AT* And aske what maner (mister *A*) man þou be. — 751 on *T*. — 752 saie *A*, sey *T* || þou art com to be a spye (comen þe tom aspie *A*) *AT* — 753 þou (And þ. *T*) schalt (shalt *T*) answeren (answere *T*) him (*f. T*) swetelich (swetlych *T*) *AT* — 754 speke *A*, sey *T* || to him *AT* || wel] *f. T* || suet. *C*, undelich *A*, myldelyche *T* — *danach in AT* Sey (And sai *A*) þou art a gynome (ginom *A*) To beholde (biheld *A*) þat feire (ilche *A*) tour — 755 *f. AT* || icome *C* — 756 For to loke *T*, And for to lerne *A*. — *danach in AT* To make anoþer (suche another *T*) in þi londe — 757 *f. AT* || þi] mi *C*. — 758 *f. AT* || make *C*.

In þine londe atc frome,

760 Whanne þu ert hom icome.   *(* 849

Whane he hireþ þe speke so hendeliche

And answere so sweteliche,

þenne he wile come þe ner   *A* 850

And bidde þe pleie at þescheker   *I* 650

765   Whane þescheker is forþ ibroȝt

Wiþute panes ne plei þu noȝt.

þu most habbe redi mitte

Twenti marc in þi slitte.

þeȝ þu biwinne oȝt of his,   *A* 860

770 Hold hit of wel litel pris.   *(* 650

And if he winneþ oȝt of þin

Loke þu leve hit al wiþ him.

Muche he wile þonke þe

And of þe swiþe iwondred be.

775 For he is swiþe covetus

And at þescheker envius,

ȝerne he wile þe bidde and preie.   *7 blatt 103*.

---

⁷⁵⁹ *f. AT* ‖ frume *C*. — ⁷⁶⁰ *f AT* ‖ icume *C*. — ⁷⁶¹ *f. AT* ‖ he
þe hireþ sp *C*. — ⁷⁶² *f AT* ‖ ansuerie *C* ‖ sueteliche *C*. — ⁷⁶³ þenne]
wel sone *AT* ‖ wule *C*, wyl *T*, wil *A* ‖ com *T* ‖ mer *C*, nere *T*. —
⁷⁶⁴ And wyl byd *T* ‖ plaien *A*, pley *T* ‖ þe escheker *C*, þe scheker *A*,
þe chekere *T* — in *A noch 2 verse*. To plaien he wil be wel fous
[blatt 102] And to winnen of þin wel coueitous. — ⁷⁶⁵ When þou
art to þe scheker (at cheker *T*) brouȝt *AT* — ⁷⁶⁶ biþute *C*, wiþ-
outen *A*, wiþout *T* ‖ pans *A*, seluer *T* ‖ ne plai *A*, *f. T* ‖ nout
A, nouȝt *T*. — ⁷⁶⁷ most] shalt *AT* ‖ wiþ the *T*. — ⁷⁶⁸ þritti *A* ‖
mark *A*, marke *T* ‖ me *C*, under þi sl *A*, beside þy knee *T* —
⁷⁶⁹ *A stellt um = A 360* ‖ ȝif *T*, and ȝif *A* ‖ winne *A*, wynne *T* —
⁷⁷⁰ *= A 361* ‖ þou lete þerof *A*, þow tel þerof *T* ‖ wel *f T*, ful *A*
— ⁷⁷¹ *= A 358* ‖ And *f. C* ‖ ȝif *A*, yf *T* ‖ biwinneþ *C* ‖ al þin *A*, of
þe *C* — ⁷⁷² *= A 359* ‖ al *f. T* ‖ Al leue þou hit w h. *A* ‖ ȝif him of
þine suche þre *C* -- ⁷⁷³ *f AT* ‖ wule þonki *C* — ⁷⁷⁴ *f. AT* ‖ suþe
iwundred beo *C*. — ⁷⁷⁵–⁷⁷⁶ *f AT* ‖ suþe *C* — in *T noch folgende*
verse So þou shalt al wiþ gynne þe porters loue forsoth wynne þat
he þe help on þis day But he þe help no man may (*T 679—682*).
— ⁷⁷⁷ Wel ȝerne *AT* ‖ wille *A*, wyl *T* ‖ praie *A,*.pray *T*

þat þu come amoreze and pleie,
Grante him þat þu wilt so,
780 And tak mid amoreze suche two,   (360
And ever þu schalt in þin wolde
þi golde cupe wiþ þe atholde
þe þridde day ber forti pund   A 470
And þine cupe hol and sund.
785 ȝerne he wile þe bidde and preie,
þat þu legge þe cupe to pleie,
þu him answere atte firste,
þat no leng pleie þe ne liste,
Ihc wot he wille þilke day
790 Honure þe so muche so he may.
He wile þe lede to his inne
þe cupe of þe to biwinne.
He wile be wel coveitus
And hire to bigge angussus.

⁷⁷⁸ amoreze C, amorewe A ‖ þat þou / T ‖ Com anoþer day to playe T. — ⁷⁷⁹ þou schalt (shalt T) sigge (seye T) þou w. ᷓ AT. — ⁷⁸⁰ þou shalt take T, And him A ‖ mid] wiþ þe AT ‖ amorewe A. f. T ‖ swich A ‖ twoo T. danach in C And wel þi nedes for to do. — ⁷⁸¹ /. CT ‖ þ.owen w. A. — ⁷⁸² / CT ‖ cupe] cop A ‖ þe] he A danach noch in A. þat ilke self coppe of golde þat was for Blauncheflour iȝolde — ⁷⁸³ þrydde T ‖ daie A ‖ bere wiþ þe A, take T ‖ an hondred pond A, an hundred pound T ‖ þat þridde day þu wend him to And ber wiþ þe forti pund C — ⁷⁸⁴ þi A, by T ‖ coppe A, coupe T hool T, al hol A ‖ sound T, sond A — In A und T noch 2 verse ȝif (ȝeue T) him markes and pans tale (poundes of þi male T) Of þi mone (tresoure T) tel þou no tale AT — ⁷⁸⁵ in C umgestellt = C 375 ‖ Wel ȝerne AT ‖ wule C, þe wille b A ‖ praie A, pray T. — ⁷⁸⁶ þi coupe A ‖ To lay þy c. and to pl. T — ⁷⁸⁷ þou schalt (shalt T) answeren (answere T) him (/ T) AT ‖ ate A, al þer T ‖ fust AT, furste C (377) — ⁷⁸⁸ þat / AT ‖ no / T ‖ lenger AT ‖ to play T ‖ þou ne list A, þe ne lyst T ‖ luste C (378) — ⁷⁸⁹—⁷⁸² (= C 371—374) /. AT — ⁷⁹¹ wule C — ⁷⁹³—⁷⁹⁴ / AT ‖ Whanne þu lest him þe cupe iseo Wel angussus he wile beo He wile beo wel coueitus [C seite 5 spalte 2] And hire to bigge cupe ins C (365—368), vgl. Var. zu 761.

795 Muchel he þe wile bede.
    If him miȝte þe betere spede   *(370*
    þu schalt bliþeliche ȝive hit him.   *A 380*
    þeȝ hit be gold pur and fin.
    Ihc wot þat he mai alrebest
800 Of þine nede helpe þe mest
    Seie also þe ne faile non
    Gold ne selver ne riche won.
    Seie þu wilt parte wiþ him of þan
    þat he schal evre be riche man.
805 þanne he wile be wel bliþe
    And biginne to love þe swiþe.
    And falle he wile to þi fote
    And bicome þi man, if he mote.
    His manrede þu schalt fonge.   *A 390*
810 And his truþe of his honde.
    þat he þe bere al þe helde.
    þat man schal to his loverd ȝelde.
    ȝif þu miȝt þus his love winne,
    He mai þe helpe wiþ some ginne.   *c 400*

---

795 Wel moche *A*, ful muche *T* ‖ wule *C* (*369*), he wil (wylle
T) for þi (þe *T*) coupe *AT* ‖ beode *C.* — 796 ȝif he *AT* ‖ myȝt *T* ‖
better *AT.* — 797 *f C* ‖ blepeliche *A*, it blethly *T* ‖ ȝiuen *A* ‖ ȝeue
him *T.* — 798 *f. C* ‖ þai *A*, ȝif *T* ‖ of gold fyne *T*, *vgl. C* (*379—382*)
Ansuere him wel hendeliche, 'þin beo þe cupe', seie bliþeliche, For
his gode compaygnie Awunne he haþ þi diuerie — 799—800 *f. AT* ‖
neode *C* (*384*), *in A noch 2 verse* And sai me þinkeȝ hit wel
bisemeȝ þe þai hit were worȝ swiche þre. — 801 *f. T* ‖ Sai *A*, þu
miȝt segge *C* (*385*) ‖ faileþ *C.* — 802 *f T* — 803—804 *f AT* ‖ beo *C.*
in C noch 2 verse Whanne he hereþ þe speke so richeliche, And
ansuerie so hendeliche — 805 *f AT* ‖ beo *C* — 806 luue *C*, suiþe
C ‖ And he wil (wol *T*) þanne (*f T*) so (tul *T*) mochel (muche *T*) loue
þe *AT.* — 807 þat þou hit schalt hoþe there and see *A*, And to þe
bowe also parde *T* (*700*) ‖ þat he wil falle to þi fot (foote *T*) *AT.* —
808 þyn *T* ‖ man *f. T* ‖ ȝil *AT* ‖ mot *A*, moote *T.* — 809 maried *A*,
And homage *T* ‖ afonge *A.* — 810 þe trewþe *A*, þe trouþ *T* — 811—812 *f*
AT — 813—814 *f TC* ‖ þou *A*, þous *A*, som *A* *vgl C* (*399—400*)·
And þus þureȝ þe cupe *and* his ginne þu miȝt þi lemman best

815 þanne þu miȝt ben iknewe
And þi cunsail to him schewe.'
   And alþus Floris haþ iwroȝt.
As Daris him haþ itaȝt,
Ac þureȝ þe cupe and þureȝ gersome
820 þe porter is his man bicome.
'Nu', quaþ Floris, 'þu art mi man.
Al mi trest is þe upon.   *T 710*
þerfore þu most me helpe nede,   *A 100
                                  C seite ii spalte i*
Wiþute þe ne mai me spede.'   *C 410*
825 Ord and ende he haþ him told,
Hu þat maide was fram him sold.
And hu he was of Spaine a kinges sone,
For hire love þider icome,
To fonde mid some kinnes ginne,
830 Hu he miȝte hire awinne.
   þo þe porter iherde þis, he siȝte.
'Ihc am', he sede, 'bitraid wiþ riȝte.   *T 720*

awinne (vgl. vers 799) — 815 f. AT, beon C — 816 f. AT (vgl. Var
zu 823) — 817 Nou also Florice A ‖ hath C ‖ iwrowt A ‖ As he seide
he dide y wys T — 818 Also Darie A ‖ itaunt A ‖ And as he or-
deyned so it is T. — 819 Ac þureȝ C, þat þough A, For T ‖ hi-
gold AT ‖ þ gersume C, his garsome A, his waryson (T 708). —
820 ys Florys man T (707) ‖ bicume C, bycom T. — 821 Nou A ‖
Florice A, Flouz C ‖ Florys seide now art þou my moon T.
— 822 And al A ‖ trust T ‖ upan A, vppon T — 823 þeruore C ‖
Nou þou miȝt wel ehe A ‖ New my consel y wyl þe schewe T
(vgl 816). — 824 Biþute C ‖ Arede me fram þe deþe A ‖ Rede me
ryȝt ȝif þou be trew T — 825 And (Now T) euerich (euery T) word
AT ‖ tolde T — 826 Hou Blauncheflour A, How þe m T ‖ fro him
T, f. C ‖ isold C, sholde T. — 827 Spaygne C, Spayne T (715) ‖
kynges AT ‖ soone T — 828 lune C ‖ And for h. l A ‖ For grete
l. T ‖ þeder T ‖ y coome T ‖ he was þider icume C. — 829 fonden
T ‖ wiþ AT ‖ sume C, som A, some T ‖ kunnes C, f. AT. — 830 þe
maiden aȝen to him w. A ‖ þat feire mayde for to wynne T. —
831 þe porter þat herde and sore siȝte (syȝt T) AT. — 832 Ich am
bitraied A ‖ And seide y am behayde T ‖ þouȝ r. A, aryȝt T

13*

þureʒ þi eatel ihc am bitraid,   *A 410*

And of mi lif ihc am desmaid.   *C 420*

835 Nu ihc wot hu hit geþ.   *T bl ut 107 c*

For þe ihc drede þolen deþ.

Noʒt for þan, whie ihc mai go,

Ine schal þe faille nevre mo.

What me bitide oþer bifalle.

840 Ihc schal þe foreward holden alle.

Iwend nu. Floris. to þin inne.

While i biþenche of some ginne   *T 730*

Bitwene þis and þe þridde day   *A 420 C 430*

Ihc wille fonde, what i do may.‟

845   Floris siʒte and wep among.

þilke terme him þuʒte long.

Þe porter þoʒte what to rede.

He let flures gadere on þe mede.

Cupen he let fille of flures

---

831 þourʒ *A,* þrouʒ *T* ‖ ich *A,* y *T* ‖ dismayde *T* ‖ þat þureʒ
þis cupe and þis gersume *C.* — 834 ich *A* ‖ Ihc am nu þi man bi-
cume *C* ‖ þerfore y am wel euyl a payde *T.* — 835 y *T,* ich *A* ‖
woot *T,* -eo *C,* wot child *A* ‖ it gooþ *T* — 836 ich *A* ‖ shal y *T* ‖
þolien *C,* to þole *A,* sufler *T.* — 837—838 in *AT umgestellt* And
naþeles ich ne schal þe neuere faile mo þei whiles imai ride or
go *A* ‖ I shal þe taile neuer moo þe while y may ryde and goo *T.*
— 838 failli *C.* — 839—840 *umgestellt in AT* ‖ What so wille *A (417),*
Wh so euer may *T (728)* ‖ bitide or *A, f. T* ‖ falle *A* — 840 þi (þy
T 727) foreward (forwardes *T*) ich wil (shal y *T*) helden (holde
T) alle *A (416) T.* — 841 Wende þou *A,* Wynde now *T* ‖ floriʒ *C,*
hom *A,* hoome *T* ‖ into *A* — 842 Whiles *A* ‖ þink *A,* beþenke *T* ‖ me
of *T* ‖ sum *T,* som *A,* sume *C.* — 843—844 *umgestellt in C* ‖ Bituene *C.*
(430). — 844 wulle *C (429)* ‖ Don ich wille *A,* Fonde y shal *T* ‖ þat
I may *A.* — 845 Floriz *C,* Florice *A,* Flores *T* ‖ spak *A,* spake *T* ‖
weop *C,* wept *T* — 846 þulke *C,* þat ilche *A* ‖ þougte wel l. *A* ‖ And
þougt þe t. al to l. *T.* — 847 þougte *A,* þougt *T* ‖ þe best reed *T.*
848 And l *T* ‖ flomes gaderen *A,* geder floures *T* ‖ in *AT* ‖ a meed *T*
849 fulle *C* ‖ He wiste (wist *T*) hit (it *T*) was þe maidenes (maydons
T) wille (wylle *T*) *AT* ‖ Two coupen (To lepes *T*) he let (lete *T*) of
flomes fille (fylle *T*) *AT.*

850 To strawen in þe maidenes bures.
þat was his red to helpe him so
He let Floris on þat on cupe go.   T 740
Twei gegges þe cupe bere.   A 430
And for hevie wroþ hi were.   (440

855 Hi beden God ȝive him ivel fin.
þat so manie flures dide þerin.
þider þat hi weren ibede,
Ne were hi noȝt ariȝt birede.
Ac hi turned in hire left hond.

860 Blaunchefures bur anond.
To anoþer chaumbre hi ben agon,
To Blaunchefures chaumbre non.
þe cupe hi sette to þe grunde   A 440
And go forþ and lete hire stonde.   T 730

865   O maiden com and wolde
þe flures handlen and biholde.   (450

850 f. AT. — 851 þe rede A, þe best reed T‖ þat he (as him T)
þouȝt þo (þoo T) AT. — 852 He let] f AT‖ Floriȝ C, Florice A, Floures
T‖ in AT‖ o coupe do A, oon Lep to doo T. — 853 Tuei C, Tweie A,
Two T‖ maydens T‖ coupe A, lepe T‖ bore T. — 854 So hem (heuy T)
chaiged AT‖ þat wroþ þai w. A, neuer þey wore T. — 855 þai bad
A, And bade T‖ ȝif A, ȝeue T‖ hem T‖ vuel C, euyl T, euel A‖ tyne
T. — 856 þat] f. T‖ so mani A, To mony T‖ floures AT‖ dude C,
dede A, he dide T‖ þerynne T. — 857 f T‖ þai A‖ To þe chaumbre
þer hi scholde go C — 858 f T‖ þai nowt A‖ Ne ȝeden hi auȝt
no C. — 859—860 f. CT‖ þai A‖ bour an hond A — 861 beoþ C‖
To Clarice bour þe coupe þai bere A‖ þey ȝede to anoþer and let
þat be þey shuld haue gon to Blaunchefour And ȝede to swete
Clarys boure T (746—748). — 862 To Blaunchefloures chamber þey
shuld tee T (745)‖ Wiþ þe floures þat þer inne were A. — 863 f.
T‖ bere þe couppe þai sette adoun A. in A 2 verse mehr [A blatt
102b] And ȝaf him here malisoun þat so fele floures embrouȝte
on honde, T hat dafur 1 vers And cursed him so fele brouȝt to
honde (T 749). — 864 goþ C‖ þai wenten forht A, þey ȝede houme
T‖ leteȝ C, leten A‖ hem st. T, þe coppe st. A. — 865 Clarice
(Clarys T) to þe coppe (lepe T) com AT‖ and] f. T. — 866 floures
A, flores T‖ handleden A, to hondel T‖ to beh. T.

Floris wende hit were his swete wizt
Ut of þe cupe he lep arizt,
And þat maide for þe drede   *(seite 6. spalte 2*
870 Bigan to crie and to grede.
þo Floris sez. hit nas nozt he.   *1 450*
In to þe cupe he sterte aze.
And held him bitraid al clene.
Wiþ þe flures he hidde him *bidene.*   *T 760*
875 Nu maidenes come in to hire lepe.
Wel fiftene in on hepe.
And axede hire what hire were.   *7 blatt 107b*
And whi he makede suche bere.
þis maide þozte anon rizt.
880 þat hit was Floris þat swete wizt.   *C 460*
For here chaumbres niz were.   *1 460*
Selde was þat hi togadere nere.
And ofte Blauncheflur hire hadde itold.
Hu he was fram him isold.

[867] Floriz *C*, Florisse *A*, Florys *T* ‖ it *T* ‖ hadde ben *A* (h. he *T*) ‖ swet *A*. — [868] In þe coupe *A*, Of þe lepe *T* ‖ stod *A*, stert *T* ‖ vpuzt *AT*. — [869] *A*. þe maide (mayde *T*) al for dr *AT*. — [870] crie] schrichen *A*, shrell *T* ‖ an *A*. — [871] Floris] sche *A*, he *T* ‖ seghz *A*, sawz *T* ‖ was *T* ‖ nowth *A* ‖ shee *T* ‖ þo miste floriz what to rede *C*. — [872] coupe *A*, lepe *T* ‖ he stirt aze *A*, azen steit he *T* ‖ For þe ferlich þat he hadde In to þe cupe he steite azen *C*. — [873] *f C* ‖ bitraied *A* ‖ al *f. T*. — [874] And wiþ *C* ‖ hudde *C* (458) ‖ bidene *nicht in C* ‖ Of his dez (lyf *T*) he ne zaf (tolde he *T*) nowt (not *T*) a bene (beene *T*) *AT* — [875] comeþ *C* (465) ‖ þer come to Clarice maidenes lepe *A*, þ. c. maydous and to Clarys 1 *T* — [876] Bi (by *T*) ten be (by *T*) twenti (twelf *T*) *AT* ‖ on an *T*, in one *A* ‖ heepe *T* — [877] *A*. (*A*. þey *T*) asked *AT* ‖ hire] *f AT* ‖ here *A*, hur *T*. — [878] *A* why *T*, þat *A* ‖ hi *A*, heo *C*, shee *T* ‖ made *T* ‖ suche a *T*, so loude *A*. — [879] = *C 159 (vgl. C 469*. Wel heo was biþozt and whare) ‖ Clarice (Clarys *T*) hire understod (byþouzt hur *T*) anon (anoon) *r*. (iyzt *T*) *AT*. — [880] floriz *C* (460), Blauncheflour *AT* ‖ þ suete w. *C*, þe white *T* — [881] *f. T* ‖ boures *A* ‖ nez *A*. — [882] *f. T* ‖ And selden þat þai neren itere *A*. — [883] *f. T* ‖ And aiþer of oþer counseil þai wiste *A*. — [884] *f T* ‖ heo *C* (461) ‖ And michel aiþer to oþer triste *A*

885 He ʒaf hire maidenes answere anon, *(470)*
þat in to bure hi scholden gon.
'To þe cupe ihe com and wolde
þis flures handlen and biholde, *T 770*
þer fliste ut a buterfliʒe.
890 Are ihe wiste, on min iʒe.
So sore ihe was offerd of þan, *A 470*
þat ihe loude crie bigan.'
þis oþere loʒen and hadde gle
And go aʒen and lete hire be.
895 CLaris hatte þat maide hende.
To Blaunchefiures chaumbre he gan wende *(480)*
And sede 'Swete Blaunchefiur.
Wiltu se a wel fair flur? *T 780*
Hit ne greu noʒt on þis londe.
900 þat flur þat ihe bringe þe to honde.'
'Away, Claris,' quaþ Blaunchefiur. *(480)*
'To scorne me is litel honur,

---

885 Hii *A*, And *T* ‖ gaue *T* ‖ þe maydons *T* ‖ anoon *T* ‖ To fin-
den hem ansuare *T* (470 vgl 879) — 886 f. *C* ‖ to her chamber
T ‖ þai sscholden *A*, were *T* ‖ goon *T*. — 887 þis coupe *A*, þat to þe
lepe *T* ‖ heo sede ihe c. *C*, ich cam *A* ‖ ihe] *f T* ‖ she wold *T* — 888 þe
A T ‖ handli *A*, to hondel *T* ‖ to beh *T* — 889 Ac er ich hit euer wiste
A, And or y it ere wist *T*. — 890 A boterfleʒe to ʒam me fliste
A, An otter fleyʒ a geynst my brest *T* — 891 Ich (I *T*) was sor (so
soore *T*) adrad (adr. of *A*) þan *A T*. — 892 y I. crye can *T* ‖ þat
sscrichen and greden i big *A* — 893 gleo *C* ‖ þe maidenes (may-
dons *T*) hadde þer of (þerof hadden *T*) gle (glee *T*) *A T* — 894 goþ
C, turned *A T* ‖ aʒene *A*, hem *T* ‖ leteþ *C* ‖ hire] *f C*, Clarisse *A*,
hur *T* ‖ beo *C* — 895 Clarice *C* ‖ So (as *T*) sone so (as *T*) þe ma-
denes (maydons *T*) weren (were *T*) agon (gon *T*) *A T* — 896 *T*.
Blaunchefiours bour Clarice wente anon *A*, To Blaunchefiour she
ʒede anoon *T* ‖ heo *C*. — 897 suete *C* ‖ And seide leyende (boldly
T) to Bl. *A T* — 898 Wiltou sen *A*, Felow com and see *T* ‖ seo *C* ‖
a feire *T*, a ful fair *A* ‖ flour *A T* — 899 Swiche (Suche *T*) a floui
þe (þat þe *A*) schal (shal *T*) like (wel lyke *T*) *A T*. — 900 Haue
þou sen hite (it sene *T*) a hte *A T* — 901 A wey *T*, Anoþ *A* ‖
Clariz *C*, Clarys *T*, damersele *A* ‖ qd *T*. — 902 *f C* ‖ it is none
honoure *T*.

Ho þat loveþ par amur
And haþ þerof joie, mai love flur.
905 Ac ihe wene, Claris, wiþute gabbe.
þat þe admiral me wile habbe   *490*
Ac þilke day ne schal nevie be,
Ne schal me nevre atwite me.
þat ihe be of love untrewe
910 Ne chaunge love for no newe.   *T 790*
Ne lete þe olde for no newe be.
So doþ Floris on his contre.
Nu J schal swete Floris misse,   *C seite 7 spalte 1* *A 490*
Ne schal non oþer of me have blisse '
915 Claris iherde þes ille reuþe.
And þe trewnesse of þis trewþe   *C 500*
þe teres glide of hire lere.
'Blauncheflur', he sede, 'gode ifere.
Leve swete Blauncheflur,
920 Com and se a wel fair flur.
Togedere hi go nu iwis.

903—904 f AT || luueþ C. — 904 ioye C || luue flures C (487). C 488.
Ac ihe libbe in soreze in þis tures — 905 Ac] f AT, For C || Ich ihere
A, I here T || Claiice A, Clarys T, f. C || wiþout T, bithute C —
906 þat] f. A || Ameial A, Amyial T || wil m. A, wyl m. T, m. wule
C || to wiue (wyf T) h AT — 907 But þat day T || ne] f. AT || schal
(shal T) neuei AT. — 908 þat men (he) schal (shal T) AT || atw.
in] euer haue in T. — 909 beo C, I schal ben A, y shal be T ||
luue C || so vntr T — 910 chaungi A || luue C, my loue T || non A. —
911 For no loue ne for non (noon T) eie (aye T) AT. — 912 floriz
C || For sake Floiys T || in h. contieie (contiaye T) AT — 913 y
T. f. A || Floiice A || Ac þez floriz forze me C. — 914 Ne f. A || noon
other T || Ne schal ihe neure foizete þe C — 915 Clariz C, Clarice
A, Clarys T || stant (stood T) and bihalt (beheld T) þat ieuþe
(iewth T) AT. — 916 Of trewnesse C || of þis ti A, o hur trewth
T, and of trewþe C. — 917 teries C || Leizande sche saide to
Blaunchefloux A, And seide lady blaunchefloure T. — 918—919 f.
AT || leue suete C. — 920 Cum a se C, Com nou s A, Goo we see
T || a well f f C, þat ilche flour A, þat ilk floure T — 921 goþ
C || To þe coupe (lepe T) þai (þey T) zeden þo (went both T) AT.

And Floris haþ iherd al þis.
Ut of þe cupe he lep anon.
And to Blauncheflur he gan gon.
925 Eiþer oþer sone ikneu.
Boþe nuþe hi chaunge heu.
Togadere wiþute word hi lepen,
Klepte and kiste and eke wepen.
Here kissinge ilaste a mile,
930 And þat hem þuȝte litel while.
Claris biheld al þis.
Here cuntenaunce and here blis.
And leiȝende sede to Blauncheflur
'Felaȝe, knowestu oȝt þis flur?
935 A litel er þu noldest hit se,
Nu þu ne miȝte hit lete fram þe.
He moste kunne muchel of art,
þat þu woldest ȝeve þerof part.'
"Certes", quaþ Blauncheflur to Claris.

danach in AT Wel (/. T) blisful (Joyful man T) was Flousse (Flo-
iys T) þo (þoo T) AT. — 922 A floriz C, For he AT || had AT ||
herde T. — 923 Out of þe coupe A, Of þat lepe T || stirte (stert T)
iwis AT. — 924 /. AT. — 925 Wel sone aiþer oþer knewe A (509),
Ayther of hem other knewe T (805). — 926 chaungeþ C || (Welsone
T) Blauncheflour chaungede (chaunged T) hewe A (500), T (805)
— 927 Wiþouten (wiþoute T) speche togidere (togeder T) þai (þei
T) lepe AT. — 928 þai clepte A, And klippt T || keste C, kyst T ||
a e. weopen C, a. e wepe A, wonder swete T. — 929 /. T || kessinge C,
cussing A || ileste C, laste A. — 930 /. T þouȝte A — 931 Clarice AC,
Clarys T || biheold C, bihalt A || this T. — 932 Her T || countenaunce
AT || her T || bliss A, blysse T — 933 And / C || leiȝende / CT ||
saide A, seide CT || to Bl] þen to B T, Clarice t B. C. — 934 Fe-
lawe A, Felow T, /. C || knowestou A, knowist þou T || auȝt T, ouȝt
A, o. ȝete C — 935 /. T || A] /. A || noldest þou A — 936 /. T ||
And non A || þu] / C || ne miȝt A — 937 [H. m k.] V, H. m. conne
A, She shul konne T || wel mochel A, ful muche T, wel muchel V.
— 938 [þat þ.] V || noldest A || ȝif A || þerof ȝeve T || am þ A, eny
þ V. — 939 /. AT || [. .]de blaucheflur to claris V || Clariz C.

940 "þis is min oȝene swete Flour."
Nu boþe tuo þes swete þinge
Crie hire merci al wepinge.
To þe admiral þat hem ne wreie,
For þenne hi were siker to deie.
945 Claris hadde of hem pite.   A 520
'Noþing', he sede. 'ne dute ȝe.   C 530
Ne dute ȝe nammore wiþalle.
þan hit were to me bifalle.
Wite ȝe wel witerli.   V 290
950 Hele ihe wile ower beire druri.   T 920
Claris hem haþ to bedde ibroȝt.
þat was of pal and sele iwroȝt.
In bedde he broȝte hem adun
And hireself wende arum.   A blat 103

---

940 f. A || [þis is] V || owene V || suete floriz C, leue floyres V
Now Blauncheflour and Florys T. — 941 Nu f AT, [.] V || boþe
V || [tuo] V, f AT || þise A, þis V, þese T || swete þinges VC, sw.
þinges for blis A, sw. þinges y wys T. — in A noch Falleþ down
here fet to kis. — 942 [.... clarisse merci .] V || Crieþ C, And crieþ
A, Crȝen T || hei T || weping A, wepyng T. — 943 [.. þe amyrayl
ouȝt ne wreie] V || þat ȝhe (she T) hem biwraie nowt (ne wrey
hem T) to þe king AT || dahinter in A To þe king þat ȝhe hem
nowt biwreie. — 944 f. T || Wher þourȝ A || were here soreȝe niwe
C, þai w s. t deþe A || [.. scholden deȝe] V. — 945 f VT || Clarice
C || þo spak Clarice to Blauncheflour A. — 946 f VT || heo C || Wor-
des ful of fin amour A — 947 doute A, douȝt T || ȝou A, f. T || nan
more A, no more T || [... namore] V || mid alle V, of me in alle T.
— 948 [þan] V, þat C || it w myself bif. T, to mi self hit hadde
bif. A || by f. V — 949 White A, Wete T, [.] V || ȝhe A, [.] V || witerli
A, wytterli V, weturly T || Hele ihe wulle and noþing wreie C —
950 Owei beire cumpaignie C || [ ] beyre drewori V || Heele T, þat
hele A || ich w. A, y wyl T || ȝoure AT || boþ A, f T || drury T. —
951 Clarice C || To on (a T) bedde AT || ȝhe haþ hem ibrowt A,
þey ben brouȝt T || [.] bedde heo hem haueþ ibrouȝt V. — 952 is
T || of palle a o sylke T, o. silk ant sendel A || wrouȝt AT || [.]
selk & pal iwrouht V. — 953 heo C || þai sette hem þeire wel sotte
adoun A, And þey þey s. hem doun T, [.] heo sette h þer ad. V.
— 954 An C || huire s. C (538), f. T, Clarice A (529) || [..] w. V (296),

955 þo Floris first speke bigan.
'Ure loverd', he sede, 'þat makedest man. { 40 { 300
þe ihe þonke. Godes sone. C seite 7 spalte 2
þat ihe am to mi lef icome. T 880
Mi lef. nu ihe habbe þe ifunde.
960 Of al mi care ihe am unbunde.'
  Nu aiþer haþ oþer itold
Of here soreze and care cold.
þat hi hadde ifunde bo. { 40
Siþþe hi were ideld atuo.
965 þo bigan hi clippe and kisse.
And make togadere muchel blisse. (330
If þer he dide azt bute kiste.
Swete Blauncheflur hit wiste.
Claris hem serveþ al to wille.
970 Boþe derneliche and stille. { 310

---

w. hem C, drowz þe courtyn A, drowz hem self al T (824) || aroum V, aroom T, rown A, fram C — 955 þo f A (532) T (827), [ ] V || Floriz C, Florice A, Florys T || furst C (529), ferst A, þen T. [.] formest V (299) || to sp. T || bigon V, bigan T. — 956 louerd C || And saide louered A, A. seide lord T, [ ] V || madest AT || mon V — 957 þe i A, J it T || þonki C, þonke C, þanke A || .] non godes V, goddes T || sune C. — 958 leof icume C || Nou (þat T) al mi care ich (J T) haue ouercome AT, | | he is ouercome V — 959 leof C And nou ich haue mi lef ifounde A, Now my lene I h. yf T, [ ] habbe ifounde V. — 960 kare A || ich A, y T || [.. .am] V || vnbounde VAT. — 961 f. T || Nou haþ aiþer o it A, [.]oþer haneþ t. V. — 962 f. T || Of mani a carfoul cold A, [ ] kare ful c. V — 963 f. T || And of mani pine stronge A, [...]me wel stronge V — 964 f. T || Suþþe C || þat þai han ben a two so longe A, [ ] so longe V — 965 f V || þai to A (530) || Nu hi clippeþ and cusseþ C || þat was noman þat myzt radde T (825). — 966 f V || makeþ C. made A (531) || togadere] joie and A || mochele J || þe ioye þat þey twoo madde T (826) — 967 f IT || If hje dede more bote cluppe & cusse V (297) || Il þer was azt bute custe C. — 968 f. AT || [.] blancheflur h. w. V (298). — 969 f C || Clarice J (512). Clarys T (833) || [..]serueþ V (309), seruede I, seruyd T || at wylle T — 970 f. C || Boþ T || dernelich A, dernlyche T, [..]eliche V.

Non oþer heuene hi ne bede
Bute evre swich lif to lede.
Ac longe ne miȝte hi hem wite,
þat hi neren underȝite.

975 For þe admiral hadde such a wone.

Ehc moretid þer moste come

Two maidenes ut of hire bure.　　　　*T* fol. 108 b

To serven him up in þe ture.　　　　*C* 560

þat on scholde bringe comb and mirur

980 His heued to kembe wiþ grete honur.

þat oþer towaille and bacin　　　　*A* 550

For to wasse his honden in.

Swiche him serveþ a day so faire.

Amoreȝe moste an oþer peire.

985 Ac mest were iwoned in to þe tur

Maide Claris and Blauncheflur.　　　　*T* 830

Claris, joie hire mote bitide,

971—972 / *ATV*. — 973 / *T* ‖ But so ne miȝte ȝhe hem longe
iwite *A*, [.] heo noȝh longe w. *V* — 974 f. *T* ‖ þ. hit ne sscholde
ben underȝete *A*, [.]eren vnderȝete *V* ‖ underȝete *C*. — 975 f *V* ‖
Vor *C*, f. *T*, Nou *A* ‖ þe Amyral had *T*, hadde þe Ameral *A* ‖ swiche
A ‖ wune *C*, woone *T*, wane *A*. — 976 f. *V* ‖ þat euerdai þer scholde
(euery day shulde *T*) c *ATV* ‖ cume *C* — 977 f. *V* ‖ Tuo *C*, Twoo *T*, þre
A ‖ maydons *T* ‖ ut (f *T*) of h. boure (hur boun *T*) *AT*, *dafur in C*
wiþ muchel honur — 978 / *V* ‖ Vp to him in to þe Toure *T*, In to
þe heȝeste Tur *C*. — 979 / *VT* ‖ þe þridde scholde bringge c. a m
A (552), þat were fene and suþe hende *C*. — 980 f. *VT* ‖ To seruen
him w gret h. *A* (553), þat on his heued for t. k. *C*. — 981 f. *V* ‖
oþer bringe tow *C* ‖ Wiþ watei and cloþ (clooth *T*) and bacyn
(basyn *T*) *A* (550) *T*. — 982 f. *V* ‖ wasschen *A*, wesshe *T* ‖ hondes
AT ‖ ynne *T* — 983 f. *V* ‖ And þai þat seruede him neuer so f. *A*
(554), þat day þey seruyd h fene *T* — 984 f. *V* ‖ Amorewen
A, Anoþer day *T* ‖ scholde *A*, com *T*. — 985 f. *V* ‖ But most
T ‖ w wonyd *T*, w. iwuned *C*, was woned *A* ‖ Toure *T*. — 986 /
V ‖ Maide f *T*, þei to *A* ‖ Clarice *A*, Clariz *C*, Clarys *T*. *hernach
in A·* So longe him seruede þe maidenes route þat hire seruice was
comen aboute On þe morewen þat þider com Florice (*A* 560) Hit
fel to Blauncheflour and to Clarice. — 987 Clarice *CA* ‖ so wele h
m bit. *A* ‖ [...] wel h. m. b. *V* ‖ Clarys wyþ þe white syde *T* (835).

Aros up in þe morezentide,   ⟨ .ru

And haþ icleped Blauncheflur

990 To go wiþ hire in to þe tur.

Quaþ Blauncheflur: 'Ihc am cominge', ⟨ Matt S.a -p ⟩

Ac he hit sede al slepinge.   7 840

Claris com in to þe tur,   A 570

þe admiral axede Blauncheflur.

995 'Sire', he sede anon rizt.

'He haþ iwaked al þis nizt

And ikneled and iloke

And irad upon hire boke.   ⟨ 580

And ibede to Gode hire orisun.

1000 þat he þe zive his benisun.   ⟨ 800 ⟨ 080

And þe holde longe a live.

And nu he is asleped swiþe,

---

⁹⁸⁸ Rose *T* ‖ morewen † *A*, ‖ . ‖ amorewe † *V*, on morue tyde *T*. -- ⁹⁸⁹ icluped *C* ‖ And clepude (cleped *T*) after Bl (Blaunchefloure *T*) *A T*‖ ‖ ‖ blauncheflur *V* -- ⁹⁹⁰ *T*. wende *A T* ‖ here *A*, him *T* ‖ ‖ [..] hire into þan † *V* — ⁹⁹¹ Blauncheflour saide ich a. comende *A*, [.] ich a. cominge *V*, She seide y am comaunde *T* — ⁹⁹² heo *C* ‖ ‖ [.] was slepinge *V* ‖ Ac (But *T*) here answere was al (*f. T*) sleuende (slepaund *T*) *A T*. in *A* noch 2 verse Clarice in þe wai is nome And wende þat Blauncheflour had come; in *V* ⁊ (oder mehr) verse ‖ ..]ane wine ‖ ‖] come (*V* 520) ‖]ot herd . — ⁹⁹³ Clariz *C*, Sone so Clarice *A* ‖ c. in þe tour *A*, com þenne aloon *T* (851) — ⁹⁹⁴ amiral *V*. Ameral *A*, Amyral *T* ‖ askede *V*, asked *A T* ‖ after Bl *A*, anoon *T* in *T* noch 2 verse Where is Blauncheflour so free Why comeþ she not heder wiþ þe — ⁹⁹⁵ ⁊ *C* ‖ Sire zhe saide *A*, Sir she sede *T*, & clarisse seyde *V* ‖ rizht *V*. — ⁹⁹⁶ zhe had *A*, Sire heo haueþ *V*, She haþ *T* ‖ wakyd *T* ‖ þis f *V* ‖ Sire Almizt heo set at hire boke *C*. — ⁹⁹⁷ iwaked & iloked *V*, yeryde a. yloke *T* ‖ And haþ þeron irad and loke *C* — ⁹⁹⁸ ⁊ *C*, doch vgl. 996 ‖ y redde *T* ‖ on *V T* ‖ hur booke *T*. — ⁹⁹⁹ ibede *V T*, þeron ibede *C*, bad *A* ‖ to god *V T*, to gode *A*, ⁊ *C* ‖ her *T* ‖ orei-soun *A*, orison *V*, oryson *T*, oresun *C*. -- ¹⁰⁰⁰ he] *f. V* ‖ zeue þe *V*, geue þe *T* ‖ benisoun *A*, benyson *T*, beniscun *V* ‖ þat God þat þolede pas-siun *C*. — ¹⁰⁰¹ And God þe h *V*, þe h. sue *C*. And þe helde *A*, *A*. þat he holde *T* ‖ long al *A*, long þy lyf *T*. — ¹⁰⁰² And] *f. A* ‖ nou *V A*, now *T* ‖ heo *C*, sche *A*, þe mayde *T*. þat in *V* ‖ slepeþ

þat he ne mai come to þe.' —
'Is þat soþ?' sede he. —

1005 He sede 'ȝe, sire, wiþute lesıng.' — *(senton, spel*
'He is', he sede, 'a swete þing.
Wel aȝte the willen hire to wil.
þat so ȝerne biddeþ mi lif.'   *V 440*
    Amoreȝe þo Claris arist.

1010 Blauncheflur he atwist,   *(490*
þat he makede so longe demere.
'Aris', he sede, 'and go we ifere'
Quaþ Blauncheflur "Ich come anon".   *A 490*
Ac Floris cleppen hire bigon.

1015 And he him also unwise.
And felle aslepe on þis wise.
Claris to þe puler com

<hr>

(al *A*) so swiþe *AV*, sl. s. swyþ *T* ‖ suþe *VC in AVT noch 1 vers*
Blaunchefloın þat maıden swete *A* (580), Heo (She *T*) slepeþ so
faste (fast *T*) þat mayde suete *VT* — 1003 heo *VC*, hm *A*, she *T*
ne] f. *T* ‖ m nowt *A*, may not *T*, m. nouȝt *V* ‖ comen *A* ‖ to þe]
ȝhete *A*, ȝete *VT* — 1004 Certe (Certes *T*) said (seıde *T*) þe kıng
AT, & þo bıspak hım þe k *V* — 1005 f *AVT* ‖ Heo *C* — 1006 Heo
C ‖ Nou ıs hi (she *T*) *AT*, Iwıs heo ıs *V* ‖ he ~] f *AVT* ‖ suete *C*
— 1007 auȝte *A*, auȝt *T*, auȝhte *V* ‖ ıch *AV*, me *T* ‖ wilnı habbe
hıre *V*, her ȝerne *A*, ȝ h *T* ‖ to wıne *AV* — 1008 Whenne ȝhe bıt
so for mı hue *A*, So ȝerne heo bıt f mıne hue *V*, þat so preyeth
f my lyf *T* — 1009 Anoþer daı Claıce (Clarys *T*) *AT*, Clarısse a
noþeı day *V* ‖ Clarız *C* ‖ erly aryst *T* — 1010 heo *C* ‖ And haþ
(haueþ *V*) Bl. atw *AV*, þat Bl well wyst *T*. — 1011 f. *T* ‖ Whı hı
made *A*, þat heo haueþ *V* ‖ demoere *A*, demıne *C*. — 1012 f *T* ‖
Aı. up *A*, A vp nou *V* ‖ heo s *C*, f *AV*. — 1013 Blaunchefloın
saıde I c anan *A*, þeı heo seyde ich c. anon *V*, And seıde y c. anoon
T — 1014 And *A*, When *T* ‖ florıȝ *C*, Florıce *A*, Clarys *T* ‖ he klippe
bıgan *A*, heı clepe byg *T* ‖ ın *V* ist nur . ll.. es.. *zu lesen.* —
1015 Abode þe childeren ase don wise *V* (347). And after hem gan
sore agrıse *A* (593). Sone after ıt made hem to rewe *T* (874) —
1016 *A*. fel *T* (873), a feolle *C*, Voleıl (?) *V* (348) ‖ m a slepe *T* ‖
one þ w. *C*, on þıse w. *A* (592). on [.]sse w *V*, newe *T*. ın *V*
noch 2 verse ...þısse wıse hey.. ‖ Sone þer. — 1017 þo Claıice
C, Clarıce *A*, Claıys *T*, [. .] *V* ‖ cam *AT*, wende *V*

And þe bacin of golde nom,

And haþ icleped after Blauncheflur,   *C 600*

1020 To wende wiþ hire in to þe tur.

He ne answerede ʒe ne no;

þo wende Claris, he were ago.

   þo Claris com in to þe tur,   *A 600*

He axede atter Blauncheflur,

1025 'Sire, ihc wende hire finde here.

He was arise are ihc were;

Nis he noʒt icome ʒite?'

Quaþ he "He duteþ me to lite".   *T 880*

He clepede to him his chaumberlayn

1030 And het him go wiþ alle mayn.

For to wite whi he ne come,   *A 610*   *T blatt 109 a*

So he was woned to done.   *C 610*

1018 And] f. *AVT* ‖ basin *V*, bacyn *A*, basyn *T* ‖ gold *AV*, gold in hond *T* ‖ þei heo n *V*, ʒhe (she *T*) nam *AT* — 1019 And] Heo *C* (600), [.] *V* ‖ had ich. *A*, cleped *T*, haueþ [..] *V*, lokede *C* ‖ a Blaunchefloure *T*, [..] *V* — 1020 *V unleserlich* ‖ To bere *C* (599) ; here *A*, hur *T* ‖ Toure *T*. — 1021 f. *TC* ‖ Heo *V*, ʒhe *A* ‖ answerede *A*, [...] *V* ‖ nat ne ʒo *A*, ʒe ne [ ] *V*. — 1022 f. *TC* ‖ Clarice *A*, clarisse *V* ‖ ʒhe ware *A*, þat heo were *V*. -- 1023 f. *T* ‖ Sone so Clarice *A*, þo clarisse *V* ‖ toin *A* — 1024 þe amiral askede *V*, þe ameral (Amyral *T*) asked *AT* ‖ atter] f. *V. in AV noch 2 verse*. Whi and whartore ʒhe (& askede whi heo *V*) ne come ! As hi (Also heo *V*) was woned to done — 1025 f *T* ‖ She] f. *A* (605) *V* (362) ‖ h. habbe ifunde *V*, her hauen ifonden *A* — 1026 f. *T* ‖ Heo *V* (361). ʒhe *A* (601) ‖ arisen *A* ‖ ar *A* ‖ ich *AV*. — 1027 What nis heo *V* What ne is ʒhe *A*, What is she *T* ‖ nowt *A*, not *T*, [.] *V* ‖ icume *C*, icomen *A*, come *T* ‖ ʒete *C*, ʒit *A*, ʒet *T*, [.] *V* — 1028 Q h heo *C*, Nou ʒhe *A*, Now she *T*, Wod heo *V* ‖ me douteþ al to lit (lyte *T*) *AT*, [. me to .] *V*. — 1029 He clepede *C*, Forþ (Forht *A*) he clepeþ (cleped *T*) *AT*, [..] *V* ‖ to him] f *AT*, [.] *V* ‖ chaumberleyn *A*, chaumberlen *V*, chaimburlayn *T*. — 1030 [.. his. | *V* ‖ hit *A*, bade *T* ‖ wende *AT* ‖ w his m *T*. — 1031 [...] *V* ‖ And wite wi þat *A*, To wete why *T* ‖ heo ne cume *C*, ʒhe n. come *A*, she wyl not come *T*. — 1032 To lus heste suthe sone *C* ‖ S. heo w *V*, As hi (she *T*) w *AT* ‖ wone *A*, wonyd *T*, [.] *V* ‖ t. doone *T*, [.] *V*.

Forþ he wende sone anon,
To hire chaumbre þat he com
1035 In hire bedde he fond tuo.
Wel faste iclupt aslepe bo,
Neb to neb and muþ to muþ;
Sone were here sorezen cuþ.
In to þe tur sone he tez
1040 And tolde his loverd what he isez.
þe admiral het his sweird him bringe.
Iwite he wolde of þis þinge.
Forþ he wende wiþ al his main,
Himself and his chaumberlein,
1045 þat he com þer hi two laie.
zit was þe slep in here eie
He let adun þe clopes keste
A litel bineþen here breste.

1033—1040 [..] V — 1041 þe chaumberleyn AT ‖ had under-
nome A, is forth noome T. — 1034 In to Chamber he is coome T
In to hir bour he his icome A. — 1035 And stant (stondeþ T) bi-
fore hire bed (hur bedde T) AT. — 1036 iclupt C ‖ And find (fin-
deþ T) þar (þere T) twai (f. T) neb (nebbe T) to neb (nebbe T)
AT — 1037 Nebbe to nebbe T ‖ an A ‖ mouþ t. mouþ AT —
1038 Wel s. A, To þe Amyral T ‖ was þat A, it was T ‖ sorezeren
C, sorewe A, sone T ‖ couþ AT. — 1039 Vp in t. þ Toure T ‖ [T]o
þe Admiral sone h t. C ‖ he steyz T, vp h steiz A. — 1040 [A]nd
C ‖ And saide A, a told T, [.] V ‖ h. lord T, him C ‖ wat he i
azheþ V, al þat he seiz (seyz) AT — 1041 [þe] C ‖ Amiral A, Amy-
ral T, anmayl V ‖ hed V, lete T ‖ h sw. him bring A, h. s. h.
bringe V, him h s bryng T ‖ sueird C. — 1042 [Iw]ite C, I witen
A, W.te V, For wete T ‖ þus C, þat AT ‖ þisse V ‖ tiþinge V, tydyng
T. — 1043 / T ‖ [Fo]rþ C, Vorþ V, Forht A ‖ ming A ‖ mid V ‖ alle
mayn A — 1044 /. VT ‖ [. .] his C. — 1045 Till þare come A, He
went to hem T ‖ þ her hoþe I V, þar þai two laie A, þere
þey lay T ‖ [ ] þe bed heo fond tuere (vgl 1035) C. — 1046 zit AT,
þe zet V, [.] C ‖ w. she aslepe T, w þe sl. fast A ‖ hire A ‖ eze V
i h. e] þere ay T — 1047 [He] C, þe Amiral A, þe amiral V, þe
Amyral T ‖ lete T, het V ‖ adun] /. A ‖ þe cl caste C, hire cl. keste
A, here cl adoun caste V, þe clothes doun cast T. — 1048 [A litel
bin] C ‖ litel V, lytel T ‖ bineþe V, bineþe T ‖ hur brest T

Bi here breste he kneu anon.

1050 þat on was maide and þoþer a mon.

He quakede for anguis þer he stod.

Hem to quelle was on his mod

And ȝet he þoȝte. are he hem quelle.

What hi were. hi scholden telle.

1055 þe children awoke þo anon

And seȝe þe admiral bifore hem gon.

Wiþ his swerd over hem adraȝe:

Sore hi ben offerd and wel maȝe.

'Scie', quaþ þe Admiral. 'belamy'.

1060 Who makede þe so hardy.

For to come in to mi tur

And to ligge bi Blauncheflur'

To wroþer hele were ȝe bore,

ȝe schullen þole deþ þerfore.'

1049 þan seȝ (þo iseih V) he wel sone (s f. V) anon AV, And sone he knew anon T — 1050 þon V, þat oon T ǁ may V, a man A, woman T ǁ and] f A ǁ þat oþer CAT ǁ a mon C, mon V, a woman A, groom T — 1051 f. C vgl 1162 ǁ He quaked T, He quok A, þe amiraýl quakede V ǁ anguisse A, angys V, tene T ǁ þe a stod V, þere he stood T — 1052 f. C sloon T ǁ hit w on his V, w. his A, w. m h T ǁ mood T. — 1053 f C ȝit he T, He him A bipouȝte A, þouhte V, þouȝt T ǁ ar A, or T ǁ wolde hem quelle A ǁ quelde T. — 1054 f C ǁ Wat V ǁ he V, þat A. þey T ǁ þat sscholde him A, hui scholden V, þey shuld him T. — in AVT noch 1 vers And siþen (seth T, seþþe V) he þouȝte (þonte V, wyl T) hem of dawe (A, hem to deþe V, wiþ dome hem T) don (done T) — 1055 wakýd T ǁ þo an C, under þon A, vnd [ ] V, swyth soone T. — 1056 f AVT ǁ bruore C. — 1057 þai (And VT) segh (seȝen V, saw T) þe (þat V) swerd (swerde T) AVT ǁ o. h.] f. C ǁ idrawe A, a drawe V, drawe T, al adraȝe C. — 1058 S. hi beoþ off. C, Adrad þai ben A, þey ben adr. T, Hij weren agra[..] V ǁ & eþe hui mawe V, a. in awȝe T, to ben islawe A. — in A noch 2 verse þo bispak þe Ameral bold Wordes þat scholde sone bi told. — 1059 [..] belami V ǁ f. T ǁ Sai me now þou bel a A. — 1060 f. T ǁ Ho C ǁ made A. — 1061 f. T ǁ [.] in mi toun V. — 1062 f T [...] blancheflur V ǁ And] f. A ǁ To l þei A. — 1063 f. CT ǁ] V hale ware A — 1064 f CT ǁ [... þe .tore] V ǁ schollen þole A.

1065 þo sede Floris to Blauncheflur   *T* 910
    'Of ure lif nis no socur'.
Hi crie him merci boþe swiþe,   *V* 400
þat he ȝive hem first of live.
After his barnage he haþ isent   *A* 650
1070 To awreke him wiþ jugement.   *C* 640
Up he bad hem sitte boþe
And don on here beyre cloþe,
And siþþe he let hem binde faste
And in to prison ben icaste.
1075   Nu al his barons had undernome.   *A* 660 *T* 920
And þo þe admiral hi ben icome,
His palais þat was so faire ibild,   *V* 410
Of erles and dukes hit was ifild.
Up he stod among hem alle,
1080 Bi semblaunt wel wroþ wiþ alle.

1065 *ƒ. C* || þanne *A*, þan *T* || saide *A*, seyde *V*, seide *T* || Florice
A, floyres *V*, Florys *T*. — 1066 *ƒ. C* || oure *AT* || liue *V* || is *T* || non
A || socour *AT*. — 1067 cries *C* || And mercy þai cride on him so
sw. *A*, Ak her crieþ him merci so suiþe *V*, But þey cryde h. mercy
swyth *T*. — 1068 ȝaf *AV* || furst *CV*, respit *A* || of here l *AV* ||
For to length her lyue *T*. — 1069 [.. he . after his barenage ..] *V*
(406) || Til he hadde *A*, Now haþ he *T* || Barons *T* || sent *AT*, i-send
C. — 1070 [... him ..] *V* (107) || awreken *A*, wreke *T* || þourgȝ *A*,
after *T* || iug. *C*. — 1071 *ƒ. C* || = *V* 402 || bade *T* || sytte booth *T*.
— 1072 *ƒ. C* || do *T* || h. b. cloþe *V* (103), oþer cloþes *A*, boþ her cloþ
T. — 1073 & þo he bad h. b. *V*, Seþ he dide h. b. *T*, And let h þe
while b *C* || fast *AT* — 1074 prisoun *A*, one prisun *V* || hem he cast
A, he het h caste *V*, lete h be cast *T* — in *A* noch 4 verse (*vgl.* 1069):
Til he had after his barenage sent To wreken him þourgh jugement
¶What helpeȝ hit longe tale to schewe Ich wille ȝou telle at wordes
fewe — 1075 *ƒ. C* || [... barenage .] *V* (408) || baronage *A* || Now han
þe Barons v *T*. — 1076 *ƒ. C* || þat to þan *V* || Amerail *A*, amyrayl
V, Amyral *T* || ȝhe *A*, a *V*, þey *T* || beþ *VA* || nome *V*, coom *T*. —
1077 *ƒ T* || {...ibuld] *V* || halle *A* || w heiȝe ibuilt *A* || ibuld *C*. —
1078 *ƒ T* || [.] was ifuld *V* || Of kynges *A* || and barons *C* || ifilt *A*,
ifuld *C*. — 1079 He (þe amiral *V*) stod (stood *T*) up a. h. a
AVT. — 1080 [ ] wreþ mid [..] *V* || B s swiþe wroþt *A*, Wiþ s
wroþ *T*

'Lordinges', he sede, 'wiþ muchel honur,   ¹ blatt 8 b sp 2
T blatt 109 b
ȝe habbe iherd of Blauncheflur,
Hu ihc hire boȝte apliȝt
For seve siþe of gold hire wiȝt
₁₀₈₅ For ihc þoȝte wiþuten wene
To habben hire to mi quene.
Bifore hire bed mi self I com
And fond bi hire an naked grom.
þo hi were me so loþe, ¹ 429
₁₀₉₀ I þoȝte to habbe iqueld hem boþe:
Ihc was so wroþ and so wod,
And ȝet ihc wiþdroȝ mi mod.
Nu ȝe habbe iherd hu hit is went. T 910
Awreke me wiþ jugement.'

---

¹⁰⁸¹ [..] V ‖ He saide lordinges A, And seide lordynges T ‖ of
mochel A, wiþ muche T. — ¹⁰⁸² [   ] V ‖ habbeþ C ‖ han herd
speken of A, herde speke of T. — ¹⁰⁸³ [..] V ‖ Hou ich h bouȝt
dere apl. A, þat y bouȝt hur d a plyȝt T. — ¹⁰⁸⁴ [....] V ‖ seuen
A T ‖ sithes A T ‖ of golde hur wyȝt T, hire wiȝt of gold A —
m A noch 2 verse For hue faired and hire chere Ich hire bouȝte
awinge so dere — ¹⁰⁸⁵ [. .] wiþoute w[.] V ‖ ich þouȝte wiȝouten
A, y wende wiþoul T ‖ To hire was mi meste w. C — ¹⁰⁸⁶ For to
habbe C, Hire haue ihad A ‖ hire] f C ‖ þat fene mayde to haue
had T ‖ mi] f. T. — in T noch 2 verse Among my maydons in
my Toure I hur dide wiþ muche honoure — ¹⁰⁸⁷ [Bifore] V ‖ her
T ‖ bedde V T ‖ ich V, y T ‖ coom T, co[.] V ‖ Nis noȝt ȝore þat me
com C. — ¹⁰⁸⁸ [A. f. b.] hire V, I fonde þeryn T ‖ ane n grome V,
a n man T ‖ And fond hire wiþ hordom Me to schame and deshonur
In hire bedde on mi Tur C. — ¹⁰⁸⁹ [. .] me wel loþe V ‖ f. C ‖ þ
þai w. me A, þan w þey to me T ‖ looþ T, wroþe A — ¹⁰⁹⁰ [.. ..] hem
boþe V ‖ f. C ‖ þouȝte A, þouȝt T ‖ haue T, han A ‖ sleyn T ‖ booþ T
— ¹⁰⁹¹ f. C ‖ Ich A, & ich V, I T ‖ wis T ‖ and wod V ‖ wood T. —
¹⁰⁹² f. C ‖ And] f. T ‖ ȝit A T ‖ ich A, y T ‖ wiþdrouȝ A T, wiþdrouf .]
V ‖ myn hoot blood T, [...] V — ¹⁰⁹³ Ihe habbe ȝou told hu hit
is went C ‖ Fort ich haue after ȝou isent A (680), þat ich hadde
after .. ... V (424), Tyl y haue sende a ȝow by assent T (948).
vgl. Nou ȝe witen hou hit is agon A (682), Nou ȝe habbeþ iherd
hou it is ... V (126), Now ȝit ȝe woot how it is goon T (910). —
¹⁰⁹⁴ Awrekeþ C ‖ To awreke (wreke TA) me þourȝ (þoruh V, wiþ

11*

1095 þanne spak a king of þat londe
'We habbe iherd þis schame and schonde
Ac are we hem to deþe awreke. I 1401
We mote ihere þe children speke.
What hi wille speke and segge,
1100 &zcedil;if hi o&zcedil;t a&zcedil;en wille allegge.
Hit nere no&zcedil;t elles ri&zcedil;t jugement A 690
Wiþuten answare to acupement.'
þe king of Xubie sede þo
'Sire, so ne schal hit no&zcedil;t go:
1105 Hit is ri&zcedil;t pure&zcedil; alle þing,
Felons inome hond habbing
For to suffre jugement (seite 9 -palte 1 I 440
Wiþute answere oþer acupement.' 6, 670
Al þis iherde, more and lesse, T 950
1110 And bere him þerof witnesse.

T) jug A (681) V (425) T (939), vgl Awreke me swiþe of mi fon
A (683), Awrekeþ me of mine fon V (427), Wreke me soon of my
foon T (941). — 1095 þan T, þo AV || spake T || king of on l. A,
k. o. þulk . V, freo burgeis C. — 1096 We han A, &zcedil;e habbeþ V || nerd
A, herd T, iherd V || þis . V, þis schame A, al þis shame T || a.
schonde T, [.] V || þat was hende and curt[.] C. — 1097 Ak V, But
T, Sire C || ei A, oi T || w h] hi beo C || deþ T, diþe C || wreke A,
deme T, [ ] V. — 1098 We schalle heren A, We schullen iheren V, Lat
vs T || þo ch. sp. A, þe . . V, hem see &zcedil;if it þe queeme T. — 1099 f
C || þai wil A, huy wolleþ V, þey wolde T || and sigge A, or sygge T,
[...] V. — 1100 f. C || & &zcedil;it V || þai ou&zcedil;t a&zcedil;em wil A, huy wolleþ
on . . V, þey wyl au&zcedil;t ageyn vs T || legge T, [..] V. — 1101 ner A,
were T, nis V || nowt A, nou&zcedil;t T, no V || elles] f. AVT || i&zcedil;&zcedil;t T,
ri&zcedil;ht V, nist C. — 1102 Biþuten C, Wiþouten A, Wiþoute V, Wiþ-
out T || onsuere V, answere AT, ansuare C || to acoupement A,
make ac. T, [...] V. — 1103 f. AT || [sede þo] V. — 1104 f. AT ||
[no&zcedil;t go] V || Foi soþ ne schal hit no&zcedil;t go so C — 1105 f. AT ||
ri&zcedil;ht V (439) || þoru V — 1106 f AT || Traitor þat is nome hond
h .. V (438) — 1107 f. AT || To beo iordon oþer ische . V. — 1108 f.
AT || Biþute C, Wiþouten V || onsuere of a .. V. — 1109 f. AC || Al þis
ihe & lass. V || Al þis is herde of m. a. lasse T — 1110 f AC ||
And bereþ him þei of w[itnesse] V || What myster is to b wytnesse T.

AFter þe children nu me sendeþ.
Hem to berne fir me tendeþ.
Tweie serjauns forþ hem bringe.
Toward here deþ sore wepinge.
1115 Dreri were þis children two.
Nu aiþer biwepeþ operes wo.
þo sede Floris to Blauncheflur·
'Of ure lif nis no socur.
Ac min is þe gilt and þe unmeþ.
1120 þat þu for me schalt þole deþ.
Ac if kinde hit þole mizte.
Ihc ozte deie tuye wiþ rizte,
O deþ for þe, on oþer for me.
For þis þu þolest nu for me.
1125 For if i nere in to þis tur icome.
Wiþ mirezþe þu mizt herinne wone.'
He droz forþ þat riche ring.
þat his moder him zaf at his parting

¹¹¹¹ þes childeren V ‖ nou men s A. [..] V, haue þey sent T
— ¹¹¹² To brenne h. T ‖ brenne A, forberne V ‖ tm men t A, þer..
V, was his entent T — ¹¹¹³ / C ‖ Twene serjauns V, Tware Sara
zins A, Two sericauntes T ‖ t. h bringez A, h t. bringe V, h gan
bryng T. — ¹¹¹⁴ /. C ‖ hur T ‖ deþ] /. T ‖ To longe here dom sore
wepin. V ‖ al wepyng T. — ¹¹¹⁵ Dreri weren þe chyldren V
hooþ þese ch goo T ‖ schuldren A — ¹¹¹⁶ / C ‖ Her eyther V, Ayther
T ‖ bemeneþ T ‖ oþer V, oþer is woo T — ¹¹¹⁷ vgl 1065 ‖ þo V,
/. AC, þan T ‖ Florice saide A, sede Florys (floriz C) CT, seyde
floyres V. — ¹¹¹⁸ oure AT ‖ lyf T, lue V ‖ is T ‖ non A ‖ socour AT,
sucur C, soc. . V (ende von V) — ¹¹¹⁹—¹¹²⁰ /. AT ‖ guld C (vgl.
C 723 = 1175) ‖ vnm C ‖ þolie C — ¹¹²¹ Ac] / AT ‖ Yt T, zd A ‖
cunde C, kinde of man T, manken A ‖ it T ‖ þolie C, þoh A ‖ mizt
A, myzt T — ¹¹²² Twies (Twyes T) i (y T) scholde (shuld T) die
(dye T) w mzt AT — ¹¹²³ One (Oones T) for mi (my T) sell anoþer
f þe AT — ¹¹²⁴ For þis deþ (þy deeþ T) þou hast I m AT —
¹¹²⁵—¹¹²⁶ /. AT ‖ icume C ‖ mizlest C, vgl 1150 ‖ wune C. m A
(701—705) T (961—965) noch 2 verse Blauncheflour saide (seyde
T) azen (/. T) þo (þoo T) [T blatt 110a] þe gelt (gylt T) is mm
(myn T) of oure hoþer (h.] /. T) wo (woo T), vgl. 1153, 1178 —
¹¹²⁷ Florice drow A (706), Florys drouz T (966) ‖ a riche r. C, þe
ring A, þat ryng T. — ¹¹²⁸ þat] /. C ‖ gaff T ‖ her partyng T.

'Have þis ring, lemman min,

1130 þu ne migt nogt dere while he is þin.'

þe ring he haveþ forþ aragt

And to Blauncheflur itagt.

Blauncheflur sede þo   *T 970 A 710*

'þe gilt is min of ure boþer wo.   *A 643 705 704*

1135 þe ring ne schal nevre aredde me

For deþ ne mai ihe se on þe.'

þe ring he wolde age reche

And to Floris him biteche,

Ac for al þat he migte do.

1140 He him nolde agen ifo

On hire he haþ þe ring iþrast.

And he him haþ awai ikast

A duk hit seg and beg to grunde

And was glad þat ring he funde.

1145   þus þes childre wepinge come   *T 720 T 980*

To þe fire and to here dome,   *C 700*

1129 þis ryng *T*, nou þis ing *A* ‖ leman myn *T*. — 1130 ne] /
T ‖ schalt *A*, shalt *T* ‖ nowt *A*, not *T* ‖ die *A*, dye *T* ‖ whiles *A*,
þe while *C* ‖ hit *A*, it *T* ‖ þyn *T* — 1131—1132 f. *AT*, vgl. (*A 711*,
T 974 =) 1137. — 1133 f *C* ‖ Blauncheffloure *T (970)* ‖ saude *A (710)*,
seyde *T* ‖ þoo *T*, vgl Var. zu 1126. — 1134 f. *C*, = *A 705*, *T 965* ‖ gelt
A, gylt *T* ‖ oure *AT* ‖ boþer] f. *T* ‖ woo *T*. — So ne schal (sh *T*)
hit (it *T*) neuer go (goo *T*) *A (711) T (971)* — 1135 þat þis i. (ryng
T) schal (sh *T*) ared (help *T*) me *A (712) T (972)*. — 1136 Ne mai
th[ ] no deþ on þe se *A*. And þe deed on þe see *T* — 1137 heo *C* ‖
Florice (Florys *T*) þe (þat *T*) ring (ryng *T*) here (hur *T*) araugt
(raugt *T*) *AT*, vgl. 1131. — 1138 floriz *C* ‖ And hi him agem hit bi-
taugt *A*, *A* she it h agayn bet *T* — 1139—1140 f. *AT*. — 1139 heo
C — 1141—1142 had *A* ‖ hi hit haueg *A* ‖ And þe ring hi one stunde
Fel adun to þe grunde *C* ‖ Nouther ne wyl other deed seene þey
lete it falle hem bytwene *T* — 1143 bezgh *A* ‖ grounde *A* ‖ A duc
stupede and him vp nom *C* ‖ A king com after a ryng he tonde *T*.
— 1144 An *A* ‖ fonnde *A* ‖ And was þerof wel bliþe mon *C* ‖ And
brougt hit forth in his honde *T* — 1145 þ þe children *T*, On þis
maner *A*, Nu þes childre *C* ‖ forþ me bringeþ *C*, wepyng com *T*,
þe children come *A*. — 1146 Weping t. þ hir *A*, To here dom *C* ‖
a. t. hire d. *A*, a. hin doom *T*, al wepinge *C*.

Bifore al þe folk hi were ibroʒt.
Dreri was hire boþer þoʒt.
þer nas non so sterne mon.
1150 þat þis children lokede upon.
þat nolde þo swiþe faʒe
þat jugement have wiþdraʒe.
And wiþ grete catel hem bigge,
ʒif hi dorste speke oþer sigge,
1155 For Floris was so fair ʒongling. *A 730 T 900*
And Blauncheflur so swete þing,
Of men and wimmen, þat ben nuþe,
þat go and se and speke wiþ muþe.
Ne ben so faire in here gladnesse. *C sente a spalte 2*
1160 So hi were in here sorinesse. *C 710*
    Ac þe Admiral was so wroþ and wod, *A 740*
Ne miʒte he noʒt wiþdraʒe his mod.
He bad binde þe children faste

---

¹¹⁴⁷ /. C ‖ Bifor A ‖ al þat A, þe T ‖ tok A ‖ þai A, þey T ‖ ware A ‖ ibrowt A, brouʒt T — ¹¹⁴⁸ / C ‖ her bothes T ‖ þouʒt AT — ¹¹⁴⁹ þere T, Ac þer C ‖ was AT ‖ noon T ‖ sturne C ‖ man AT — ¹¹⁵⁰ þise ch. A, þe ch. T, hem C ‖ loked AT ‖ upan A, oon T — ¹¹⁵¹ þ þat (þey T) ne wolde alle (al T) ful (wel T) fawe AT, -uþe C — ¹¹⁵² here jug AT ‖ were w. C ‖ drawe AT — ¹¹⁵³ / C catel T, garisoun A ‖ begge A, bygge T. — ¹¹⁵⁴ þat A, þey T ‖ durst T ‖ or T ‖ sigge A, svgge T — ¹¹⁵⁵ For CT, So A ‖ floriz C, Flores T, Flouree A ‖ fan a A, fene a T. — ¹¹⁵⁶ swete a AT. — ¹¹⁵⁷ /. T ‖ þuþ C, beþ A ‖ nouþe A — ¹¹⁵⁸ / T ‖ goþ C, gon A ‖ aw iden A, and seoþ C ‖ spekeþ AC ‖ mouþe A — ¹¹⁵⁹ / T ‖ Ne þuþ C, Beþ non A ‖ fair A ‖ hire A — ¹¹⁶⁰ / C ‖ Als þat ware in hire sorewenesse A. *hiernach 4 verse in A, 2 in T* No man ne knewe hem þat hem was wo Bi semblaunt þat þai made þo But bi þe teres þat þai schadde And fillen adoun bi here nebbe A ‖ þer wyst noman whoi hem were woo For no semblaunt þat þey made þoo T — ¹¹⁶¹ Ac] /. AT ‖ þe Admyr. T, þe Amer. A ‖ wroþ a.] / T ‖ wood T. — ¹¹⁶² þat he ne miʒt A, Ne myʒt he nouʒt T wiþdraw A, kele T ‖ his hoot blood T ‖ He quakede for grame for he stod C, *vgl. 1051.* — ¹¹⁶³ He bade T, And het C ‖ þe ch. fast be bound T, hem binde wel f C.

And in to þe fire caste.

1165   Þe due. þat þe ring funde.
Com to þe admiral and runde.
And al togadere he gan him schewe
Of þat þe children were biknewe.
Þe admiral let hem aȝen clepe.

1170 For he wolde þo children speke.
He askede Floris what he hete.
And he him tolde swiþe skete.
'Sire', he sede, 'forsoþ ihe telle,
Þu noȝtest noȝt þat maide quelle.

1175 Of al þis gilt ihe am to wite,
Ihe oȝte deie and he go quite.'
Quaþ Blauncheflur. "Aquel þu me,
And let Floris a live be"
Quaþ þe admiral. 'So ihe mote go.

1180 Ȝe schulle deie togadere bo.
Mi self ihe wille me awreke.

1164 And] *f*. A ‖ fir A ‖ he hem caste A, slong T — 1165 þilke duk A, þat ilk king T ‖ þe gold ryng A ‖ fond T, hadde A, vgl. 1203. — 1166 To þe amyral he spake and round T, Nou to speke reuþe he hadde A, vgl. 1204. — 1167—1168 Fain he wolde hem helpe to liue A, And wolde hem saue to þe lyf T (1000) ‖ And tolde (told T) how þai for þe ring striue (h. t. p. i. þey gon striȝt T) AT — 1169 Amiral A, Amyr. T ‖ lete T, het A ‖ aȝeyn T—1170 þo schildren A, wiþ floriz C, here hem T — 1171 *f*. C ‖ And asked T ‖ heete T. — 1172 *f* C ‖ him told A, tolde h. T ‖ ful skeete T. — 1173 he saide A, he seyde T, quaþ floriz C ‖ ȝif (yf T) hit (it T) were þi (þy T) wille (wylle T) AT. — 1174 þou ne auȝtest (getest T) nowt (not T) þis maiden (þat maide T) spille (to spylle T) AT. — 1175 vgl 1178 ‖ Ac sie lat aquelle me A, But good s quel þou me T. — 1176 And lat (late T) þat maiden (maide T) a liue (on lyue T) be AT — 1177 Blaunchefllour saide þo A, B. seide þyne T — 1178 floriz C ‖ þe gilt is min of oure boþer wo A, þe gylt of oure dedes is myn T. — in C noch 2 verse. ȝef hit nere for mi luue He nere noȝt fram his londe icome — 1179 And (*f*. T) þe Ameral (Admyi. T) saide þo AT. — 1180 I wis ȝe sculle (shul T) die bo (dye boo T) AT — 1181 *f*. T ‖ wulle C ‖ Wiþ wreche ich wille me awi. A.

Ne schulle ӡe nevre go ne speke.'
His swerd he braid out of his scheþe
þe children to habbe don to deþe.

1185 Blauncheflur bid forþ hire swire
And Floris aӡen hire gan tire
'Ihe am a man, ihe schal go bifore.
þu noӡtest noӡt mi deþ acore.'
Floris forþ his nekke bed   *I 1020*

1190 And Blauncheflur wiþdraӡe him ӡet.
Neiþer ne miӡte þere þole.
þat oþer deide bifore.
Alle þat iseӡen þis.   *A 770*
þerfore sori weren iwis.

1195 þo þe admiral, þeӡ he wroþ were.
þer he chaungede his chere.   *C 740*
For eyþer wolde for oþer deie
And he seӡ mani wepinge eie
And for he lovede so muche þat mai.

1200 Al wepinge he turnde away.

1182 *f. T* || ӡe ne scholle neuere go no sp. *A* — 1183 brende *T* sheeth *T*, ʍschepe *A* || Flour forþ his nekke bed *C* — 1184 to haue don *T*, for to do *A* || deeth *T* || And blaunchellur wiþdraӡe him ӡet *C* — 1185 Blaunchefloure *T*, And Bl *A* || putt forþ *A*, put t *T* || him *T* ʍsuere *C* — 1186 gan hire aӡem t *A*, dide hei agayn to tyre *T* — 1187 *f C* || Ich *A* || And seide I am man I shal byt *T* — 1188 *f C* || þou ne auӡtest nowӡt mi deӡ ac *A*, Wiþ wrong hast þou þy lyf loore *T*. — 1189 *lesart von C vgl. 1183* || Florice forht his swire putte *A*, Florys forth h sweid p *T*. — 1190 *lesart von C vgl 1184* || And Bl aӡem hit brutte *A*, A. B agayn him tylte *T*. — 1191—1192 *f. AT*. — 1193—1194 *f CT* || al *A* — *hiernach noch 2 verse in AT* And sande drer mai we be *A*, þe king seide dredry mot ӡe be *T* || Bi swiche children swich reuþe se *A*, þis roþþ by þis ch to see *T* — 1195 *f T* || þe Amer wroþ þai he w *A* — 1196 *f. T* || Boþe him ch. mod and ch. *A* — 1197 *f. T* || For aiþer *A*, For he seӡ þat eyþer *C* || t o. w die *A*. — 1198 *f. T* || And for he *C* || so many a *A* wepunde *C*, weping *A* || eye *A* — 1199 *f. T* || lnnede *C*, hadde so loued *A* || so m] *f. A* || þe m *A*. — 1200 *f T* || Al *f. A* || Weping he turned his heued awai *A*.

His swerd fel of his hond to grunde.   1190
Ne mizte he hit holde þilke stunde.
   þe duc þat here ring hadde,
For hem to speke wille he hadde.
1205 And ful wel þerwiþ he spedde.
þe children fram þe deþe he redde
'Sire Admiral', he sede, 'iwis   L seite 10, spalte 1
Hit is þe wel litel pris,   C 730
þis feire children for to quelle.
1210 Ac betere hit is, þat hi þe telle
Hu he com in to þi tur,   A 790
To ligge þer bi Blauncheflur.
His engin whan þu hit wite,
þe betere wiþ oþere þu mizt þe wite.'
1215   Alle hat herde wordes his,
Biseche þat he grante þis.
He het him telle his engin.
Hu he to Blauncheflur com in,   C 760
And who him radde and help þarto.
1220 'þat', quaþ he, 'nelle ihe nevre do

1201 f. T || And h sw hit fil to grounde A — 1202 f T || þulke
C || He ne migt h h. in þat stounde A — 1204 þilke duk A, þe
king T || þe i. A T || found A, vgl. 1165. — 1204 Wiþ þameral spak
and round A, vgl 1166, For routh of hem sone he radde T. —
1205 f. C || And at þe Amiral wyl he spede T — 1206 f. C || þ ch
þei wiþ fram d h i. A, þ. ch. fro þe deþ to lede T. — 1207 Su T ||
Adm.] f. A T || saide A, seide T || iw] hit (it T) is litel (lytel T) pri- (prys
T) A T. — 1208—1209 þise (þese T) children to slen (for to slee T) iwis
(ywys T) A T — 1210 Hit is þe wel more worsschipe A, And it is w
m. worship T. — 1211—1214 Florice conseile (Florys counsel T) þat
þou wite (ze weete T) Who him tawzte (tauzt T) þilke gin (þat
ilke gynne T) | For to come þi tour wiþ in A, þy toure f. t. c. ynne
T | And who þat him brouzte þai A (blatt 101b), A w. him brouzt
þare T | þe bet of oþer þou mizt be war A, And other þat ze may
be ware T. — 1215—1218 f. A T || bisecheþ C, granti C. — 1219 ho
C || þan saide þamerale to Florice þo Tel me who þe tauzte her to
A, þ. seide þe Amyr. as god me saue Florys shal his lyf haue zif
he me telle who him tauzt þerto T. — 1220 þ q. Florice ne schall

For þing þat me mai me do,
Bute hit hem be forʒive also,
þat þe gin me taʒte þerto.
Arst ne schal hit nevre be do'
1225 Alle hi praied þerfore iwis.   *A 800   T 1010*
And þe admiral igranted þis.
    Nu ord and ende he haþ hem told.   *V Blatt 111 a*
Hu Blauncheflur was fram him sold.
And hu he was of Spaine a kinges sone
1230 For hire love þider icome,   *C 770*
To fonden wiþ sume ginne.
Hu he miʒte hire awinne.
And hu þureʒ þe cupe and þureʒ gersome
þe porter was his man bicome,   *T 1050*
1235 And hu he was in a cupe ibore·   *A 810*
Alle þes opere lowe þerfore.
Floris falleþ to his fet
And bit him ʒive him his lef so swet.
þe Admiral ʒaf him his lemman,   *t 820*

i *A*, Of Florys þat sh. y *T* — 1221 *f. AT.* — 1222 *f. T* ‖ But ʒif *A* ‖
hem] *f. A* ‖ beo *C,* ben *A* ‖ forʒiuen *A.* — 1223—1224 *f CT, vgl 1219*‖
neuer bi *A.* — 1225 þai *A* ‖ Now þey bydden al y wys *T* ‖ Alle
þoþere bisecheþ þis *C.* — 1226 And] *f. AT* ‖ þe Amer *A,* þat þe
Admyr. *T,* of þe Admir. *C* ‖ graunted *AT,* igranted *C* ‖ þis] is *C.*
in T noch 2 verse To forgeue þat trespas ʒif Florys told how it
was — 1227 Nou euen word Florice (he *T*) haþ him *A* ‖ itold *C,*
told *A,* tolde *T.* — 1228 Blachellur *C,* þe made *A,* þat made *T* ‖ for
T ‖ isold *T,* sold *A,* solde *T* — 1229 Speyne *A,* spaygne *C* ‖ kyngges
A, kynges *T.* — 1230 For grete l *T* ‖ hiue *C* ‖ þider *C,* þeder *T* ‖ icume
me *C.* — 1231 For to fonde *T* ‖ sum *T,* som *A* ‖ gin *A.* — 1232 hire
C ‖ þat faire maiden for to win (wynne *T*) *AT.* — 1233 þureʒ *C,*
þourgh his gold and his garisoun *A* ‖ For his gold a for h. wary-
soun *T (1051)* ‖ þureʒ þe gersume *C.* — 1234 And how þe p *T (1050)*
bicume *C,* bicom *A,* bycom *T.* — 1235 þe coupe *A,* þe florys *T* ‖
born *T.* — 1236 And alle þis oper *A (811),* Alle þe lordinges *T*
(1053) ‖ lowen *A,* lowʒ *T* ‖ þeruore *C,* þerforn *T* — 1237 *f. C. vgl.*
1250 ‖ Florice fallet to h. f. *A (818),* Florys falleþ doun to h. feet
T (1060). — 1238 *f. C* ‖ ʒif *A* ‖ And preyeþ geue him his sweet *T.*
— 1239 *f. C* ‖ gaf *T.*

1240 Alle þe opere him þonkede þan.
He haþ forʒive his wraþþe bo
Floris and Blauncheflur also.   C 730

Þe admiral þo, wel him bitide
    þat child he sette bi his side.
1245 And sede wiþ him hi scholde be
þe beste of al his maine.
And Floris he makeþ stonde upriʒt.
And þer he dubbede him to kniʒt.
Nu boþe togadere þes childre for blisse
1250 Falle to his fet hem to kisse.
He let hem to one chirche bringe
And spusen hem wiþ one gold ringe. C sede to spatte 7
And þureʒ conseil of Blauncheflur
Me fette Claris adun of þe tur   C 790
1255 þe admiral hire nam to quene.   T 1070
þilke feste was wel breme.
For þer was alle kinnes gle.   A 830
þat miʒte at eni briddale be.

1240 f. C || þanked A || Al þat þere were þankyd him þanne T — 1241—1242 = C 779—780 || f. A T || And haþ C || Floriz C — 1243 C 777. Nou þe Amerail w. him mote bet A (812), Now þ. Admiral wol h. tyde T (1054) — 1244 Florice he s. A, Florys setteþ T || next h. s. A T — 1245 = C 781 || And bad he sch. w. h. be A (816), A. bade he shulde w. h. b. T (1058) — 1246 þe furthermast T, Wiþ þe formast A || al f. A T || mene A, meyne T — 1247 floriz C || A. made him st. þer up. A (811), A. elle he made h. st. vpriʒt T (1056) — 1248 A. haþ idubbed h. t. k. A, A dubbed h. þere knyʒt T — 1249 Nou boþe þis children alle t. bliss A (824) || Boþ þese twoo swete þinges y. wys T (1066) — 1250 Falleþ C || Fil þe Ameriales f. to kis A, Fel his feet for to kysse T — 1251 To one (a T) ch. h. (he T) l. h. b. (bryng T) A (822) T (1064) — 1252 And wedde here wiþ here owene ringge A, A dede let wed hem wyth a ryng T. — 1253 And] f. C || brouʒ T, þourgh A (826) || consel T (1068), þe red C — 1254 Clariz C || Clarice (Clarys T) was let doun A T. — 1255 And þe Amerale A, And Amyr T || here wedded A, w. him T || queene T — 1256 þere was feste (fest T) swiþe br. (swythe breeme T) A T — 1257 kunnes gleo C || I ne can nowt tellen alle þe sonde A, I c. not telle al þe s. T — 1258 beo C || Ac þe richest feste in londe A, But rycher fest was

Hit nas þer after noþing longe,
1260 þat þer com to Floris writ and sonde.
þat þe king his fader was ded.
And al þe barnage ʒaf him red.
þat he scholde wenden hom
And underfongen his kinedom
1265 At þe admiral hi nome leve,
And he hem bad wiþ him bileve.
þanne sede þe admirail
'If þu dost bi mi consail,
Bilef wiþ me, ne wend naʒt hom.
1270 Ihc wille ʒeve þe a kinedom,
Al so long and al so brod,
Also evre ʒet þi fader ibod.'
Ac Floris nolde for no winne,
Levere him were wiþ his kinne
1275 þe admiral he bid god day,
And þonkede Claris þat faire may,
And to hire he haþ iʒolde
Twenti pond of rede golde,
And to Daris, þat him so taʒte.
1280 Twenti pund he araʒte,
And alle, þat for him dide ei del,

T 1080

A 840

C 800

C 810

---

neuer i. l. *T* — 1259 Nas hit nowt l. efter þan *A*, Was it nouʒt l. after þ. *T*. — 1260 floriʒ *C* ‖ þat Florice tidingge ne cam *A*, þ to Florys tydyng cam *T*. — 1261 h. f. þ. k. *A* ‖ deed *T*. — 1262 *f. C* ‖ And al] *f. T* ‖ Baronage *T* ‖ gaf *T* ‖ reed *T*. — 1263 shuld wende hoom *T* ‖ And þ. h. scholde nimen his red *C*. — 1264 *f. C* ‖ fonge *T* ‖ kyndom *A*, feire kyngdoom *T*. — 1265 *f. C* ‖ At Ameral *A* ‖ þey toke l. *T*, he nom his l. *A*. — 1266 *f C* ‖ him bad *A* ‖ And he hyddeþ þem byleue *T*. — 1267 *f. T* ‖ seide *C*, bispak *A* ‖ Ameral *A*, Admiral *C* — 1268 *f. T* ‖ ʒif þou wilt do Florice bi mi conseil *A*. — 1269 *f. T* ‖ Dwelle her and w nowt h. *A*. — 1270 *f. T* ‖ wulle *C* ‖ Ich wille þe ʒiuen a kyndom *A*. — 1271 *f. T* ‖ longe *A*. — 1272 *f. T* ‖ Als euere ʒit þ. f. bod *A*. — 1273 *f. T* ‖ floriʒ *C* ‖ I nel bileue f. no w *A*. — 1274 *f. T* ‖ To bidde me hit were sinne *A* — 1275—1282 *f. AT*. — 1276 Clariʒ *C*. — 1278 rede *C*. — 1281 duden *C*.

He ȝeld here while swiþe wel
He bitaȝte hem alle God me driȝte.
And com hom whane he miȝte.
1285 And let croune him to king.
And hire to quene, þat swete þing,
And underfeng cristendom of prestes honde
And þonkede God of alle his sonde.
    Nu ben hi boþe ded,
1290 Christ of hevene ure soules led.

Nu is þis tale broȝt to þende
  Of Floris and his lemman hende.
Hu after bale hem com bote.
God leve þat us so mote.
1295 þat we him mote love so.
þat we mote to hevene go. Amen.

Explicit.

1282 suþe C. — 1283 f. T ‖ god almiȝte C ‖ þai bitauȝt þe Ame-
ral oure driȝt A. — 1284 And þai com h. whan þai miȝt A, Hom
he went wiþ royal array T. — 1285 A was crownyd wiþin a short
day T (ende von T) ‖ He was king wiþ Muchel honur C — 1290 And
heo his quene blauncheflur C. — 1287—1290 f. C. — 1289 Nou ben
þai A — 1290 houre A — 1291 Nou A ‖ browt A ‖ Nu ȝe habbeþ
iherd þane ende C — 1292 floriz C, Florice A ‖ a of h A. — 1293 bale
comeþ h C — 1294 So wil oure louerd þat ous mote A — 1295 louie
C ‖ AMEN siggeȝ al so A. — 1296 And ich schal helpe ȝou þer to A.

VIII. Anmerkungen.

1. Du Méril I (p 9) 191 ff ·

>Quant cinq ans orent li enfant,
>Moult furent bel et gent et grant
>De lor aé en nule terre
>Plus biaus enfans n'esteut querre.

vgl Fleck 621 ouch dorfte in allen richen
>niemen ir gelichen
>baz gewahsen vinden

vgl Diderik van Assenede (ed Moltzer), 285 ff — never in londe,
hi en nule terre, 'nirgends', vgl. Zupitza zu Guy 5844 — über die
wortstellung s. Mätzner, Gramm. III², 567 (6), und hier vers 19

2. alter, s. Mätzner, Worterbuch 39. γ, Gramm II², 1, 478. —
fonde = ae. fandien 'ausspüren, suchen, sich bemühen', Guy 1372.

6. of seven zere, im fiz, bei Diderik und bei Fleck, 5 jahre, im
nd (Watzoldt), 126, 7 jahre. — of elde of, vgl. a childe of seven
yeres elde, citiert von Mätzner, Gr II⁴ 180, wo seven yeres genitiv ist.

7. vgl Du Méril 197.

>Quant li rois vit son fil si bel.
>De son cage damoisel,
>Et s'aperçut qu'il pot entendre
>A lettre le veut faire apprendre.

10. set to lore, wie 109; damit gleichbedeutend to put to scole
(25), vgl. to scole gon 19, 31, frz. 'metre qn à letre aprendre', 'metre
à letre'

11. letters to knowe. unter 'letters' ist lesen, schreiben, und
meist auch latein zu verstehen, vgl. Alwin Schultz, Das höfische
leben zur zeit der minnesinger (Leipzig 1879) I, 123 124 in unse-
rem gedicht lernt Floris lesen, singen (21), schreiben (34) und

lateinisch (33) ausführlicher beschreibt der Franzose das schul-
leben der kinder

> Con est la vie as deus enfans.
> Quant ont mangié, si s'en revont,
> Moult grant joie par voie font,
> Et quant a l'escole renvient,
> Lor tables d'yvoire prenoient
> Adont lor veissiez escrire
> Letres et vers d'amors en cire
> Lor graffes sont d'or et d'argent.
> Dont il escrivent soutivment,
> Letres et salus font d'amors,
> Du chant des oisiaus et des flors
> D'autre chose n'ont il cure,
> Moult par ont glorieuse vie.
> En seul cinq ans et quinze dis
> Furent andoi si bien apris,
> Que bien sovent parler latin
> Et bien escrivre en parchemin.
> Et consillier, oiant la gent,
> En latin, que nus nes entent.

Du Méril 248—266.

15. wiþ wepyng, frz. 204 'en plourant'.

24 for þy love, frz (209) 'par vostre amor' 'um deinetwillen',
vgl. 144, 244, 318.

26. Frz 223. 'En aprendre avoient bom sens'. uber god of vgl.
Lüdtke, Erl of Tol., 40.

27. Wonder, frz (216). 'merveille estoit'.

29 togeder 'einander', frz 's'entr'amoient'

31 Gewöhnlich dauerte der unterricht sieben jahre vgl. Alw
Schultz, ~ 125. — frz. 261 (hs B).

> En seul cinq ans et quinze dis
> Furent andoi si bien apris,
> Que bien sovent parler latin
> Et bien escrivre en parchemin

34. Frz 267 La rois aperçoit bien l'amor
     Que ses fius a vers Blanceflor

derselbe reim bei Fleck 855, und öfter

38. swage = aswagen, afrz. assouagier, 'assuage' 'milde wer-
den, nachlassen'. diese in englisch-romanschen wörtern bekannte
apharese (Guy 576) ist auch auf dem eigenen gebiete der romani-

schen sprachen nichts seltenes; vgl. Carolina Michaelis, Studien zu romanischen wortschopfung (Leipzig 1876), s. 69 ff

39 'Noch dass er sich ihrer liebe wurde entziehen konnen'

44. *fare* unpersonlich 'ergehen, sich verhalten', construiert wie *to become of.*

51 *reed seid,* C schreibt stets *sede,* vgl s 132.

55. *fond* 'versuchen', s v. 2. — frz. (305)

> 'Sire', fait el, 'bien devons querre,
> Comment nostre fius tiegne terre,
> Et qu'il ne perde pas s'honor
> Por l'amistié de Blanceflor.'

56 *Florens,* nur in *T* wird *Floris* zuweilen *Florens* genannt, und auch da nie im reime vgl. 65 *Florys Mountargis,* s s 120

59 Die uberlieferung der hs ist sinnlos, es scheint ein dem frz 'tolir' entsprechender ausdruck zu fehlen. 'reve' ubersetzt das frz *tolir* auch v 289 *(T),* vgl 313. — frz. (309)

> Mais qui li porroit si tolir
> Qu'ele nen esteut morir,
> Çou m'est avis plus bel seroit.

menske 'anstand, ehre'. 'In Cursor Mundi, ed. Morris, l 109, two MSS have the word menske where the other two have worshipe' Skeat zu Piers the Plowman, C, IV, 230 (p 68).

62 *þan = þan to,* vgl Guy 992.

63. *Unneþes* 'ungern'. vgl. 153.

64. Frz. (315): Sire, fait ele, envoions Floire,
> Nostre fil, aprendre à Montoire
> Luc en sera dame Sebile,
> Ma suer, qui dame est de la vile.

66. *Mountargis,* frz. *Montoire,* mhd (957) *Montôre,* ital *Montorio.* nach Novati, Giornale di Filologia Romanza, III (1880), 63 'Montorio ... era ed è un castello a poche miglia da Verona' vgl dazu Gaspary in Grobers zeitschrift für romanische philol V, 450.

75—79. Der ausdruck *þat oþer resoun* (77) und die vergleichung mit den anderen versionen lasst vermuten, dass vor 75 eine lucke anzunehmen ist. nach dem frz (323, 345, Fleck 985, 1001, Diderik 427, 457) soll Flore nach Montorio geschickt werden, weil der lehrer krank geworden sei, dann solle Blanchefloi, die man ihm zuerst einige tage spater nachzuschicken versprochen hatte, zu pflege ihrer mutter, die sich krank stellen soll, noch weiter zuruckgehalten werden.

83. *wept,* dass Flore geweint habe, wird im frz nicht erwahnt.

98. Frz 352:   *La rois son cambreleuc demaine*
                Li a charget o grant conroi,
                Tel que convient a fil de roi.

101. *Orgas*, im frz (357) *Joras*, bei Fleck (1432) *Gûraz*, bei
Diderik (507) *Goraz*.

109. Frz 363·   *Aprendre l'enmaine Sebile*
                 O les puceles de la vile,
                 Savoir se il l'oblieront
                 Et en l'escole autre ameroit.

110. *steke* 'eingesenkt gepflanzt'. das frz spricht auch von einer
pflanze, die die liebe ihm ins herz gesenkt·

              'Amors li a livré entente
              Et cuer li a planté une ente,
              Qui en tous tans flore estoit
              Et tant doucement li flairoit,
              Que toute chose en oublioit'.

121. *other Blauncheflour*, wohl verderbt

126. *fourtenyzt*, im frz (382)'semaine', doch vorher (338)'quinze jors'.

129. Ueber das fehlen der verneinung vor *mete* s. Mätzner. Gr.
III², 368 γ.

133. Ueber das empfangen von briefen im mittelalter s. Alw.
Schultz I, 135

141. Frz 404   '*Sire*', *fait el*, '*por Diu merchi*'.

143. Frz 413: '*La rois a grant paine l'otroie*'.
unnepes = *un-nepes* für *un-epes*, wie *an nodur, an noke* = *an odur,
an oke* (Guy 612).

155. Frz 414   '*Par un borgois au port l'enroie*'.

160. *an* = *and*, vgl. 717 und s. 119.

162. Frz. 427   '*Trente mars d'or et vint d'argent*'.

163. 'Als trinkgefässe hatte man den *kopf*, einen rundlichen
becher (afr. *coupe*, mlat *cuppa*), zu dem ein deckel (mhd. *lit*, afrz.
covercle) gehörte. die schale ohne deckel heisst *napf*. das frz.
hanap wird dem napf ungefähr entsprochen haben' Alw. Schultz I
319.320 — 322 — Du Méril I 439 bezeichnet *hanap* die *coupe* ohne
den *covercle* (451) der deckel ist mit einem knopf *(pommel)* ver-
sehen, der einen leuchtenden karfunkel einschliesst. dieser *pommel*
stellt einen vogel dar, der einen edelstein in seinen klauen hält.
über die *carboucle (charbugle* 644). *escarboucle* vgl. Léop Pannier,
Les lapidaires français (Biblioth. de l'Ecole des hautes Etudes,
fasc. LII), s. 241, v. 107 ff.

> *Li rubys qui toutes par conte*
> *Les pierres de biauté sormonte*
> *Escharboucles eut non sans doute.*

173 Frz 479: '*N'est sous ciel si orbes celiers*'.

soler = *seler*, ne. *cellar*, zu unterscheiden von *soler* = ne. *sollar* 'söller', Guy 4059.

174. *þe botelere*, frz 480 '*li boutilliers*'.

176 Nach diesem verse ist wohl eine lücke anzunehmen, entsprechend dem frz 483—486·

> *D'or avoit desenre un oisel,*
> *A trifoire et a neel,*
> *Qui en son pied tenoit la geme:*
> *Plus bel ne vit ne hom ne feme*

180. *Lavyne his amy*. dies scheint die richtige, vom schreiber in *his leman his amy* entstellte lesart zu sein. vgl das frz 491·

> *Si la dona, en Lombardie,*
> *A Lavine qui fu s'amie*

mit Lavine ist gemeint Lavinia, die tochter des Latinus und der Amata, die gemahlin des Aeneas und mutter des Ascanius (Silvius). Virg. Aen. VII, 52. 72, — VI, 764 — Dionys 1 70. — Liv I, 1 — Chaucer, ed Morris, V, 223/458.

181. *king*, dieser ausdruck, der nicht im frz. (495) steht, findet sich auch bei Fleck (1563):

> *er warf ze Rôme verstoln*
> *eine Lunge, hiez César.*

182. Im frz (497) hat der dieb ('*leres*') es an die kaufleute verkauft:

> *Puis l'orent tout li ancissor*
> *Qui de Rome furent signor,*
> *Dusqu'a Cesar, a qui l'embla*
> *Un leres qui l'en emporta*
> *A lui marceant l'acaterent*
> *Et por Blanceflor la donerent*
> *Celi donent par droit marcie.*
> *Et il s'en font joiant et lie,*
> *Qu'a double i cuident gaaignier.*
> *Se il s'en pueent repairier* [493—502]

189 *undernimen* 'fahren. reisen', vgl 219, 227, 109 *(A)*, 180 *(A)*, 1033 *(A)*.

190. *Babyloyne* = *Babilonia* vgl Matzner, Sprachproben I, 158 10.

191. Unter *Babylone* ist natürlich nicht das Babylon am Euphrat, sondern die stadt am Nil zu verstehen, - Du Meril, LXXXIX —

'Kahira, Cairo, lag in der nahe von Babylon. Memphis gegenüber beide orte werden identificiert. Kahira ist eben die Babylonia nova' Matzner, Sprachproben I, 159, 20, wo Sir John Maundeville eine beschreibung von dem egyptischen Babylon gibt — uber dieses Babylone d'Egypte vgl auch Natalis de Wailly, Oeuvres de Jean Sire de Joinville, Paris 1867, p 95 n 2—; ferner H Kiepert, Lehrbuch der alten geographie (Berlin 1878), s 200 'An der stelle, wo diese (d h die neue hauptstadt von Mittel-Egypten) vom arabischen eroberer des landes, 'Omar, gegrundet wurde, dem jetzigen sog alten Kahira, lag eine ganz verschwundene alte stadt, deren griechisch-romischer name Babylon noch in der zeit der kreuzzüge wenigstens bei den dortigen christen in gebrauch war; sie wird mit wahrscheinlichkeit auf eine semitische ansiedelung aus der periode der assyrischen oder persischen herrschaft zuruckgefuhrt'.

210. *birles*; in *V* ist deutlich *rles* zu lesen, vgl 261 (*V*), wo *burles* ganz unzweifelhaft ist, 'grabstatte'.

226. Frz. 669: *Son pere et sa mere salue,*
Puis lor demande de sa drue
Il se tardent de respons rendre
targep (*V*) scheint demnach echt zu sein.

233. Frz. 685 *Ele mentoit a escient,*
Qu'au roi en ot fait sairement

244. Frz 684: 'par vostre amor'

246. Frz 690 'Tout pasmes chiet el pavement'.
vgl King Horn, ed. Wissmann, v. 444, 880, 1503 und Zielke, Sir Orfeo s 15.

255. Frz 698 'quant revint, forment pleure'.

258. Frz 701: *Ahi! Dame, car me menez*
A sa tombe, se le savez

259. *he* 'sie', die konig. im frz. ist es der konig, doch vgl. hieruber Sundmacher, s 12 und hier 315—316.

260. Frz. 707: *Il voit l'escrit de Blanceflor.*
A cui Flores ot grant amor.
das englische stimmt hier zu Fleck (2223).

hie lit Blanscheflur die guote,
die Flore minte in sinem muote.
vgl auch Diderik (1122): .. 'hier leget Blancefloer
In dit graf, up desen vloer,
Die de jonchere Floris, dat scone kint,
Met gestadiger herten hadde gemint.'

270. *clergie* 'gelehrtes wissen'; die kenntnisse der Blancheflor im latein werden (frz 744, Fleck 2287) besonders hervorgehoben — *curteisie* 'feine sitte'. *hoveschheit*, vgl Fleck 2278, Diderik 1153.

281. Frz 739. 'Petit et grant tout vous amovent
Por la bonté qu'en vous vovent' —

vgl hz 728.   Nus hom ne porroit par descrive
Vostre biaute, ne bonte due.

283 Frz. 718 Bien deussions, si com moi samble,
Ens en un jor issir de vie,
Se la mors fust a droit partie

286 Fleck 2246· 'dâ von solten wir den tôt
han geliten ungesundert'.

287. Frz 745. 'Ah, mors, tant par es envieuse
De pute part contralieuse'.

289 Mal traisun in V macht den vers zu lang, vgl frz 762
'Voir moult ovras vilanement,
Quant tu m'amie me tolis'.

hz. 761:   'Insi le fais de toute gent'.

290 pat, artikel, der flektierte artikel findet sich noch öfter im
gedichte, vgl. auch s. 123.

291. He 'sie', Blauncheflur. frz 765:
'Qui vivre vausist a toudis,
Et or grignor, quant voel morir,
Et jou l'apel, nel veus oir'.

293. me 'man'

294 Diderik 1191: 'te hem ne wilstu comen niet

295. nellu vgl 302.

296 ilome 'alsbald', vgl. King Horn (ed. Wissmann), 193 Var (hs II)

299. Frz. 771: 'Quant aucuns dolereus l'apele
Adont torne bien ta rouelle'.

vgl. Fleck 2312—2315 — forliued wrecche 'een arm caytif' Diderik
1188. forliued von ac liifan 'verlassen', das sich mit lêfan mischt.
vgl. Matzner, Wbch. I, 250, 'bilifen'

302. hem. plural statt des erwarteten singulars.

303 bileve 'übrig lassen, zurücklassen, warten lassen', vgl. Matz-
ner, Wbch, bilifen (2).

304 Fleck 2349—2354.

hz 774.   'Par foi, mais ne te proierai
Ains qu'il soit vespres m'ocirrai.'

Fleck 2310·   'wan daz diz ist din alter site,
den dû hie wol erzeiget hâst,
daz dû sô manegen leben list
der lange siech von alter ist

du fluhest dem dû liep bist,
din gwalt muoz schinen andersuo,
bistû leit, dû kumest sa

307—08. V genau wie im frz (wenn man da sa mort statt s'a-
mor liest') 786 · *'Com cil qui sa mort va hastant,*
Un grafe a trait de son grafier'

810. Frz. 800. *'Quant sa mere çou aperçoit,*
Seure li court, le grafe prend'

815 Frz 833 *'Plorant en est venue au roi'*

818. Frz 835 *'por Diu le grant'.*

319 Frz. 845 *'De douze enfans nus mais n'avons'.*

327 Frz. 852 *'La dame ot lors le cuer joiant,*
Repairie est à son enfant'
Biaus fius, fait ele, par engien,
Par le ton pere et par le mien,
Feismes nos cest tomblel ci.

337, vgl. 593, 825. 1227.

347, vgl C 61 (*Var.* 457)

349 Frz 901: *Es le vos au roi retenu*

361. *upon þe molde* formelhaft, und hier nun um den vers zu
fullen gesetzt, ahnlich gebraucht wie *on folde,* vgl. Matzner, Wbch.,
vgl auch Kolbing, Sir Tristrem, 639

368 *knaves,* frz. *'escuiers'.*

371. *wyssh = wisen,* vgl 316 und s. s 120

372 *leden* 'auffuhren, betragen, (ver)stellen', 'auftreten', vgl. Ge-
nesis und Exodus, ed. Morris 2300—2301

'And hem lerede and tayte wel,
And hu he sulden hem best leden,
Quene he comen in unkinde deden;
'And al de bettre sule ge speden,
If ge willen zu wid trewede leden.'

Fleck 2702. *'Wir suln jehen, hân ich ûf geleit,*
sô wir komen in fromdiu lant,
dâ wir werden unerkant,
daz wir koufliute sîn'

frz. 945· *Car bien set vendre et acater,*
Et au besoing conseil doner
Partout sera nostre oquisons·
Nostre marcié querant alons,
Et se nous la poons ravoir
Por nul marcié de nostre avoir,

Nous en donnons bien largement,
Puis reeendions hastivement.'

283 *white so mylke*, vgl Zielke, Sir Orfeo, s. 19, und Ludtke,
Eil of Tol 199

287 'Sattelbogen' (Fleck 2790) beschreibung und abbildung
mittelalterlicher sattel s. bei Alw Schultz I. 384 — *of golde fin* =
frz. *'d'or fin'* (984), *'de fin or'* (987, 997)

389. *orfreis*, altfrz *orfrois*, = *aurum phrygium*, mlat *auri-
frigium* — 'Dans l'antiquité classique *phrygiae vestes* sont des
étoffes brodées d'or, et *phrygio* dans Isidor de Seville signifie bro-
dent' — A. Darmesteter, Formation des mots composés en français
(Paris 1875), p. 23.

393. Frz 1003. *'Fius', fait ele, 'gardez le bien,*
Tant com l'aurez, mar cremez rien'.

394 *he* = *'he ring'*, vgl. 864.

395. Diese stelle steht im frz nur in der hs. *B*

Fers ne te porra entamer,
Ne feu ardoir ne encombrer
Finz, c'est anel a tel puissance
Que bien i doiz avoir fiance,
Saches que tant com tu l'auras,
A rien que quieres ne faudras

397 Frz 1006 *Car vous ja rien ne requerriez*
Que tost ou tard vous ne l'aiez.

398 Das altertümliche *whate* hat *C* geändert 'fruh und spat
sollst du gluck haben nach deinem willen'.

403 Frz 1013: *Là les veissiez moult plorer,*
Lor puins batre, lor crins tirer,
Et tel doel faire au departir
Com s'il le veissent morir.

Fleck 2930. *'dô enwart in beiden nie*
von keiner slahte sache
mê sô ungemache
alsô grôz wart ir ungehabe,
und wære er tôt in einem grabe
gelegen dô zehant vor in'.

405—406 nur in *C*, echt wie das nndl und das mlat zeigen

Diderik 1596: *'Emmer waren si in dien,*
Dat sine nemmermeer waenden sien
Hem gesciede alsut ontsagen
Want sine nemmermeer ne sagen'

Fleck 2915: *'ob er si iemer me gesehe.*

swaz im dâ von geschehe,
unde swie ez im ergê,
si engeschent in nimmer mê
an sine triutneсellen'

413 Fiz 1036 'Moult aprestent riche souper'

416 Die verse in C sind echt, vgl. frz. 1023 fl

Au port voelent primes aler
Ou Blanceflor entra en mer.
Tant ont erre qu'il sont venu
Chiez un borgois sont descendu,
Qui maisons ot larges et grans
A herbergier les marceans.
Quant li cheval estable sont,
Fuerre et avaine a plenté ont.
Et cil a qui fu commandé
As estaus del bourc sont ale.
Iluec truevent un maceenier
Où il acatent lor mangier,
Et pain et vin en font porter.
Grant plenté i ot de viande...
Aportent cler vin et piument

417. Fleck 3004: 'manger hande vische'.

418 whit win, fiz. 1054 cler vin, Fleck 3005: 'lûtertranc, clâr er win'. — man unterschied zwischen cler vin und clare, Ren de Mont p. 313, 11 'L'une fois de cler vin et l'autre de claré'
vgl Alw Schultz, I 306.

419—420. Fiz. 1045·

En l'oste ot preudome et vaillant,
Dejouste soi assiet l'enfant.
Il l'honore moult et tient chier

Fleck 3002 'Dô saz er nehste dem wirte
und ze oberst an dem tische'
'der wirt sass zu haupten des tisches, und es galt als auszeichnung, wenn dem gast ein platz neben ihm angewiesen wurde' Alw Schultz I 329.

422. Fiz. 1056 'Assez i mangierent et burent'.

424. Frz. 1059 'Cil se deduisent liément.'

426. lefdi of þat inne, fiz. 1067 'l'ostesse'.

432 Fiz 1069: 'Sire, fait ele, avez veu
Com cius enfes s'a contenu?'
Son mangier laist por le penser.

Fleck 3050:   *si sprach 'nu nement war'*.

Diderik 1627·   *Hebbics ware* genomen *ende geweten*   .

435   *Litel*, frz. 1078 *'Por as manque .'*; Diderik 1673. *'Dat gi hebt . litel geten'.*

437.   *he 'sie'*, frz. 1076 *'Sire', fait el, 'moult es pensis'.*

439   *enderdai*, vgl frz. 1081

    *'Autretel vi jou l'autre jor
    De damoisele Blanceflor.*

441   Frz. 1092   *'Ele fu a cest port vendue,
    Cil qui l'acaterent disoient
    Qu'en Babiloine l'enmenroient,
    De l'amiral tant en aroient,
    Qu'il au double i gaigneroient'*

Diderik 1689: *'Dat seiden diese hier hadden brocht,
    Dat sise voert vercopen wouden
    Ende te Babylonien met hem voeren souden*

445   Frz. 1084: *'El vous resamble en more foi'.*

    1086: *'Si vous resamble du visage'.*

448   *maide*, hier *mēde* von ae *mǣden*, nebenform von *maegden*, s. s. 132.

450.   *stevene*, der dichter sprach wohl *stemne*, ae *stefn* und *stemn*, doch vgl auch die lesart von *A*, und s. s. 132.

457   Frz 1117   *'Or la sivrai en Babiloine,
    Ne la lairai por nul essoine'*

assoine, altfrz *esoner*, *essoigner* 'entschuldigen, als ausrede dienen', unbekannter herkunft. die änderung in *C* beruht auf reminiscenz an eine frühere stelle, vgl. 347, und Du Meril 1569—1570

462   *fort (forþ)*, *fort þat* 'bis'.

    *Ne schal ihc neure habbe blis
    Fort þat ihc wite what þe is'*

R Lumby, Assumpcioun de Notre Dame 50/231, vgl auch die von Matzner (Wbch., *fort* 3b) aus OEH angeführten stellen. — *þe dude slepe*, so auch in Chaucer, Book of the Duchesse 127 (Stratmann) *'þe dede slepe fel on her'.*

463.   *Amorowe* 'am nächsten morgen (tage)' der Engländer kürzt hier; im frz. (1141) warten sie mehrere tage auf günstigen wind, ehe sie absegeln, ebenso bei Fleck 3221.

467.   Frz. 1188: *'Son loier quiert li notoniers,
    Flore li done volentiers'.*

vgl. s. 141.

472.   *þugte*. *C* unterscheidet in der schreibung genau *þugte* von

ae. *pyncan* (vgl 816, 930) und *pozte* von *pencan* (528, 817, 879) — *paradis*, vgl 664, 696.

171 Frz. 1153 'Car d'icel jor en un seul mois
I assamblera cascuns rois
Qui de l'amiral terre tienent;
Trestous ensamble a sa cort vienent
A une feste qu'il tendra'.

180. Frz 1193· 'On s'amie cuide trover ..
Atant sont mis hors li torsel
Rechargie sont tost et isnel
Et sont venu a la cite ..
Chiez un borgois sont herbergié,
Qui riches hom ert ou marcie,
Et notoniers, et marceans.
Une nef ot qui estoit grans
Par quoi demenoit son marcie
Et on erroit quant ert chargie

187. Da das frz (1215—1218) an dieser stelle die vorbereitungen zum mahle in der herberge erzahlt, so scheinen die nur von A uberlieferten verse (487—490) echt zu sein, C mag sie unterdruckt haben, weil sie eine wiederholung sind der verse 415—418, dass C andert, zeigt vers 493. vers 487—490 fehlen auch T, doch beginnt die lucke in T schon 2 verse fruher (485).

493. Frz. 1230: 'El plus bel liu ont Floire mis.
Il ont a mangier richement,
Si mangierent moult liéement.
Mais Floires petit i manga,
195 vgl. 427. Por s'amie dont il pensa.

497 vgl 429, frz 1235:
'Li ostes s'a aperceu
Qu'il n'est pas liés; quant l'a veu,
Sire', fait il, 'çou m'est avis
Por vostre avoir estes pensis'.

501 Frz. 1240. 'Jou pens tout el, çou dist l'enfant'.

503 Frz. 1241. 'Li ostes dit Tout autretel
Vi jou l'autrier en cest ostel,
Qu'il avoit une grant compaigne ..
Jou l'oi nommer Blanceflor'.

508. here leve fere, frz. 1252. 'un sien ami'.

512 Frz 1253 Floires est lies de la novele.

513—517. Die stelle ist sicher verderbt, besonders verdachtig sind der reim *whit . scarlet*, und vers 516, der *CT* fehlt. den silbernen becher und den *scharlach*-mantel *(AT)*, die nach den übrigen versionen der *wirt* erhält, erwähnt auch Diderik 1900.

> 'Doe dede Floris reken van scarlaken roet
> Enen mantel, dien hi sinen werd boet,
> Ende enen silvermen nap bede viernuwe'.

vgl. frz. 1257   'Flore li done un bom mantel
> Et un hanap d'argent moult bel'.

315 *ipaned, ne. paned* = 'having, or ornamented with, panes, as cloth, or a garment' paned hose = 'breeches ornamented with cuts or openings in the cloth, where other colors were inserted in silk and drawn through' Worcester, Dictionary. — vgl. auch J. R. Planche, A Cyclopedia of Costume, London 1876, I, 386 'Panes = the days or slashes in doublets or other garments, made to show the under-dress, or lining of other coloured silk or rich stuff, which was drawn through them. 'zu den kleidern gehörte ein pelzbesatz oder ein pelzfutter *(veder, afrz. penne)*' s. Stratmann 431. pane. — 'das gewöhnlich gebrauchte pelzwerk ist das fell vom rucken des grauen eichhörnchens *(veh)*, grauwerk *(graи werc, afrz. gris)* genannt die weissen bauchfelle desselben tieres, mit grauen rändern gesäumt, wurden in packen zusammengeschnürt *(bunt)* in den handel gebracht und deshalb als bundwerc oder einfach 'bunt' *(afrz. vair, lat varium)* bezeichnet. diese vehpelze kamen aus Russland und Polen.' Alw. Schultz I, 272. — *menu vair* oder *menu ver* war eine besondere art grauwerk. ne. *menever.* — 'vair A fur ranking with ermine and sable, amongst the most highly prized of the many used for the lining or trimming of mantles, gowns, and other articles of apparel in the middle ages it is said to have been the skin of a species of squirrel (some say weasel), grey on the back and white on the throat and belly. its name, however, is generally admitted to have been derived from the variety of its colours, and not from the animal itself, which leaves it open to the question whether it was not a mixture of furs, and not solely that of one animal for instance, the white of the ermine, the menu-vair, with the bluish-grey of the weasel; the 'gris and gros' of which we read so constantly. nothing conclusive has been advanced by any writer I have been fortunate enough to meet with, either respecting vair or minever, the later being considered the pure white fur ('minever pure') with which the robes of the Peers and Judges are trimmed, by others the ermine with minute spots of black in it ('minutus varius') in lieu of the complete tails, and by a third glossarist, "the fur of the ermine mixed with that of the small weasel", — the identical arrangement

I am inclined to believe, which constituted van. according to Guil-
laume le Breton, the skins of which it was composed were imported
from Hungary, but the white stoat is called to this day a minnter
in Norfolk.' Planche I, 517)

513. Frz 1259   'Sire', fait il, 'vou voel qu'aiez,
             Et Blanceflor gie en sachiez,
             Car çou sachiez, la vois jou querre,
             Emblie me fu en ma terre'.

Fleck 3161·   'des dankent mîner friundin'.

Diderik 1901.   'derre suldi Blancefloer welen danc'

523 vgl A 111—112 (vers 497)

525. Frz. 1256   'En Babiloine s'en alerent'.

527. Frz 1268:   'Lasses sont, si se vont couchier
             Quant Floire dort, et ses cuers veille,
             O Blanceflor jue et conseille,
             Mais si dormi, ce fu petit'.

Fleck 3476   'dô gie er slâfen mit den sînen,
             doch wart sin ruowe cleine.
             sie sliefen alle, wan er eine.
             von senclichen sorgen
             er wachte unz an den morgen'.

530. dide fur dede, wie C 66, und 661 dipe = depe, und noch
öfter so in dieser hs vgl. King Horn 640. 58.

531—538 vgl. frz. 1331:

             'A son oste cent sols dona,
             Et en apres moult li pria,
             S'a Babiloine ami eust
             Qui de riens aidier li peust,
             Que par enseigne li mandast
             Qu'à son besoing le consillast'.

vgl. Fleck 3608.

542. Frz. 1340:   Quant en arez passé le pont,
             Dont troverez le pontonier.

briggere 'bruckner, bruckenwart'. in V steht ganz deutlich rugere,
und V 172 (vers 558) ist briggere zweifellos sicher. burgeis, buryes
in A und T' sind aus briggere entstellt.

547. Frz 1347:   'Icest anel li porterez,
             Et de moie part li direz
             Qu'il vous conseut mieus qu'il porra'.

549. helve : selve, s. Stratmann 302.

331—332. *blíþe swíþe*, ein in dieser verbindung oft vorkommen-
der reim, s. Zielke, Sir Orfeo, s. 14. Fleck 3644:

> 'dô nam er daz vingerlîn ze sich,
> dâ mit im vil wol gelanc,
> und sagete im des grôzen danc'

344 vgl. 400.

349. Frz. 1355. 'Là le troevent où siet, sous l'arbre,
Sor un perron qui fu de marbre'.

351. *Dayre*, frz. 1470: *Daires* dieser name erinnert an das in
den itinerarien und mittelalterlichen reisebeschreibungen mehrfach
genannte, auch von Maundeville erwähnte castell of Dare. es war
wohl das südwestlich von Gaza gelegene Darum. Matzner, Sprach-
proben II, 159, 14

362. Frz. 1363—1364:

> 'De tous les dievs l'a salué
> Et puis li a l'anel doné'.

365. Frz. 1376 *Por l'anel fu bien receus*
Herbergies fu molt liement

367 vgl. 422, 493 (Var).

370. Frz. 1430: *Quant a veu Floire si mu,*
Franchement l'a mis a raison
Damoisiaus sire, gentius hom,
Estes vous de rien coureciés?'

Diderik 2160 'Soete vriend'.

377. Frz. 1437: 'Sire', fait il ..'

381. Frz. 1443: 'Sire', dist il, 'jou suis pensis
De mon marcié que j'ai enquis'.

384. Frz. 1445: 'Moult par m'en crien que jou nel truisse,
Et se le truis, qu'avoir nel puisse'.

387. Frz. 1447: 'Li ostes fu moult gentius hom
'Sire', fait il, 'nous mangeron
Apres, se jou puis et jou sai
Volentiers vous consillerai'.

vgl. Frz. 1501: '.... Damoisiaus sire,
Se vous avez ne doel, ne ire,
Por quoi pensez, dites le moi
Je vous consillerai par foi'.

398. Über *fonde* mit folgendem infinitiv ohne *to* vgl. Matzner.
Gr. II, 2, 23

400. Frz. 1547 'Daires li dist Çou est damage.
Se vous morez por tel folage'.

601 Frz. 1553· 'Mais bien sai'.

601 Frz 1568: 'La amiaus en sa justice
Cent et cinquante rois a mise'

607. Frz 1557 Il n'i a roi en cest pais.
Se autretel plait avoit quis,
Qui par force ne par avoir
Ja l'aquievast, si com j'espoir
Ne engien, ne enchantement
A la ravoir ne vaut nient

613 Frz 1571· 'Babiloine, si com jou pens,
Dure imt liues de tous sens'.

vgl Moltzer 2360:

'Babylonie die stat es binnen
Twintich milen wit in allen sinnen.
Die ommeloep es ront of hi waer gepast'.

614. Frz 1579: 'Enz el mur ferment sept rins portes
Tors a desus larges et fortes'.

615. C hat hier schon an vers 629 gedacht und beide vermengt

618. Frz 1581: 'A toutes est la foire plaine.
En tous les jours de la semaine'.

619 Frz 1583· 'En Babiloine, çu dedens,
A tors faites plus de sept cens'

620. wiputc mo, Guy 719.

621. Frz 1587 'La plus foible ne la menor
Ne doute roi ne aumaçor:
Neis l'empereres de Rome'

(Fleck 4289)

624. Frz. 1591: 'Par force. nous hom ne par guerre
Ne porroit Blanceflor conquerre:
Encontre engien rest si gardée'.

626. .... vpon here ezen iswore ist in V 233 deutlich zu lesen

629. Frz 1595· 'En mi liu de ceste cité
A une tor .. '

631. Frz 1597· 'Deus cens toises haute et cent lée'.

635. Frz 1599. 'Toute est de vert quariel de marbre'.

Diderik 2389: 'Van roden marbre es hi gehouwen'.

638 Diderik 2363·

'Die muer es dicke ende so vast,
Gewracht van sulken morter binn u
Datten no iser no stael mach gewinnen'

639 Die reihenfolge der verse wie im frz. und wie bei Diderik (2392)

639. *kanel* 'kanal, wasserrinne'.

Diderik 2392:   '*Dat rerwelf es binnen van kerstale*'
Fleck 4230   '*ein schœner silberin nôch*
                 ist vermûret drinne ...
                 mit grôzer zouberliste kraft'.

Frz. 1805:   '.. *le canal*
                 Qui est d'argent et de cristal'

641. Fleck 4212: '*ein guldin rôr als ein schaft*
                 in den knopf gestecket ist'.

Diderik 2397   '*Daer boven mœgdi grote meestrie*
                 An den appel sien, een diere were'.

lede 'die rohre', *fiz conduit* (1640).

643. Frz. 1607· '*Deseur siet par enchantement*
                 Uns escarboucles qui resplent·
                 Assis i est par grant conseil.
                 Par nuit reluist comme soleil
                 Tout environ par la cité;
                 Par nuit obscure a tel clarté,
                 Que il n'estuet a nul garçon
                 Porter lanterne ne brandon'

vgl. Diderik 2401 ff, Fleck 4215 ff

644. Frz 1623:   '*En cele tor a trois estages ..*
                 La pavement de marbre sont;
                 Nesun soustenement nen ont
                 Les deus desus, fors d'un piler
                 Qui par cele estuet passer
                 La pilers sourt du fondement,
                 Dusqu'à l'aguille en haut s'estent
                 De marbre cler comme cristal,
                 Dedens a un bien fait canal,
                 Par quoi sus monte une fontaine,
                 Dont l'eve est moult clere et moult saine,
                 De si qu'amont, el tiers estage
                 La engignieres fu moult sage.
                 El tiers, fait l'eve retorner
                 De l'autre part, par le piler.
                 En chascun estage se trait
                 L'eve par le conduit, et vait
                 Les dames qui en l'autre sont,
                 En prenent quant mestier en ont'.

vgl. Fleck 4225

651 welle wiſalle (C), l. walle, das Stratmann (p 620) belegt, und vgl 657, 687, 705, 715, vgl ~ 132.

659 Fiz 1643 'Et es estages chambres a
Dusqu'à sept vint, ja ne verra
Nus hom morteus plus delitable'

664 Fleck 4308: 'wan ist dehein pardîs
ûf der erden, ez ist daz'.

665 Frz. 1683: 'Les gardes qui en la tor sont,
Les genitaires pas nen ont'

668 ginne 'maschine'. — 'Gemeint ist "Nur Verschnittene dürfen hinein". breche = ne brecches; ginne .. ist euphemistisch gebraucht' (Zupitza, Anglia I, 473)

671. Fiz 1693: 'Cil qui garde l'huis de la tor .
De la tor garder n'est pas fol.
Et se nus hom ret esgarder
Sus 'en la tor por espier,
Par si que il n'en ait congié
De l'amirail, est tout jugié.
Se il veut, tout le renbera
Et sans amende le batra'.

674 Risse und darstellungen von barbakanen gibt Alw. Schultz, I, 33—34.

679 Fiz 1707· 'Li amirals tel costume a
Que une feme o lui tenra
Un an plenier, et noient plus'.

683 Fiz 1715: 'Apres quant il veut l'autre prendre,
Voiant tous les sers, fait descendre
Les puceles en un vergié'.

686 Frz 1723· 'Li vergiers est et biaus et grans
Et monde n'est nus plus vaillans'.

687. Fiz. 1725 'De l'une part est clos de mur,
Tout paint a or et a asur,
Et desus, sor cascun cretel,
Divers de l'autre a un oisel
D'arain curiés, tout tresjetes
Onques mais ne fu veus tés'.

vgl Diderik 2531 ff

691. Fiz. 1737: 'En ce vergier, au tans seri,
Des oisiaus i a si dous cri ...
Par le vergier grant joie font'.

691 *welle* vgl 715 *(Var)* und 651 — fz 1747

'*De l'autre part, çou m'est avis*
Court uns flueves de paradis'

uber die quelle und den an derselben stehenden baum in Babylon
(Kairo) sagt der anonyme fortsetzer Wilhelms von Tyros ['Itineraires
a Jerusalem et descriptions de la Terre Sainte, rediges en français
aux XIe, XIIe et XIIIe siecles, publies par H Michelant et G Ray-
naud — Societe de l'Orient latin — Geneve 1882, p 174]

'*En la cité de la Nouvelle Babilloine qui estoit en Egypte, et
au Kahaire (Babilloine estoit la citez et le Kahaire li chastaus),
en cele Babilloine avoit une fontaine A cele fontaine lavoit Nostre
Dame les drapiaus à son chier fil, quant il s'en fouvent en Egypte
pour le roi Hérode A cele fontaine portoient li Sarrazin mout
grant honour Et mout volantiers se renoient lavei de cele fontaine*

*De cele fontaine estoient lavei li arbre qui portoient le vrai
basme Au chastel du Kahaire avoit a cel jour j paumier qui
portoit dates Nostre Dame Sainte Marie estoit j jour desouz cel
paumier et desiroit qu'ele eust de ces dates Més li arbrez estoit
trop hauz, par quoi ele n'en pooit nulles avon La arbrez s'en-
clina à ses préz et la glorieuse Dame prist de cel fruit, et puis se
dreça li arbrez tout droit, voiant mout de Sarrazins et de paienz
qui là estoient Adonques coperent li paien cel arbre, et l'andemain
le troverent redrecié contremont et tot entier, ne n'i paroit ne cop
ne trancheure. Puis lors en avant portèrent il mout grant honor à
cel arbre'.*

697 Fz 1753 '*En icele ere, demanieres*
Trueve on precieuses pieres'

vgl. 1804. .'*Au ruissel de la fontanele,*
Dont de fin or est la gravele'.

699 Fz 1755 '*Saffirs i a et calcidoines,*
Bonnes jagonses et sardoines,
Rubis, et jaspes, et cristaus,
Et topasses, et bons esmaus,
Et autres que nomer ne sai'.

705 Fz 1785 '*Un arbre i a desus planté,*
Plus bel ne vcuent home né,
Por çou, que tous tans i a flors.
On l'apele l'arbre d'amors
L'une renaist quant l'autre chiet
. tous tans est de flors chargiés'

711 Fz 1802 '*Quant li amirals veut soter,*
Ses pucles i fait venir . .'

1/ 1817·   *Apres les fait toutes passer*
Desous l'arbre, por arester
Laquele cel an il ara . .
Soi qui carra la flors premiere,
Eueslepas rert coronee
Et dame du pais clamie
Il la noce a grant honor' . .

71· Frz 1810 *'Grant merveille i puet on aprendre,*
Car quant il i passe pucele,
Lors est li eve clere et bele,
Et au passer de feme eue
L'eve en est lues toute meue
Cele qui par çou est proee,
Desfaite est et en fu jetee'

725. *fune and cler* == frz. 1812 'clere et bele'

727 Frz 1829 *'Et se il a o soi pucele*
Que il mieus aime, et soit plus bele,
Soi li fait par enchantement
La flor can à son talent . . .
Blanceflor dist qu'adont prendra'.

734 Fleck 4589 *'Flôre dô sô harte erkam,*
do er diu mere vernam,
daz er vil kûme gesprach'

737 Frz 1846 *'Flore respont Sire, merci*
Dont sui jou mors, s'il est ensi .
Dames, beaus ostes, que ferai?'

739 Frz 1851 *'Dame respont Puisque jou voi . .*
Que vous ne chaut de vostre vie .
Or m'escoutez, si vous dirai
Le millor conseil que jou sai'

747 Frz. 1861 *Quans pies est lec, mesurez.*
A la hautor garde prenez.
Li portiers a le cuer felon,
Sempres vous metra a raison'.

750. *sette þe a resun* 'dich anreden, dich zur rede stellen', vgl
C 248. Van 672 *'þe porter is culuart and felun,*
He wule him sette a resun'

758 Frz 1866· *'Que contrefaire la volez,*
Quant vous serez en vostre terre'.

761. Frz. 1869 *'Quant ensi parler vous orra . .*
Des esches à vous juera'.

772 Frz. 1881 'Se gaaigniez, tout li rendez'

773 Frz. 1891· 'Por le don grace vous rendra'.

774. Frz. 1883 'Et il moult s'esmerveillera'.

775 Frz 1892 'Del revenir vous proiera'

vgl 1885

776 Frz 1886 'Et moult tres bien li otroie:
Au ju a double porterez'

782 Frz 1904 'Mais vostre coupe retenez'.

786 Frz 1906 'Et que vous au ju la metez'.

790 Frz 1911 'Honorra vous et tendra chier
Quanqu'il porra'

791 Frz. 1908 'Si vous menra a son disner'.

793 Frz 1913 'De la coupe sert moult coroiteus,
Et de l'acater angoisseus'.

vgl A 352 (Var zu 764)

797. Frz 1918 'Mais par amistes le donrez'

799. Frz 1928· 'Se il puet, il vous aidera,
Et s'il ne puet, nus nel porra'

805 Frz 1921· 'Que de joie a vos pies carra .'

811 helde == ac helde 'allegiance fealty' (Bosworth-Toller s 526)
'geneigtheit, treue, ergebenheit'

Frz 1925· 'Lors vous tendra il a amor
Com li hom liges son signor'.

816. Frz 1927 'Puis li portez tout descovrir'

833 calet == Irz avons, vgl 1153.

Frz. 2007. 'Engignies sui, dist il, c'est voirs
Deceu m'a li vostre avoirs ..
Par vostre avoir ai la mort'.

844. dismard of vgl Matzner, Gr II³, 1, 257 (β).

845. Frz 2015 'Et si sai jou bien'.

849. Frz 2033 'De flors assez a fait cueillir
Et corbeilles grandes emplir'.

cupe = 'kiepe, korb'. ac cype, frz. coupe. vgl s 115.

852 go = 'entrer'. frz 2044·
'Et Floire fait entrer en une'

853. Frz 2017· 'Dont a deus serjans appelis'

Fleck 5537· 'zwêne sîne knehte'.

qegges 'mädchen, mägde'. I heist maydens in den andern ver-
sionen werden die korbe von männern hinaufgetragen.

864 *for heue.* substantiviertes adjektiv, vgl *for colde* Skeat, Piers Plowm., C, IX, 59, s 159 und Matzner, Wbch (cold)

869 Frz 2064 'En l'autre entreut qui 'st a seneshe'

sar *anond* 'gegenuber'.

s64. *hire == 'cupe'* spuren der unterscheidung der grammatischen geschlechter finden sich noch ofter in C, vgl. *he (C, hit A, it T)* 1130 in bezug auf *ring*, vgl. 391, ebenso *him (C, hit A, it T)* 1138, 1142, ferner *he (A, Var)* 633 in bezug auf *tur*.

868 Frz 2073 'Por la joie qu'ot sus sailli'.

873 Frz. 2080 'Dont cuide bien qu'on l'ait trahi'.

874 Frz 2081 'Des flors errant s'a recoveri'.
bidene 'alsbald, unverzuglich' == frz. *errant* (2081) derselbe reim *bidene clene* steht v 60

875 *lepe* ist der infinitiv (Koch II, 76), abhangig von *comeþ* 'kommen gesprungen' (Zupitza, Anglia I. 473). 'camen gelopen' Diderik 2943 frz 2083:

> 'Atant ses compaignes aqueurent'.

877 Frz 2085 'Si li demandent que ele oit,
Por quel paor ensi crioit.
Cele se fu rasseuree,
Et de Blancefllor porpensee'.

881. Frz. 2111· 'Les chambres pres à pres estoient,
Entre les deus un huis avoient,
Par quoi l'une à l'autre venoit
Quant son bon dire li voloit'.

883. Frz 2092· 'Si a parle comme senée
Des flors sali un paueillon,
Des eles feri mon menton
Del paueillon tel paor oi,
Que m'escriai plus tost que poi'.

Diderik 2963:   'Dat een vueltre uten bloemen vlocch
Int ansichte mits tharen monde'

895 Frz 2115: 'Claris ot nom la damoisele'.

896. Frz 2106: 'En la chambre Blanceflor vint'.

899 Frz 2121. 'Tel flor n'a nule en cest pais.
Ele n'i crut pas, çou m'est vis'.

901 Frz 2125: 'Avoi, fait Blanceflor, Claris'.
avoy == avoi s Matzner. Wbch (148).

902. Frz. 2126: 'Por quoi si griement m'escarnis?'

903 Frz 2129. 'Damoisele qui a amor
        Et joie en soi, doit avoir flor.
        Bele suer Claris, douce amie,
        Pres est li termes de ma vie
        Li amirals dist qu'il m'ara,
        Mais, se Diu plaist, il i faudra'.

912 Frz. 2135: L'amirals faudra à m'amor
        Com fait Flores à Blanceflor.

913. Frz. 2140 'Ami ne volrai ni mari,
        Quant jou au bel Flore ai failli'.

914 Frz. 2141: 'Cele l'ot, grant pitis l'en prent'.

923 Frz. 2149. 'De la corbeille sailli hors'

911 Frz 2169 'En riant dist à Blanceflor
        Compaigne, connissiez la flor?'

947. 'Gar schlau muss die es anstellen, der du davon etwas abgeben wolltest' dieser gedanke gibt das original nicht wider Frz. 2178   'Moult esteroit costie anemie
        Qui vous en feroit departie'.

vgl. Fleck 5880: 'wær ich tûsent stunt dîn swester,
        als ich dîn gespil bin,
        dâ enwoltest disen gewin
        mit mir niht haben gemeine
        dû wilt in alters eine
        haben, wan ich, âne teil'.

und Diderîk 3068

910 Frz 2179 'Kreles', fait Blanceflor, 'Claris,
        Ja est çou Flore, mes amis'

944 Frz 2186 'Car mort ou desfait en seroient'.

952. pale 'Der am haüfigsten erwähnte prachtstoff ist "pfeller" (pfellel, afrz paile, von pallium abgeleitet). man bezeichnet damit ein brocatgewebe, braucht aber den ausdruck auch ganz allgemein, einen kostbaren seidenstoff damit zu bezeichnen — pfeller kommt in allerlei farben vor, die dichter erwähnen schwarzen und weissen, roten und grünen, blauen und braunen, mit kreisen gemusterten und mit schachbrettmuster verzierten, mit eingewebten blumen und tieren andrer pfeller war durch goldbleche, die mit kleinen nageln am stoffe befestigt waren, besonders reich verziert — diese hochgeschätzten stoffe kommen, wie die meisten kostbaren seidengewebe, aus dem Orient' Alw. Schultz, I, 249.

958. aroun, on rûn = 'aside, apart' Gen. & Exod. 1000. 1021. gede on rûn 'secessit' Stratmann.

⁰⁰⁴ *dcdd alao* 'von einander getrennt'. (*dā'lan* 'teilen')

⁰⁰⁷ V 297 . *c dcdc morc bote clappe* and *casse* ist ganz deut-
lich zu lesen

⁰⁰⁹ Frz. 2231 'Claris les garde en boine foi,
Et si les sert moult bien amor,
Et de lor mangier et del sien
Les sert Claris moult lor est bien'

⁹⁷¹ Frz. 2235 'Se cele rie lor durast,
Ja mais changier ne la rovast'

heaene 'leben wie im himmel, himmelswonne freude' — Dietrik 3170

'Si ne gerden te hebben meuvet el,
No meere bliscap, no meere spel
Hadt hem mogen also duren''

⁹⁷³ *wile* = ae. *witan* 'vorsehen' 'aber lange konnten sie sich
nicht vor entdeckung schutzen'. (Zupitza, Anglia I, 474).

⁹⁷⁶ Frz 1677. 'Tres toutes celes qui i sont
Dor a dor son service font
Iceles dor que il eslit,
A son lever et à son lit
L'une sert de l'eve doner
Et la touaile tient son per'.

⁹⁹¹ Frz. 2272 'El respont Allez, q'i ai ja
En dormillant li respondi,
Et maintenant se rendormi.
Ele est à l'amiral venue.
Il li demande de sa drue
Por quoi ne vient, et oi n'est ci
Claris respont Sire, merci'

¹⁰⁰⁴ Frz. 2283 'Est çou vous, Claris?' — 'Sire, oïl'

¹⁰⁰⁹ *amorowe*, frz. l'endemain (2289).

1011. Frz. 2292: 'Trop avons ci demeuré, bele'.
demere als substantiv ist sonst nicht belegt.

1014 Frz. 2295· Atant ses amis la racole,
Et ele lui; si fait que fole
Et puis l'a baisié, et il li,
En baisant se sont rendormi'.

1017 Frz. 2301 'Claris fu el piler alée'
gemeint ist der im turme befindliche pfeiler, in dem die wasser-
leitung (kanal, s. vers 639) lauft, vgl. frz. 1627, 1629.

1018 vgl 981, fiz 2302
'El basm a l'argue verste'

1019 Fiz 2303· 'Quant ele revint, se l'apele'

1021 Fiz 2305 'Quant ele rien ne respondoit,
Dont cuide bien qu'alée en soit'.

1028. Fiz 2309 'Par foi', fait il, 'moult por me crient'.

1032. Fleck 6297 'als si tegelich pflac'.

1033 he 'er', d r der kammerer

1040 Fiz 2336 'A son signor conte cel plait'

1045 lu two (A 624, C kann hier an C 613 gedacht haben

1051. Fiz 2393 'Tel doel en a, ne pot mot dire,
Eneslepas le veut ocirre.
Puis se porpense qu'ains sara.
Qui il est puis si l'ocirra'

1052. Fiz 2397 'Entretant li enfant s'esveillent'

1056 Fiz 2399 'De l'amiral que illoec vivent'.

1057 Fiz 2401: 'L'espee nue sor aus tienent'

1058. Fiz 2402 'Dont cuident bien que morir doient'
2404 'Morir cuident sans nul retor'

1061 Fiz 2406 'Qui estes qui tant estes bris,
Qu'osastes entrer en ma tor
Et couchier avec Blanceflor?'

1063 Fiz 2409 'Par tous les dieus a cui j'aor,
Ancui morrez à deshonor'.

1065. Fiz 2413. 'Li dor enfant andor ploroient,
Et de pitié s'entresgardoient'

1068 Frz 2420· 'Floires a l'amiral deprie
Que respit lor doint de la vie'.

1069 Fiz 2421 'Tant qu'en sa cort, voiant sa gent,
Les ocie par jugement'.

1071 Frz. 2423 'Il l'ordone, s'es fait lever'

1072. Diderik 3388
'Maer si moesten hem tersten cleden'

1075 Fiz 2427. 'Li baron furent assemblé'

1077. Fiz. (seite 100, anm 3) lis A
'Tous emplist li palais li roi
De sa gent, qui sont de sa loi'

1078. Fiz. 2432: 'Et duc, et comte, et aumaçor'

1083. Fiz 2447 'Une pucele qu'acatar'.
Fleck 6565

1084. Fiz. 2450· 'D'or i donai sept fois son pois
Sa bauté fu entre autres here,
Por çou l'avoir forment chiere'
vielleicht sind also A 670—671 doch echt.

1086. Fiz 2458 'Qu'en roloie faire m'oissor'.

1088. C 651 'And fond hire wið hordom
dieser gedanke steht nicht im französischen

Mes chamberlens por li ala,
Un jouvencel o li trova,
Cuida ce fust une pucele,
Eneslepas m'en dist novele;
Jou i alai com plus tost por
Quant le trovai, grant ire en oi
Du doel qu'en oi, ne peus mot dire,
Eneslepas le vaus ocirre'.

1092 Fiz 2477: 'Porpensai moi que mal feroie'.

1093. Fiz. 2479 'Signor, or avez mon conte,
Par jugement vengiez ma honte.
Un rois s'en est levés en piés' ..

1095. Diderik (3498) weiss den namen des konigs.
'een comne, die Alfages hiet'.

1096. Fiz 2484 'Nous i entendons bien sa honte'.
Diderik 3507· 'Wie hebben gehoert ende vernomen
Ons herren lachter' ..

1099 Fiz 2487 'Çou qu'il voldront encontre dire'.
über segge (statt sigge AT) vgl 695, 752, doch auch 1154

1102 Fiz 2489: 'De l'encouper, si com j'entent,
Sans respons n'est pas jugement'

1105. Fiz 2494· 'Dans rois', fait il, 'en more foi,
Del tout en tout pas ne l'otroi.
Se Mesure el forfait le prist,
Grant droit eust que l'ocesist.
Que s'on prent larron el forfait,
Vers lui ne doit avoir nul plait
Ses mesfais mostre apertement,
Morir l'estuet sans jugement'.

1106. hond-habbing. 'hand-habbend = a thief caught in the very
fact, having the goods stolen in his hand', Tomlins' Law Dictionary,

vgl Ancient Laws & Institutes of England, p 19 XXVI, p 8, 1
und den index s v haebbende handa

1109 Frz 2505 'Ceste parole tut oïoient'

Fleck 6659 'Des volgete in ze stunde
der hof mit gemeinem munde,
als ers hiete bescheiden'

Diderik 3527 'Dese sulike woorde ende wrede
Loefden si alle ende sochter toe'

1113 Frz. 2507 'Doi seif les amament devant,
Il i vinrent forment plorant'

1116 Frz. 2510 'L'uns de l'autre pitie a grant'

1119 Frz 2515 'Mais, bele, çou vous ai jou fait,
Par moi renez vous à cest plait'.

Fleck 6680 'nû muoz ich iuwers tôdes sîn
von rehte schuldic wider got'.

1121. Frz. 2522 Sel poist Nature soffrin'

1124 Frz. 2517. 'Se ne fuisse entres en la loi,
N'eussiez pas ceste dolor'

1134 Frz 2530· 'Biaus amis Flore, de ta mort
Ai jou la coupe et tout le tort'

1142. Frz 2548· 'Dont l'a jete par maltalent'.

1145 Frz 2559 'Ensi parlant, li enfant vinrent
Plorant, ..'

1148. Frz 2561: 'De lor cuer souvent sospiroient,
Car grant paor de mort avoient'.

1153 Frz 2649: 'Se il peussent et osassent
De grant avoir les racatassent'

1161. Frz 2635: 'Mais l'amirals est tant ires
Que d'aus ne li prenoit pitus'.

1165 Frz 2651: 'Li dus, qui lor anel troa'

1166. Frz. 2654. 'Vers l'amiral s'a aproismie'.

1171. Frz. 2660: 'Flore demande com a nom'.

1173. Frz. 2665. 'Soi sains jurrai'.

1175. Frz. 2671 'Toute en ai la coupe et le tort'

1176. he 'sic'

1177. Frz. 2681· 'Oiez moi, laissiez m'amie'.

1178 C 727—728 zusatz, der an C 681 (1125) erinnert.

1181 Frz 2689· 'S'espee toute nue a prise'.

1187 Frz 2693 'Hom sui, si ne doi pas soffrir,
          Que avant moi doiez morir'

1189 Frz 2695 'Devant se met, le col estent,
          Blanceflor par le bras le prent'.

1191 Frz 2699 'Chascuns voloit avant morir
          La autres nel voloit soffrir'

1193 Frz 2702: Li baron qui les esgardoient,
          Par la sale moult en ploroient .
          Dont aient pitié tant de gens'

1197. Frz 2707· 'Que chascuns volt (A) avant saillir,
          Por çou que primes veut morir
          Et voit tant tristement plorer'

1206. Frz 2716 'Moult se paine d'aus delivrer'

1211. Frz 2738 'Contregarder nuus s'en porroit'

1213 Frz 2740· 'Tout dient . mais que von die .
          Comment il entra en la tor'

1220 Frz 2749 'Floires respont Von n'en diroie
          Por nul destroit qu'avon en doie,
          Se ensement ne pardonez
          A tous ceus qui m'i ont aidié
          Et secouru et consillié'.

1225. Frz 2779 'Ensi prient tres tout merci
          L'amirals'   .

1237 Frz 2809 'As piés li chiet, merci li crie,
          Por Diu qu'il li renge s'amie'.

1239 Frz 2816 'Li amirals a fait que prous·
          Floire à la main prist, voiant tous.
          Et apres a fait grant franchise,
          Par la main a Blanceflor prise,
          Et Floire par la main reprent,
          Apres parole franchement
          Jou vous rent, fait il, vostre amie.
          Floire moult forment l'en mercie'.

1240. Frz. 2821: 'Andoi li sont cheu as piés'.

1251 Frz 2828· 'Mener le fait à un mostier
          Et illuec s'amie espouser'.

1253. Frz. 2831 'Par le conseil de Blanceflor'.

1255 Frz 2832: 'La prent l'amirals à oissor'.

1260 Frz 2888 . 'Atant es vos dis chevaliers
          Qui apportent à Floire briés'.

1263. Frz. 2894 . 'ci venu somes,
Que en vostre terre venez
Toute est en pais, tres bien l'aure.'

1266. Frz 2900 'Vers l'amiral regardé ont
Bonement li ruevent congé
Et il en a le cuer iré
Puis dist Se volez remunon'.

1283 God me dirigte = frz dame diu, dameledieu
Frz. 2918. 'Et à Dameledu commandé'

1285 Frz 2938 'Floue se fait . à roi coroner'

1287. Frz 2937 'Floue se fait crestrener'.

1291. Frz. 2973. 'Chi fenist li contes de Floire
Dieus nous mece tous en sa gloire'.

1296. Diderik 3981
So moetz hi ons spade ende vroe,
Dat wi alle onse duden to goeden dingen
Ten jongsten dage moeten bringen'.

Vgl auch Ludtke, Erl of Tol 1222.

IX. Namenverzeichnis.

Babylon 191   Babyloyne 190 458 537.
Blauncheflur 18. 20 22 36 46 58 62 u s w
Cesar 181
Claris 895 939 1276. vgl s 120.
Daris 599 737. 1279   Darys 570   Davie 561
Euneas 177.
Florys 15 40. 49. 65   Florens 56.   Floreys 44. vgl anm zu 56
Jesu Crist 248   Christ 1290   Ihu 356 248.
Lavyne 180
Lumbardy 179
Seinte Marie 248
Mountargis 66
Nubie 1103.
Orgas 101
Paryse 168.
Troye 178

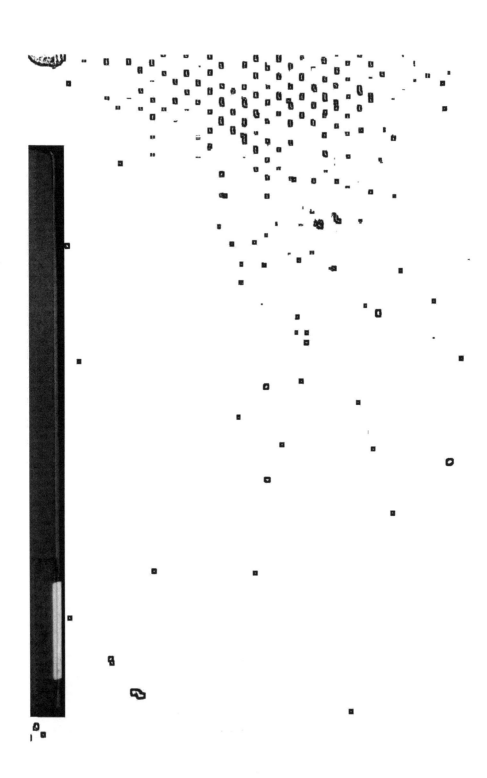